网络涉毒行为刑法规制研究

付 祎／著

RESEARCH ON CRIMINAL LAW REGULATION OF CYBER DRUG-RELATED BEHAVIORS

法律出版社
LAW PRESS · CHINA
——北京——

图书在版编目(CIP)数据

网络涉毒行为刑法规制研究 / 付祎著. -- 北京 :
法律出版社, 2023
ISBN 978 - 7 - 5197 - 8518 - 5

Ⅰ. ①网… Ⅱ. ①付… Ⅲ. ①毒品 - 计算机犯罪 - 刑事犯罪 - 研究 - 中国 Ⅳ. ①D924.364

中国国家版本馆 CIP 数据核字(2023)第 210511 号

网络涉毒行为刑法规制研究
WANGLUO SHEDU XINGWEI XINGFA GUIZHI YANJIU

付 祎 著

策划编辑 蒋 橙
责任编辑 蒋 橙
装帧设计 鲍龙卉

出版发行 法律出版社
编辑统筹 法律应用出版分社
责任校对 王 丰
责任印制 刘晓伟
经　　销 新华书店

开本 710 毫米×1000 毫米 1/16
印张 15.25 **字数** 248 千
版本 2023 年 12 月第 1 版
印次 2023 年 12 月第 1 次印刷
印刷 北京建宏印刷有限公司

地址:北京市丰台区莲花池西里 7 号(100073)
网址:www.lawpress.com.cn
投稿邮箱:info@lawpress.com.cn
举报盗版邮箱:jbwq@lawpress.com.cn

销售电话:010 - 83938349
客服电话:010 - 83938350
咨询电话:010 - 63939796

书号:ISBN 978 - 7 - 5197 - 8518 - 5　　**定价**:58.00 元

凡购买本社图书,如有印装错误,我社负责退换。电话:010 - 83938349

序　言

毒品犯罪是刑事法领域经久不衰的研究主题。“打击新型毒品犯罪”入选2023年度十大刑事检察热词,可见,在我国依法从严惩处毒品犯罪的高压态势下,司法实践针对毒品犯罪的打击重点逐步转向新型毒品犯罪。其中,依法打击非法寄递毒品等“互联网+毒品犯罪”成为司法实践关注的重点。然而,对于新型毒品犯罪,尤其是涉网络毒品犯罪相关的刑法问题研究,成体系的成果不多。两年前,本书的作者针对“网络涉毒行为刑法规制研究”的选题进行可行性论证,我认为该选题较具价值,鼓励她就此展开研究,以为理论界和实务界贡献智识。

网络因素对于毒品犯罪刑法规制的影响显而易见,比如,在增设非法利用信息网络罪之前,在网络空间发布销售、制作毒品信息的行为只能依据后续实际实施的行为按照走私、贩卖、运输、制造毒品罪进行处罚,面临打击毒品犯罪不利的困境。传统刑法立足事后立场对发生法益侵害后果的行为进行处罚,但网络因素的介入使法益保护的周延性发生变化。哪些发生于网络场域的涉毒行为需要被刑法规制?刑法规制的界限、方式为何?这是刑法在网络时代背景下治理毒品犯罪需要回答的基本问题。本书从立法、司法层面探究我国网络涉毒行为的刑法规制路径。主张网络涉毒行为刑法规制的研究应着眼于实践困境，包括网络贩运毒品的数量认定、"互联网+寄递"贩运毒品刑事责任、网络组织吸毒行为定性、发布涉毒信息行为定性等问题。同时，通过归纳网络涉毒行为类型，梳理三类网络涉毒行为的刑法规制难题，提炼其中涉及的法益、主观故意和罪数等理论问题，立足于合理的理论立场解决实践难题。例如，针对非法利用信息网络罪规制发布网络涉毒信息的情形，借助双层法益理论模型分析该罪的保护法益，并以此为依据探讨发布网络涉毒信息行为的刑法规制应循路径。

付祎是我指导的博士研究生，本书亦是在其博士学位论文基础上形成的研究成果。在吉林大学本硕博的十一年求学期间，付祎博士锐意进取，砥砺笃行，娴熟的中英文口译、笔译能力更是给我留下深刻印象，我国台湾地区、俄罗斯、美国也留下了她美丽的求学身影。毕业后，付祎博士任职于高校，从事教学科研工作。她对刑法学研究一直饱含热忱，对毒品犯罪研究有着浓厚兴趣，不断沿着现有的研究思路深入拓展领域。作为涉网络毒品犯罪研究的阶段性成果，本专著的出版为该领域研究成果体系化作出贡献，对我国司法实践探索新型毒品犯罪治理路径也具有一定借鉴和参考价值。在本书出版之际，作为她的博士生导师，应约作以上文字，以为序。

吉林大学法学院刑法学科　李海滢

2023 年 12 月 27 日于吉林大学前卫南区行政楼

前　言

长久以来,毒品犯罪一直是广受关注的犯罪治理难题。随着互联网对时空界限的突破,毒品交易方式的翻新且对物理空间的依赖一再弱化,毒品犯罪治理陷入传统毒品难以禁绝和新型毒品肆虐的双重困境。在此背景之下,刑法如何应对毒品犯罪向网络空间蔓延的新趋势,是网络涉毒行为刑法规制应当回答的基设性问题。网络涉毒行为的刑法规制需考虑互联网特性,这是传统毒品犯罪行为与网络涉毒行为的根本区别,亦是学者在学术讨论中意欲凸显的理论价值。虽然围绕网络涉毒行为刑法规制问题展开的讨论并非发轫之始,但笼统地对所谓“网络涉毒行为”展开论述难以为纾解实践困境提供具有实义的解决路径,也无益于网络涉毒行为的相关研究突破形态、成因与治理等浅表层面触及根本。网络涉毒问题的研究视角应逐渐转向刑法学,从刑法规制的角度探讨网络涉毒行为具有现实必要性,这不仅源于司法实践之需,也始于刑法体系完善之求。

研究网络涉毒行为刑法规制这一颇具应用型特质的刑法问题应当遵循“提出问题—分析问题—解决问题”的总体思路,聚焦网络涉毒行为刑法规制的实践困境,并从理论和实践两个层面探寻困境化解之道。首先,网络涉毒行为刑法规制的研究应以论域清晰为前提。网络涉毒行为种类繁芜,为了描摹其整体面貌和完成网络涉毒行为从样态到类型的系统性认识,可以借助韦伯的“理想类型”理论对网络涉毒行为进行分类,即分为流通类网络涉毒行为、吸食类网络涉毒行为和信息类网络涉毒行为三大类。其次,从刑法规制三类网络涉毒行为的实践困境入手,可以剖析利用网络贩卖、运输毒品行为,网络组织吸毒行为,网络引诱、教唆他人吸毒行为以及发布涉毒信息行为的刑法规制难题。再次,应从法益侵害、主观故意和罪数理论层面检视实践困境形成之肇因。最后,破除刑法规制网络涉毒行为困境应以厘清网络涉毒行为法益侵害为前提,亦需结合法益标准确证行为人主观故意及罪数问题。辨明前述问题后,方可就以下三类网络涉毒行为的刑法规制展开具体论证。

流通类网络涉毒行为包括利用网络贩卖、运输毒品的行为。虽然网络因素的介入改变了毒品交易规则和运输方式,使网络贩毒“以贩养吸”“零包交易”的特征更为突出,但利用网络贩卖、运输毒品行为较传统毒品犯罪而言并未产生罪质变化。因而,在实践中,应适用《刑法》中“走私、贩卖、运输、制造毒品罪”一节的相关罪名予以规制。流通类网络涉毒行为刑法规制所面临的实践困境主要有:其一,在利用网络贩卖毒品案件中,贩卖毒品罪的既遂判断应持何种标准。犯罪既遂标准是毒品犯罪研究中老生常谈的话题,但网络因素的介入使得贩毒进程中的付款行为、交付毒品行为和购毒者接收毒品行为之间拉开了时空距离,应以交付既遂说为理论基点判断网络空间贩卖毒品罪的既遂。其二,网络贩卖毒品共同犯罪的成立应如何判断。这一问题的难点主要落在共同犯罪故意的判断之上。在认识要素上,应较物理空间更加严格地认定在网络空间中贩卖毒品的“明知”。从意志要素的角度考虑,行为人对自己网络贩卖毒品的行为应持希望态度。此外,可以考虑适当放宽对联络要素的认定。其三,网络贩卖毒品的数量认定在司法实践中较为含混。突出的三个问题分别是未查获毒品或已经销售、尚未交付毒品的数量认定问题、“代理”贩卖毒品数量的认定问题和如何辨明贩卖毒品数量与其他毒品犯罪数量的问题。对网络空间中毒品犯罪数量的认定，应灵活适用司法解释的相关规定。其四，“互联网＋寄递”贩运毒品行为具有线上线下相结合的特征，在实践中出现了使用同城跑腿、智能快递柜服务贩运毒品的行为。遇到此种情形，可参考跑腿工作人员收取的费用、快递包装和交接货物地点等实际情况判断其主观故意。对为供自己吸食毒品通过网络跨境购买毒品并利用长途物流寄递回国行为的定性，可以结合行为人购买毒品的数量等因素进行具体判断。

吸食类网络涉毒行为在实践中主要表现为网络组织吸毒行为和在网络空间引诱、教唆他人吸毒行为。在我国，吸毒行为虽未进入刑法的评价范畴，但围绕吸毒产生的网络组织吸毒等行为显现出法益侵害性，其刑法规制应遵循何种路径亦存争议。总体来看，扩张解释容留他人吸毒罪中的“场所”和适用非法利用信息网络罪是解决网络组织吸毒行为刑法规制问题的两种路径选择。这两种路径均尝试在现行刑法框架之下解决网络组织吸毒行为的定性难题，是对刑法谦抑性的坚守。但需注意的是，如果一味强调法律的适用性而忽略罪刑法定原则的基本要求亦不可取。适用容留他人吸毒罪或非法利用信息网络罪评价网络组织吸毒行为分别面临背离立法原意和不符合犯罪构成要件的困境。组织吸毒行为具有刑法上的行为类型化特征，深入考察毒品的供求关系可以得出从毒品消费侧打击犯罪具有科学性的结论，故通过增设组织吸毒罪解决包括网络组织吸毒行为评价在内的实践难题是可行的方法。在网络空间引诱、教唆他人吸食毒品行为的刑法规制需详论网络空间内引诱、教唆、欺骗他人吸毒罪的入罪标准、“情节严重”判断、犯罪对象划定和犯罪既遂形态等问题。

信息类网络涉毒行为是利用网络平台发布涉毒信息的行为，网络的平台性特征在该类行为中体现得淋漓尽致。利用网络空间传授制毒技术行为在刑法评价上显现出双重特性：一方面，该类行为是毒品犯罪、传授犯罪方法罪在网络空间的实施；另一方面，发布制毒技术信息本身也可能招致非法利用信息网络罪的评价。在实践中,该类行为因受众群体范围不同显现出相异的行为形态,从罪名适用的角度考量,应分析传授犯罪方法罪、制造毒品罪或非法利用信息网络罪是否成立。对利用网络平台发布贩卖、运输毒品信息的行为,应当判断设立平台和发布信息行为本身是否达到了情节严重的程度,在构成非法利用信息网络罪的同时还构成贩卖、运输毒品罪预备或未遂的,应当从一重处断。在成立非法利用信息网络罪后,行为人又实施了其他超出设立平台、发布信息犯罪预备范畴的贩卖、运输毒品行为的,则应当以非法利用信息网络罪与贩卖、运输毒品罪数罪并罚。

目　录

导 论

一、研究背景

（一）智能互联时代的网络犯罪危机

互联网开启了现代人类的智能生活，带来诸多便捷。诞生于20世纪60年代末、风靡于90年代的互联网已经毫无预警、无法回避地走入了人们的日常生活，现代人类已被淹没在互联网的巨浪之中。进入21世纪，互联网产业的发展迎来多个奇异点，在物联网技术的助推之下，智能互联网应运而生，互联网的发展向前大迈一步，成长为以平台型智能硬件为载体，遵循通信协议和数据交互标准、结合云计算和大数据应用的互联智能统合体，在智能终端、人、云端服务之间进行信息的采集、处理、分析和应用，具有高度移动、大数据分析和挖掘、智能感应与应用的综合能力。[①] 互联网的技术升级直接导致传统行业向网络空间进一步地渗透融合，实现了传统行业在结构、服务、经营理念、商业模式中的颠覆性改变。中肯地说，在智能互联的热潮中，传统行业将大幅提升服务能力，与其他行业产生更深、更广的关联，传统商业模式也可实现完全的线上线下跨界营销。

当全球20亿网络用户沉浸于享受便利的互联、畅达的信息时，甚少发觉犯罪的危机也在网络空间悄然滋生，默无声息地潜

① 参见《智能互联网时代已悄然来临》，载搜狐网，https://www.sohu.com/a/109173760_116131，最后访问日期：2021年9月11日。

伏在光怪陆离的网络浅表之下,伺机而动。智能互联的纵深发展普及了网络技术、扩大了其作用范围,网络因素快速介入几乎所有的传统犯罪之中,为传统犯罪行为开辟了新的渠道和领域,并呈现爆发式增长。[①] 在现代社会公私事务网络化的背景下,随着网络资源使用权的普及、网络信息获取难度的逐渐下降,犯罪行为突破传统物理障碍的桎梏,实现了从经济领域到私人领域的深度侵犯,犯罪形式也从单枪匹马的黑客入侵升级为网络空间的聚合型犯罪和网络有组织犯罪,犯罪行为的发生范围从国内进阶为跨国,危害性陡然升高。在我国,网络犯罪也显示出逐年上蹿的迅猛势头。我国公安机关开展的"净网"专项行动,其目的在于重点打击网络侵犯公民个人信息、跨境网络赌博、网络毒品交易、网络黑灰产等违法犯罪行为。2014～2020 年,全国公安机关共破获网络违法犯罪 40.5 万起,抓获犯罪嫌疑人 59 万名。[②] 另外,最高人民检察院 2021 年 4 月 7 日发布的数据显示,2020 年,全国检察机关起诉涉嫌网络犯罪(含利用网络和利用电信实施的犯罪及其上下游关联犯罪)14.2 万人,同比上升 47.9%。[③] 第 47 次《中国互联网络发展状况统计报告》显示,截至 2021 年 6 月,我国网民规模达 10.11 亿人,较 2020 年 12 月底增长 2175 万人,互联网普及率高达 71.6%。[④] 这些数据表明,我国至少有超过一半的国民生活在物理和网络的"双层世界"中。在当下这个不同于农业社会、工业社会的时代,人们对网络形成了高度依赖,互联网信息时代的到来,使网络空间异军突起,打破了人类行为对物理空间依赖的单一格局,成为人类社会实践的又一重要活动场域。[⑤]

在智能互联的时代背景下,网络的交互性形成优势聚集。在自由网络空间中,违法犯罪行为具有隐蔽性,难以被有效、及时地规制,导致其不良影响扩散,国家丧

---

① 参见陈璐:《网络犯罪的多向维度与刑法应对》,载《西南民族大学学报(人文社会科学版)》2020 年第 5 期。

② 参见《公安部通报公安工作"八大亮点"》,载公安部新闻发布会,https://www.mps.gov.cn/n2254536/n2254544/n2254552/n7844202/n7844230/c7846870/content.html,最后访问日期:2021 年 10 月 1 日。

③ 参见《2020 年检察机关起诉涉嫌网络犯罪人数上升近五成》,载最高人民检察院网上发布厅,https://www.spp.gov.cn/spp/xwfbh/wsfbt/202104/t20210407_514984.shtml#2,最后访问日期:2021 年 10 月 1 日。

④ 参见《第 48 次〈中国互联网络发展状况统计报告〉发布》,载中国互联网络信息中心,http://www.cnnic.net.cn/gywm/xwzx/rdxw/20172017_7084/202108/t20210827_71522.htm,最后访问日期:2021 年 8 月 28 日。

⑤ 参见叶良芳:《科技发展、治理挑战与刑法变革》,载《法律科学(西北政法大学学报)》2018 年第 1 期。

失管控优势,对该类行为的控制力被削弱。随着这种趋势的日益严峻,国家通过包括刑法在内的法律对网络空间的违法犯罪行为进行规制——这是法治化思维的重要体现。国家和社会之所以在网络空间管控信息方面没有优势可言,是因为其面临的是"敌在暗,我在明"的现实。囿于侦查手段更新慢、技术性有限,网络犯罪的发现和刑法规制恐难及时发挥效用,这使得刑法的威慑力缩小,预防犯罪的机能难以实现。在交互性极强的互联网时代,人们可以轻易通过互联网接触到毒品、暴力、色情、黑客等违法犯罪的相关内容。一旦发布违法犯罪的相关信息,就会有人有意无意地散布此类信息,每一个网民都是潜在的受众,都会受到非法信息带来的不良影响。这样的不良影响实际上也是很难消除的,因为网络具有匿名性,互联网使用者出于猎奇心理搜索违法犯罪的相关内容时,无须考虑这些内容将对自己的实际生活产生哪些不利。

除了交互性以外,如果我们从犯罪成本的角度考量网络违法犯罪行为,就会发现互联网实际上为违法犯罪提供了新的可能性,使潜在的罪犯能够以较小的个人风险和较低的成本实施较大规模的犯罪。① 需要承认的是,在网络空间,每个人都可能成为潜在的犯罪者,特别是在缺乏监管的领域。本质上,"潜在罪犯"的存在是由网络匿名性导致的,随着网络实名制的推行,似乎网络空间内实施的诸多行为都变得有迹可循,殊不知,真正的网络犯罪者不仅可以轻易突破实名制的拦阻,甚至可以通过伪造身份实施犯罪。当行为人开始考虑通过互联网实施犯罪活动时,他至少已经完成了对网络犯罪可能性的初步考察。在网络空间实施违法犯罪,几乎不需要投入额外的人、财、物等犯罪成本。同时,在网络空间实施犯罪的机会成本也急剧降低,一般来说,从预备到犯罪终了都是行为人要付出的时间成本,虽然这部分"沉默的成本"通常不被重视,但是网络空间的行为都具有高效率的特征,分秒之间,可能行为已经完成,通过网络进行交易的违法犯罪更是争分夺秒,速度极快。因此,对于熟练从事网络犯罪的行为人或犯罪组织,机会成本更低,犯罪收益更高。虽然网络空间具有隐蔽性,犯罪人也可以通过技术筑起反侦察的高墙,但是犯罪人在实施犯罪时仍会重点关注惩罚成本问题。考察网络犯罪的惩罚成本可以发现,

---

① See Lavorgna, A., *Internet-mediated drug trafficking*: *Towards a better understanding of new criminal dynamics*, Trends in Organized Crime, 17(4), Page 250, 2014.

在刑罚严厉程度不变的情况下，网络犯罪的破案率可能远远低于物理空间的破案率。犯罪成本降低的同时，网络犯罪的收益是颇高的。比如，美国臭名昭著的“丝绸之路”（Silk Road）网站于 2013 年 10 月第一次被 FBI 关闭，[①]该网站在仅两年的运营中已经通过交易毒品、网络暴力、网络色情、贩卖假币等犯罪行为非法获利超过 12 亿美元。当然，网络犯罪的形式具有复杂性，盗取个人信息等需要网络技术支持的纯网络犯罪，学习黑客技术、攻破网站等时间应计入行为人的时间成本，但就网络涉毒行为及其相关行为而论，网络的便捷性更为凸显，在网络空间实施违法犯罪（及其预备）行为比在物理空间所要面临的风险大幅降低。

风险和成本的降低加之网络便利性的增长，将诱使更多的犯罪人选择参与或策划参与网络犯罪，这在一定程度上吸引了本无法也无力实行违法犯罪的人实施犯罪。这类主体包括白领、学生和未成年人。在我国，未成年人参与网络犯罪的增长趋势明显，最高人民检察院发布的公告显示，我国网络犯罪呈现低龄化特征。[②]在物理空间，未成年人受到智力、体力发育程度等因素限制，较成年人更加难以实施违法犯罪，因此，未成年人实施的违法犯罪行为比较少。[③] 但是，在网络空间，未成年人凸显出其优势：未成年人经常通过网络收集、检索信息，对互联网的相关操作更为熟悉；同时，未成年人对网络信息的反应、接纳程度也明显高于成年人。所以，未成年人可能成为网络犯罪主体扩张的主要群体。

如果说犯罪成本的降低使得网络犯罪面临“井喷”风险，那么，随着新冠疫情在全球范围的蔓延，伴生于疫情的各类社会问题将使国家治理面临前所未有的严峻挑战。犯罪作为一种社会现象，在特殊时期也呈现出特殊的样态，其中，毒品犯罪的牟利性和跨国性典型特征使其展现出前所未有的发展态势，为了遏制网络毒品犯罪，应将网络涉毒犯罪视为全球犯罪预防的重点。

（二）“后疫情时代”的毒品犯罪扩张机理

始发于 2019 年的新冠疫情在全球范围内掀起波澜，人类社会的发展步伐被这

---

① “丝绸之路”网站多次被美国 FBI 关闭，责令停止运营，但是其仍旧可以在非常短的时间之内重开或建立替代平台继续从事非法交易。

② 参见《2020 年检察机关起诉涉嫌网络犯罪人数上升近五成》，载最高人民检察院网上发布厅，https://www.spp.gov.cn/spp/xwfbh/wsfbt/202104/t20210407_514984.shtml#2，最后访问日期：2021 年 10 月 1 日。

③ 参见杜磊：《网络犯罪的特征与刑法规制路径》，载《河北法学》2017 年第 7 期。

场旷日持久的疫情打乱。随着病毒的迭代,世界各国的应对之策也频频更新,进而对社会活动产生直接影响。犯罪的产生和发展是社会活动的产物,传统犯罪也需要以社会活动为前提,频繁的社会活动为犯罪的活跃提供了前提。疫情突至使社会活动频率紊乱,不少商业活动、人员流通因防疫受限,在物理世界上阻断了部分犯罪行为的生成。然而,“后疫情时代”的到来可能会使某些犯罪反弹,进而使犯罪在一定的时间段内呈现出扩张态势。具体到毒品犯罪,步入“后疫情时代”,虽然管制和隔离措施在有限的时间内减小了聚众活动的可能性,一定程度上阻止了聚众吸食毒品行为的发生,但这不能从根本上扭转疫情之下毒品供应短缺的基本现状,因为一旦“后疫情时代”实施宽缓的防控措施,毒品市场将会出现反弹。这也就意味着,以贩运毒品为核心的毒品犯罪在“后疫情时代”可能呈现出扩张的趋势。结合疫情时期毒品犯罪的发展,“后疫情时代”毒品犯罪的扩张可能会具体体现在以下三个领域。

第一,毒品原植物种植增多。在“盛产”毒品原料作物的地区,农民这类低收入群体,难以抵御疫情带来的经济大环境的萧条趋势,很有可能选择经济价值高的毒品原料作物进行种植。特别是在具有种植毒品原植物传统的国家和地区,在疫情期间,主管机关对辖区内的监管能力不足也是导致其种植量增加的重要因素。

第二,毒品贩运路线新增。疫情期间,世界各国为防疫采取的隔离、限制措施使毒品犯罪的运输方式、路线发生新的变化。由于通过航空、陆路交通运输、贩卖毒品被查处的风险增加,因此通过海路运输和贩卖毒品会成为毒品犯罪的新管线。在疫情期间,各国的海上治权可能松懈,加之海上贩运毒品的拦截难度大,可能会为跨国毒品犯罪提供可乘之机。步入“后疫情时代”,如果通过海运贩运毒品已成气候,则面临查处难度大、难以禁绝等棘手问题。

第三,毒品消费需求增加。从法经济学的角度看,非法毒品市场的形成和发展离不开毒品消费侧的持续需求。在疫情期间,由于毒品贩运受阻,毒品消费需求会在短时间内被抑制,随着“后疫情时代”的来临,社会活动趋向正常,毒品消费需求更有可能被满足,进而刺激毒品犯罪。毒品犯罪消费需求可能有两个主要增长点:一是吸毒者失业或生活空虚,对毒品产生了更强的依赖性或用量增加;二是戒断性治疗受阻,复吸者增加。

通过深入分析“后疫情时代”毒品犯罪的扩张趋势可以发现,经济衰退、政府投入紧缩和管控放松是形成这一趋势的主要诱因。首先,从经济因素的层面考虑,世界各国在疫情期间都深受其害,新冠疫情导致了不可避免的经济衰退。许多国家和地区经济增长放缓甚至出现负增长,失业率升高。为了应对这场全球性危机,可能会有更多的人选择自担风险,通过高利润的毒品犯罪活动弥补疫情中损失的合法收入。根据犯罪动机理论,在普遍面临危机的大环境中,人们会增强通过非法或犯罪手段补偿自身挫败感的动机,从而更可能实施犯罪。此外,新冠疫情带给现代社会前所未有的疏离感,这使失业者、经济受损者的不安感加剧,更容易被焦躁情绪裹挟,致使行事极端或走向犯罪道路。其次,受经济因素的影响,各国税收财政收入降低,使政府的经济负担能力下降。更多国家选择投入较多预算复苏经济以及和疫情相关的医疗产业,那么,针对吸毒者的康复、治疗等配套医疗措施方面的财政预算可能减少。由于新冠疫情呈现突发性、反复性的特征,各国家、地区的医疗资源配备总量可能随时匮乏,总量不足就意味着疫情外其他医疗领域投入的重要性降低,这势必会挤占毒品戒断类医疗、服务资源,复吸人员将呈现上升趋势,刺激毒品市场的需求。再次,集中抗击疫情为毒品犯罪的扩张带来了喘息的机会。为了防控新冠疫情,各国政府投入了大量精力,这必然会导致应对犯罪的机敏和精力下降;同时,各国政府在毒品犯罪防控的警力投入、政策执行投入等方面的预算可能会因疫情而不同程度地削减。此外,打击毒品犯罪的跨国司法合作难以为继。全球性的疫情蔓延使各国家和地区先后处于相对隔离的状态,各领域的交流合作减少,其中,打击犯罪的跨国、跨区域司法合作也受到较大影响。在毒品犯罪领域,跨国联合执法拦截毒品运输、打击毒品跨国走私的优先性降低,跨国毒品贩运更为猖獗。最后,毒品犯罪暗网交易管控松懈。毒品交易的网络化早已成为世界性趋势,而借助暗网贩卖毒品一直以来也是各国整治网络毒品犯罪的重要领域。在新冠疫情的背景下,物理方式运输、当面交易毒品的难度加大,这为暗网交易毒品带来更广阔的空间。同时,通过暗网进行犯罪本身就具有隐蔽性的特点,疫情当下,更少的网络监管资源被用于侦破网络犯罪,利用暗网贩卖毒品成为亟须防范的新现实。

(三)国内外网络涉毒行为的发展态势

“当下,全球犯罪整体形势呈现出一种高频化、隐蔽化的态势。”[①]毒品犯罪这一危害世界的“毒瘤”,很早就引起了联合国的重视。联合国于1997年成立了毒品和犯罪问题办公室,负责毒品犯罪的预防和治理。2001年,联合国麻醉品管理局就曾向全球发出警告:毒品正通过互联网销售,私人聊天室正被毒品商利用,人们在互联网上正面临着毒品的威胁。[②] 20年后,联合国的警告一语成谶,网络涉毒行为引发的网络毒品犯罪在各国已呈泛滥趋势。特别是在2019年之后,全球暴发的新冠疫情导致人员流动受限、国界封闭、贸易下滑,这严重影响和扰乱了毒品市场的供应链。在这样的大背景下,贩毒集团克服全球疫情交易障碍的新战略之一就是通过网络协助完成毒品交易。以欧洲为例,在2020年1~3月新冠疫情暴发期间,欧洲暗网市场的大麻交易量剧增。[③] 可见,传统的毒品犯罪与互联网的“联袂”已呈现无法逆转的态势,网络涉毒行为频现,网络涉毒违法犯罪案件层出不穷。搭上互联网便车的网络涉毒行为一方面相比物理空间的涉毒行为更难被觉察,另一方面又具有影响力大、迷惑性强的特征。澳大利亚学者的统计显示:2018年,全球共有1838家独特的加密市场供应商以暗网为平台交易毒品,其中绝大多数位于英语圈和西欧,全球确认的交易总数为92,527宗。[④] 在经济和科技发展较为落后的国家,网络涉毒违法犯罪正在经历从利用浅网到利用暗网的过渡状态。过去几年,发生

---

① 郭烁:《认罪认罚背景下屈从型自愿的防范——以确立供述失权规则为例》,载《法商研究》2020年第6期。

② 参见《视频聊天网站缘何成毒品“专卖店”》,载 https://baijiahao. baidu. com/s? id = 1637274019107602636&wfr = spider&for = pc,最后访问日期:2021年9月22日。

③ See European Monitoring Centre on Drugs and Drug Addiction (EMCDDA) special report. *Covid-19 and Drugs-Drug Supply via Darknet Markets*. https://www. emcdda. europa. eu/system/files/publications/13042/EMCDDA-report_COVID19 - darknet-final. pdf, Page 3.

④ 暗网毒品在线供应商数量最多的国家是美国(644家),其次是英国(265家),德国(163家),荷兰(152家),澳大利亚(150家),加拿大(97家)和法国(49家)。毒品销售数量与在每个国家经营的经销商数量相关,交易发生的国家顺序与最大数量销售商所在的国家顺序相同。美国暗网毒品供应商进行的交易量最大,为29,994宗,其次是英国(21,386宗)、德国(11,782宗)、荷兰(9154宗)、澳大利亚(6274宗)、加拿大(3242宗)和法国(2273宗)。位于“其他”国家的供应商总共进行了8422笔交易。See James Martin, Jack Cunliffe, David Décary-Hétu and Judith Aldridge, *The international darknet drugs trade—a regional analysis of cryptomarkets*, Organised crime research in Australia 2018, Page 97.

在这些国家的主要有以互联网为通讯媒介或行为场域实施与传统毒品违法犯罪行为连接较为紧密的网络涉毒行为。例如，以“金三角”为代表的东南亚国家作为世界毒品的主要产地源源不断地输出毒品及制毒原料。近年来，这些地区的毒品犯罪总体形势也受互联网影响，显现出线上线下相互配合的特征。例如，在越南，运输毒品行为因为互联网因素的介入变得更加灵活、不易被侦破，负责运输毒品的“毒骡”利用手机网络接收上级指示、分享位置信息以顺利完成交易和躲避侦查。[①]新的证据表明，通过暗网实施的网络涉毒行为在东南亚国家会不断增多，东南亚国家越来越多的毒品犯罪将会利用 Tor 浏览器在暗网中实施。[②]

在发达国家，通过暗网进行非法毒品交易的现象引人警惕。“暗网”（dark net）位于第三层网络空间，它被认为是由“深网”（deep net）[③]延续的一部分特殊加密而成的子集，是指利用多级加密网络提供的匿名通信构建而成的网络平台，其加密性和匿名性特征决定了它不能被互联网标准搜索引擎收录、查询，暗网还能保护所有通信用户的 IP 地址、通信内容、通信过程免受监视和流量分析，暗网的运行遵循匿名、匿踪保护原则。暗网的匿踪性使其不易被司法机关侦查到，目前通过专业技术手段能够侦测到的暗网只占互联网的 0.1%，暗网的匿名性使其成为网络犯罪者的“避风港”，从事暗网违法犯罪的人通过这种隐秘的手段发布大量非法和反社会信息，从事非法交易。[④] 暗网的匿名生态系统已经从隐私权参与者的沟通渠道发展成为拥有多种产品和服务可供购买的全球市场。[⑤] 一项对暗网所列商品和服务的分析显示，2017 年及之前，暗网提供的商品和服务中有 62% 是毒品和与毒品有关的化

---

① See Hai Thanh Luong, *Palgrave Advances in Criminology and Criminal Justice in Asia*, Springer International Publishing, Palgrave Macmillan, 2019, Page 108.

② See Reid Southick, *Inside the Dark Web Drug Trade*, https://newsinteractives.cbc.ca/longform/the-new-frontier-of-the-drug-trade.

③ “深网”是指托管在互联网开放部分但因其具有内容访问限制而未被搜索引擎索引和收录，无法通过超链接访问的网页、站点。深网在日常生活中较为常见，一般需要特定的身份或资质才可获得相应的深网资源。如单位的内部网站、高校的图书馆及学术资源库系统都广泛使用深网资源。参见谢玲：《暗网犯罪刑事治理研究》，载《学术论坛》2020 年第 5 期。

④ 参见谢玲：《暗网犯罪刑事治理研究》，载《学术论坛》2020 年第 5 期。

⑤ 参见张勇安主编：《国际禁毒研究报告（2021）》，社会科学文献出版社 2021 年版，第 224 页。

学品,其中大部分是非法毒品,也有少数是与毒品有关的化学品和药品。[①] 在我国,暗网由于其域外性、隐蔽性和失管性特点也成为毒品交易的“重灾区”。[②] 数据表明,尽管暗网在发展中国家的使用频次较低,但毒品犯罪通过暗网可以规避大部分的刑事风险,因此,暗网涉毒违法犯罪拥有广阔的“发展空间”。[③] 例如,在暗网实施网络贩毒行为具有天然“优势”:第一,在暗网中,贩毒者可以不必刻意地维持毒品的供销网络,有购买需求的人自然会找到适合自己的卖家购买毒品;第二,暗网贩毒具有“用户友好”的易用性特征,即通过暗网购买毒品和购买普通商品的电商平台一样,平台允许买家对已购买的毒品进行反馈评价,这使其他买家可以了解毒品的数量、纯度,购销双方具有更高的互信性;[④]第三,通过网络购买毒品货源稳定、交易渠道畅通。暗网的构造及其发展的历史轨迹显示,为贩毒行为提供平台的暗网虽然有可能因为集中打击被压制,但是难以完全消灭,通常是由一个平台转移至另一个平台。[⑤] 目前,在世界范围内最为活跃的暗网毒品交易平台是“帝国市场”(Empire Market),尽管其规模体量和“阿尔法湾”(Alpha Bay)、“梦想市集”(Dream Market)等暗网平台的鼎盛时期无法匹敌,但它的发展极为迅速且支持多种网络货币支付,包括比特币、莱特币和门罗币。

目前,我国对暗网贩毒的研究还不深入,关注目光方才移至对比特币作为支付手段的网络毒品交易,尚较少触及对其他网络货币的认知和规制。[⑥] 最新数据显示,截至2022年底,我国网络支付用户规模达9.11亿人。[⑦] 可见,我国网民在浅表网络使用网络支付的现象十分普遍,这就为在暗网中使用虚拟货币支付提供了经验前提。之所以应当将刑法规制暗网领域的非法交易尽快提上日程,是因为中国

---

① United Nations Office in Drugs and Crime, 2020 World Drug Report, Booklet 4 – Cross-cutting Issues: Evolving Trends and New Challenges, Page 69.

② 参见戴红霞、张提等:《涉网络毒品犯罪治理进路》,载《人民检察》2020年第22期。

③ See World Drug Report 2020, Page 75.

④ See World Drug Report 2020, Page 67.

⑤ 参见《暗网电商“丝绸之路”第4次复活,仍以毒品交易为主》,载 https://www.ithome.com/html/it/225800.htm,最后访问日期:2021年9月21日。

⑥ See World Drug Report 2020, Page 70.

⑦ 参见《2022年我国网络支付用户规模达9.11亿占网民整体的85.4%》,载中商情报网,https://www.askci.com/news/chanye/20230323/0936212679535347262555514.shtml,最后访问日期:2023年3月28日。

在虚拟货币持有方面已经领先全球——中国是目前全世界比特币挖矿产业最成熟、产业链最完整的国家,全球90%的矿机设备产自中国,全球前五大矿机设备的制造商都是中国公司。[①] 利用暗网实施毒品犯罪是未来重点预防的发展趋势,就目前来说,我国利用暗网实施毒品犯罪的案件尚未被大量发掘。根据联合国的调查,我国利用暗网贩卖的毒品种类以传统毒品为主,相反,在其他国家,新型精神活性物质占据了较大份额的暗网贩毒市场。[②] 这从一个侧面表明,在我国,利用暗网实施毒品犯罪及对暗网实施的毒品犯罪进行的法律规制均停留在初级阶段,暗网对贩毒的作用是提供毒源、发布贩毒信息,进一步的交易行为大多可能仍发生在浅表网络。

根据最高人民检察院的披露,2015年后,全国审结毒品案件数量下降。具体来说,从2019年至2020年5月,全国检察机关共批捕毒品犯罪108,663人,占全部刑事案件的8.47%,同比下降29.84%;起诉毒品犯罪143,294人,占全部刑事案件的6.13%,同比下降21.31%。[③] 各地方的毒品犯罪案件总体也呈现下行趋势。如2019年6月1日至2020年5月31日,新疆维吾尔自治区各级法院共受理一审毒品犯罪案件803件,较2018年同期下降2.8%,受理毒品犯罪案件量整体呈现下降趋势。[④] 但是,网络涉毒的案发情况呈现逆势,司法实践中也屡次破获网络涉毒大案。2022年6月,公安部国家禁毒办发布的数据显示,5年以来,我国共侦破网络涉毒案件3.7万起。[⑤] 2020年6月,最高人民检察院副检察长陈国庆强调,从办案情况来看,我国当前毒品犯罪案件呈现"互联网+寄递"制贩毒等活动突出的特点。[⑥] 实际

---

① 参见《算力360胡怡莹:通过挖矿获得比特币的优势是成本低且合法合规|华夏机构投资者年会》,载网易网,https://www.163.com/dy/article/G69TIEKH0512D03F.html,最后访问日期:2021年9月1日。

② See World Drug Report 2020, Page 75.

③ 参见《一年多来,108,663人因毒品犯罪被批捕》,载新华网,https://baijiahao.baidu.com/s?id=1670526875543009423&wfr=spider&for=pc,最后访问日期:2021年9月21日。

④ 参见《新疆法院受理毒品犯罪案件量呈下降趋势》,载中国新闻网,https://baijiahao.baidu.com/s?id=1670626323473010339&wfr=spider&for=pc,最后访问日期:2021年9月1日。

⑤ 参见《公安部:最近5年全国共侦破网络涉毒案件3.7万起》,载央广网,https://baijiahao.baidu.com/s?id=1736396926216475379&wfr=spider&for=pc,最后访问日期:2022年7月3日。

⑥ 参见《陈国庆:毒品犯罪呈现"互联网+物流"等特点》,载中华人民共和国最高人民检察院网,https://www.spp.gov.cn/spp/zdgz/202006/t20200628_469038.shtml,最后访问日期:2021年9月18日。

上,依托互联网制贩毒案件在全国各地方层出不穷,表现为涉案人员多、牵连范围广的特征。面对当前互联网涉毒等新犯罪形式的新挑战,全国公安禁毒部门会同中央网信办、国家邮政局等部门持续开展网络涉毒违法犯罪治理整顿,先后组织各地公安机关禁毒部门开展了“网络对抗、云上打击”“网络扫毒”“华南云端禁毒”“寄递渠道百日攻坚”等一系列专项行动。① 2011 年,公安机关成功侦破“8 · 31”特大网络吸贩毒案,案件涉及我国 31 个省(区、市),涉案犯罪嫌疑人 12,125 名。破获制贩毒案件 496 起,铲除制贩毒团伙 144 个、制毒工厂(点)22 个、捣毁吸毒窝点 340 个,缴获毒品 308.3 千克。② “8 · 31”特大网络吸贩毒案是我国首个互联网涉毒典型案例,警示着我国应关注互联网涉毒违法犯罪的严峻形势。“8 · 31”特大网络吸贩毒案是利用互联网视频及交友平台进行的涉毒违法犯罪活动案件,集吸毒、制毒、贩毒于一体,集传统毒品、新型毒品③于一体,是危害性极强的大案。此后查获的互联网涉毒案件也都呈现出涉毒全过程一体网络化的趋势。2013 年的“刘某案”就是传、制、销全部依托互联网完成的代表性案件:被告人刘某通过加入 QQ 群购买制毒试剂、学习制毒方法并成功制出毒品,涉案的一名犯罪嫌疑人毕业于名校,却被暴利所诱,走上了生产制毒原料的道路,他通过网络平台和被告人刘某结识并将自己制造的苯基丙酮试剂出售给制造冰毒的刘某。在此案中,警方共查处通过网络传播制毒技术、销售制毒原料及设备、贩卖和吸食毒品人员 400 余名,涉及 26 个省(区、市)。这一案件呈现出制贩毒品全程网络化的特点,传、制、销一条龙全在网上完成,再借由物流运毒,不法分子足不出户就可制贩毒,制贩毒的门槛和风险大大降低。④ 我国各地方也破获了大量的网络涉毒案件。以四川省为例,该省位于我

---

① 参见《公安部:最近 5 年全国共侦破网络涉毒案件 3.7 万起》,载央广网,https://baijiahao.baidu.com/s? id = 1736396926216475379&wfr = spider&for = pc,最后访问日期:2022 年 7 月 3 日。

② 参见李云鹏:《互联网涉毒犯罪研究》,载《政法学刊》2015 年第 5 期。

③ 根据学者的定义,“新型毒品”主要是指人工合成的精神类毒品,是由国际禁毒公约以及我国法律、法规管制的、直接作用于人的中枢神经系统,使人兴奋或抑制,连续吸食能使人产生依赖的一类药品(毒品)。参见何荣功:《毒品犯罪的刑事政策与死刑适用研究》,中国人民公安大学出版社 2012 年版,第 205 ~ 206 页。本书采用这一定义。“新型毒品”是我国学界经常使用的概称,国际通行的称谓是“新精神活性物质”(New Psychoactive Substance,NPS)。本书中两个概念共用。

④ 参见《热点解读:岂能让网络成制贩毒捷径》,载中国共产党新闻网,http://cpc.people.com.cn/n/2013/0902/c83083 - 22769056.html,最后访问日期:2021 年 9 月 7 日。

国西南部，毗邻东南亚毒品犯罪频发地，且毒情复杂，毒品违法犯罪案件种类繁多。2017 年，四川省共破获毒品刑事案件 974 起，起诉毒品犯罪嫌疑人 11,406 人，打掉制贩毒团伙 587 个，集中破获部省目标案件 232 起，缴获 7 类主要毒品 2.36 吨。其中，网络毒品案件共计 3353 件，占该省当年毒品案件的 34.4%。该省当年毒品刑事案件的总体增速为 6.8%，网络毒品案件同比增长 11.65%，网络毒品案件的增速“遥遥领先”。[①] 2019 年，四川省发布了“十大缉毒精品案件”，其中，徐某团伙网络贩卖毒品案共涉及制贩毒团伙 7 个，跨越全国 8 省 16 市，抓获犯罪嫌疑人 67 名，缴获各类毒品 150 余公斤。[②] 类似地，在 2017～2019 年，浙江省检察机关共受理网络涉毒案件 98 件（三年案件数分别是 14 件、16 件和 68 件），起诉犯罪嫌疑人 215 人（三年犯罪嫌疑人数分别为 24 人、38 人和 153 人），此类案件增幅较大。[③] 2020 年，在上海市静安区人民检察院办理的新型毒品案件中，事先通过微信、电话联系贩运、走私毒品的占比高达 68.8%；以微信、支付宝、无卡存款、银行转账方式缴付毒资的占比超过 50%；以快递、闪送方式寄送毒品的占比达 50%。[④] 可见，在我国，比较典型的网络贩毒通常是买卖双方通过手机微信、QQ 等即时通讯软件联系，由购买者先通过微信、支付宝等向毒品贩卖者支付毒资，毒品贩卖者收到毒资后告知毒品藏匿的地点或是通过快递的方式向购买者交付毒品。基于以上网络涉毒案件的发案特点，本书欲探究刑法应当如何规制网络涉毒行为的问题。

二、研究意义

在国内外网络涉毒行为呈现急速发展态势的当下，“网络涉毒行为”已经成为刑法学、犯罪学等领域的热门研究主题，然而针对网络涉毒行为刑法规制的研究仍待纵深。《刑法修正案（九）》针对一系列网络犯罪增设了新的罪刑规范，其中，非法利用信息网络罪适用于网络涉毒行为的规制。在此背景下，全面、系统地对网络涉毒行为的刑法规制问题展开研究具有重要的理论价值和实践意义。

---

① 参见胡青：《第三方支付平台在涉毒案件中的问题探析》，载《广西民族师范学院学报》2020 年第 2 期。

② 参见《警示！四川发布“十大缉毒精品案件”》，载搜狐网，https://www.sohu.com/a/400958268_162758，最后访问日期：2021 年 8 月 29 日。

③ 参见戴红霞、张提等：《涉网络毒品犯罪治理进路》，载《人民检察》2020 年第 22 期。

④ 参见王烨捷：《新型毒品种类和数量呈上升趋势》，载《中国青年报》2021 年 7 月 14 日，第 4 版。

（一）理论价值

首先，深化法益理论应用于网络空间的探索。法益理论在刑法学研究中的地位举足轻重。在网络空间，诸多犯罪行为产生变形或变异，法益理论在网络场域亦应对立法和司法发挥指导作用。在我国，虽然网络涉毒行为引发的网络毒品犯罪并非网络犯罪之典型，但需要看到的是，由于涉毒行为在网络空间产生类型化变异，法益理论需要在关注涉毒行为的性质、类型的基础上着力对网络涉毒行为的法益侵害进行重新考证，而这一考证，又恰因网络空间的开放性较难达成，这就是法益理论在网络空间应用面临的实际问题。针对这一问题，探明网络涉毒行为的法益侵害既是厘清该类行为刑事可罚性的理论阐释路径，亦是回答刑法规制范围问题之必要。本书细致论述了毒品犯罪的保护法益并运用双层法益理论证成非法利用信息网络罪的保护法益。双层法益理论的引入是法益理论应用于网络空间的理论探索。

其次，有助于精进主观故意理论发展。行为人的主观故意在网络涉毒案件中存在难以认定的尴尬瞬间。虽然网络涉毒行为参与者的主观心态并非无法通过其行为显现，但是网络空间的即时性实际上可以突破主观故意相对静止的状态，呈现出隐蔽性和易变性。本书从认识要素、意志要素以及共同犯罪中的共同故意三个理论侧面剖析了网络涉毒案件中行为人主观故意认定难题的产生原因并提出解决路径，解决上述问题亦是对主观故意理论应用于网络场域的思考和发展。

再次，助推网络共同犯罪理论研究。共同犯罪理论否可以顺应网络时代背景，对合理认定网络共同犯罪有着重大意义。目前，刑法理论界对网络共同犯罪的研究仍然不够完善。比如，对网络共同犯罪的内涵、外延界定不清，对共同行为、共同犯罪故意的判断要素缺乏深入论证等，本书针对网络涉毒行为共同犯罪理论的研究也是深化我国网络共同犯罪理论的验证和尝试。

最后，丰富和扩充网络犯罪罪数理论。本书在探讨网络涉毒行为的竞合问题时论及罪数理论相关内容，并详细探讨了《刑法》第 287 条之一涉及的罪数问题，对吸收犯概念、想象竞合犯及牵连犯成立等理论内容进行详论，结合法益理论深化了网络场域罪数理论的研究，丰富和发展了罪数基本理论研究。

总体来说，本书的理论价值体现在运用法益理论、主观故意理论、共同犯罪理论、罪数理论剖析现有法律和司法解释规定的不足,进而指导实践困境纾难,有助于为刑法规制网络涉毒行为的理论发展尽绵薄之力。

(二)实践意义

"网络贩毒行为"不是法律概念,这一概念的生机来自司法实践,对网络涉毒行为进行搜索、对新闻报道、典型案例进行总结,有助于看清网络涉毒行为类型的初步轮廓,同时明晰网络涉毒的研究目前在何种学术视野下展开。目前,实务界和学者对网络涉毒案件的关注来源以新闻报道和各级司法机关发布的典型案例为主,其中,典型案例涉及的网络涉毒行为种类全面(详见表0-1)。尤其在2015年之后,网络涉毒案件的司法判决经常作为毒品犯罪或网络犯罪的典型案例进行发布。与网络涉毒典型案例不同,实践中大部分毒品犯罪案件都至少存在使用微信、QQ等网络通讯软件进行沟通或收取毒资的行为,但刑事判决书一般不对涉网因素进行特别标示。

表0-1 我国各级司法机关发布的网络涉毒典型案例摘选

发布单位	发布时间	案件名称	网络涉毒行为类型
江苏省高级人民法院	2015年	谢某儒贩卖、制造毒品案	通过网络实施制造、贩卖甲卡西酮新型毒品犯罪
最高人民法院	2016年	孙某贩卖毒品案	利用互联网贩卖毒品
江苏省高级人民法院	2016年	陈某翔贩卖毒品案	利用QQ发布信息、通过支付宝收取毒资、通过快递邮寄毒品
最高人民法院	2017年	臧某喆贩卖毒品案	通过互联网获取涉毒信息,再借助电子商务平台跨地域购买毒品转卖牟利
最高人民法院	2018年	叶某甲贩卖毒品案	通过网络向未成年人贩卖毒品
江苏省高级人民法院	2018年	梁某元非法利用信息网络、非法持有毒品案	非法设立用于组织他人吸食毒品等违法犯罪活动的网站平台
辽宁省高级人民法院	2018年	牛某某等4人贩卖、制造毒品案	通过QQ、电话等方式传授犯罪方法,向牛某某贩卖制毒物品
江西省高级人民法院	2018年	杜某伟贩卖、制造毒品,毛某红贩卖毒品案	利用互联网学习制毒,利用互联网贩卖毒品
最高人民法院	2018年	刘某贩卖、运输毒品案	通过QQ、微信等方式与他人联系商定毒品交易,再将毒品快递给对方

续表

发布单位	发布时间	案件名称	网络涉毒行为类型
江苏省高级人民法院	2020 年	黄某辉等走私、贩卖毒品案	利用信息网络走私、贩卖“聪明药”等国家管制的精神药品
最高人民检察院	2020 年	董某澜贩卖毒品案	通过暗网和比特币支付贩卖毒品
贵州省高级人民法院	2020 年	周某运输毒品案	通过网络招募运毒
浙江省高级人民法院	2020 年	姜某泉走私毒品案	通过互联网用比特币买卖毒品
最高人民法院	2021 年	谢某等贩卖毒品案	利用网络联系订单，以比特币形式收取毒资，通过物流寄递毒品
最高人民法院	2022 年	周某伟贩卖、运输毒品案	利用“互联网 + 物流寄递”手段多次向吸毒人员贩卖麻精药品，情节严重

相对来说，新闻报道、典型案例的普法、宣示和预防意义较大，对网络涉毒行为在刑法学研究可以起到网络涉毒行为类型化的参考作用。结合刑法学界对网络涉毒行为的研究现状，本书认为，目前我国在刑法视阈下研究网络涉毒行为仍处于零散化研究阶段，对网络涉毒行为缺乏类型化分析，对网络涉毒行为兼具毒品犯罪和网络犯罪的双重性考证阙如。故此，本书立足于刑法规制和司法认定的角度深入网络涉毒行为的研究。

基于以上情况，本研究的实践意义主要体现在以下几点。

第一，弥补司法实践中对网络涉毒行为研究不足的缺陷，为司法解释的理解和制定提供研究基础。由于毒品犯罪案情复杂，行为人通常会实施多个相关的网络涉毒行为，这就导致判决书在说理时无法明确分析和定性每一种行为，只能以总括式、结论式的语句对行为进行概括说明。通过对网络涉毒案件的生效判决书进行研究，本书发现，判决书中存在分析说理不足的共性问题。因此，本书旨在总结司法实践中遇到的难题，结合刑法规定和司法解释、刑法理论细致分析案情，探寻解决实践问题的应然路径。目前，我国出台了相关司法解释对部分网络涉毒行为的法律适用进行指导，本书将对实践中的网络涉毒案件进行考察，反观司法解释规定的合理性。

第二,明确网络涉毒行为的运行机理,厘清司法实践中纷繁复杂的网络涉毒行为形态,这有助于归类网络涉毒行为,进而为刑法规制网络涉毒行为的明确化、精细化奠定基础。由于网络涉毒行为同时具备毒品犯罪和网络犯罪的犯罪学特征,因此其刑法规制和犯罪治理可以从这两个角度寻找科学依据,从而达到治理网络涉毒违法犯罪的最佳目标。从表面上看,虽然在已发布的网络涉毒案件中,网络似乎只起到了提供涉毒信息和购买渠道的"管道化"作用,但实际上,行为人如何利用这个"管道"会直接导致行为的定性不同,需要从符合犯罪构成要件和刑法解释的角度思考具体的司法适用问题。毒品犯罪的刑法规制和司法适用问题在实践中显得异常庞杂,基于毒品犯罪多变的情势,几乎每个罪名的适用都需经过严密的论证。

第三,为纾解网络涉毒行为刑法规制的实践困境提供参考。网络涉毒行为与传统毒品犯罪紧密相关,为满足实践中打击该类犯罪之需要,以物理空间毒品犯罪行为为模型的毒品犯罪刑法规定在规制网络涉毒行为中的适用需要重新予以审视。在司法实践中,毒品犯罪认定和处罚较为突出的问题是罪名区分困难,即贩卖毒品罪和持有毒品罪、运输毒品罪的界分问题,以及犯罪形态的认定困难,即毒品犯罪既遂、未遂的判断问题。这些问题在网络涉毒案件中同样也是难点,并且需要调试传统毒品犯罪的司法认定思路,以适配网络涉毒行为的司法认定。以流通类网络涉毒行为为例,利用互联网进行贩毒是网络涉毒犯罪的核心行为,诸多如搭建网络吸毒平台、通过网络引诱他人吸毒等行为的实施目的都是贩卖毒品。通过网络实施贩毒活动在司法实践中较为多发,同时,在司法实践的认定中也存在很多理论问题。首先,在利用互联网贩毒的案件中,行为人的主观故意认定相对比较困难,这是因为,网络贩毒案件在案发时可能无法"人赃并获",存在证据难以直接证明行为人从事贩毒行为的可能性,故而,应当思考行为人主观故意的认定标准在网络空间中是否需要重新明晰。其次,对于共犯的认定,需考虑网络空间共同犯意的认定、帮助行为和教唆行为的认定等问题。最后,网络贩毒构成贩卖毒品罪的犯罪形态问题也需要进行深入讨论。

三、研究现状

在中国知网以"网络毒品"为主题进行搜索,显示学术期刊文献共有 141 篇,学位论文文献25篇,还有其他种类文献若干。以“网络毒品”为主题的学术研究包含多个面向,比如刑事化治理、刑法适用、网络毒品侦查、防治对策等。在中国知网以“网络涉毒”为主题进行搜索,显示有75篇学术期刊文献,学位论文14篇,其他种类文献若干。针对“网络涉毒”的研究目前集中在电子证据的取证和审查、犯罪治理对策、地方政府治理、刑法适用、网络涉毒犯罪侦查、犯罪情报等方面。截至目前,尚未有学者以网络涉毒行为为主要研究对象撰写博士论文,相关的硕士论文共有14篇,均在近10年内完成,其中2017~2018年完成的硕士论文有8篇之多。可见,随着网络涉毒行为的泛滥,学者逐渐对此主题产生了研究兴趣。不过,目前能成体系的研究成果相对匮乏,专项研究成果集中发表于2014年之后。在中国知网以“网络涉毒行为”为主题进行搜索,显示仅有10篇学术期刊文献、8篇学位论文文献和4篇报纸类文献。其中,最早的一篇是王锐园于2014年发表在《上海政法学院学报(法治论丛)》第5期的《网络涉毒行为探析》。截至本书完成时,最近的一篇是2022年王爱芝和李晴发表于《云南警官学院学报》第1期的《大数据时代网络涉毒犯罪的侦查困境及应对策略》。

现有以网络涉毒行为和网络毒品犯罪为研究主题的文献中,有些研究以实践中的司法大案为例,引发对刑法理论的思考。例如,刘仁文和刘瑞平于2011年在《中国检察官》发表的《“网络吸毒”行为的刑法学分析》,此文章的主要观点是:“要强化对网络吸毒的治理,可能的路径不仅包括对某些行为犯罪化,还可以包括对某些行为虽不作为犯罪来处理但应给予治安处罚的方式。”[①]随着研究的不断推进,有学者开始针对某个或某些网络涉毒行为的刑法规制展开纵深研究,典型的文章有阴建峰和梁田2021年发表在《刑法论丛》第1卷的《互联网涉毒犯罪司法适用问题探析》。这篇文章述及互联网特性对网络涉毒案件司法实践带来的实际挑战:第一,互联网涉毒案件犯罪嫌疑人众多、覆盖面广;第二,互联网涉毒犯罪具有多变性;第三,互联网涉毒犯罪侦查取证困难。除此之外,这篇文章还集中探讨了利用互联网传播制毒方法行为、利用互联网居间介绍买卖毒品行为和在网络平台组织吸毒行为的司法适用问题。该文通过类型化分析的方式对论及的三种行为进行归类,分别讨论了不同主体、不同受众背景下以上三种行为的刑法规制难点。这篇文

① 刘仁文、刘瑞平:《“网络吸毒”行为的刑法学分析》,载《中国检察官》2011年第12期。

章中论及的主要理论问题包括犯罪行为类型的划分、危害行为的认定、共犯的认定标准、罪数等。[①] 现有的硕士学位论文也通常从某一个或一类网络涉毒行为的司法认定角度进行探讨，如黑龙江大学刘涵的硕士论文《聚众吸毒行为研究》（2015年）、云南大学唐雪英的硕士论文《利用网络聊天室等互联网平台组织他人吸毒行为入罪研究》（2017年）。还有三篇硕士论文以网络涉毒现象、网络涉毒犯罪或网络涉毒行为的刑法规制为题，其中，兰州大学的马凯在文中主要探讨了利用网络组织多人在线吸毒表演行为的认定、非法利用信息网络罪在网络涉毒案件中的成立等问题，并在此基础上提出了网络涉毒行为的治理对策。云南大学谢颖妍的硕士论文以《网络涉毒行为的刑法规制》为题，讨论了开设网络吸毒聊天室、积极参与网络聚众吸毒、网络直播吸毒行为应当如何认定，还就网络传授制毒方法的传授对象、网络服务提供者的相关认定问题展开讨论，文中论及容留吸毒罪，教唆、引诱他人吸毒罪和拒不履行管理义务罪等罪名的适用情况。中国人民公安大学的袁春凤以《网络涉毒现象的刑事法律规制》为题从实体法和程序法揭示了我国刑事法律对网络涉毒现象规制的局限性，但是未对具体的网络涉毒行为认定予以展开。

学者对网络涉毒行为刑法规制的研究总体呈现出研究范畴由大到小、研究程度由浅入深的过程，研究重点逐渐由粗略的现象描述过渡为精细的刑法规制。但是，现有研究仍存在体系化欠缺、实践与理论脱钩等不足。具体而言，一是现有研究主要聚焦于网络组织吸毒、网络发布涉毒信息两种违法犯罪的刑法规制问题，对于涉网因素影响下的贩卖、运输毒品行为之刑法规制问题缺乏发掘。二是大多数现有研究对发布涉毒信息类网络涉毒行为的刑法规制问题只进行了粗略探讨，未结合实践中信息类网络涉毒行为的具体形态进行细致而穷尽的分析。因此，对网络涉毒行为的刑法规制问题进行全面的梳理、具体的展开颇具必要性。此外，由于网络涉毒行为一直被视为实践问题，鲜有研究从刑法理论层面深挖实践困境产生之肇因，使得网络涉毒行为刑法规制问题的解决缺乏理论支撑。故而，从理论层面深入挖掘刑法规制网络涉毒行为的困境之形成肇因有利于缓解这一困境，并为网络涉毒行为刑法规制的具体展开提供理论基础。在研究网络涉毒行为的刑法规制中，网络犯罪的刑法规制和毒品犯罪的认定是应该重点关注的两个基设性理论问

① 参见阴建峰、梁田：《互联网涉毒犯罪司法适用问题探析》，载《刑法论丛》2021年第1期。

题。在这两个方面,有大量的文献可供学习和思考。

在网络犯罪领域,国内学者的研究已日臻完善,网络犯罪方面已出版的专著显现出研究面向广泛、内容充实的特点。喻海松2018年出版的《网络犯罪二十讲》一书通过案例分析的方法对网络犯罪行为进行解构和深入分析;谢望原于2019年出版的《网络犯罪与安全2018》一书中也有关于网络犯罪刑法规制的深入探讨;敬力嘉于2019年出版的《信息网络犯罪的预防转向与限度》一书立足预防刑法理论分析信息网络犯罪的新罪名,分析方法可运用于本书之中;陈婷在2018年出版的《网络犯罪行为的前瞻性思考与刑法规制研究》一书中探讨了网络技术动态发展下的网络犯罪刑法规制。网络犯罪在本质上是无国界的,其横向性质又增加了一层复杂性:如今几乎任何类型的犯罪都可以在互联网上发生。[①] 因此,致力于传统刑法学或犯罪学研究的学者面临飞速发展的网络犯罪情势,也不得不将研究目光游移。相对而言,国外学者对网络犯罪领域的研究范围更广、视角更宽。近5年内,有学者借助社会学视角透视网络犯罪问题。例如,英国学者蒂姆·欧文、韦恩·诺布尔、法雅·克丽斯特贝尔·斯皮德著有《网络犯罪新视角》一书,这一著作基于现实主义的社会本体论,介绍了网络犯罪研究的新视角,并为其研究克服犯罪理论所面临的主要障碍提供了建议。也有比较前沿的研究着眼于行为人在网络犯罪中扮演的角色,从犯罪学的角度探索网络犯罪与传统犯罪的异同。比如,霍尔特·托马斯等著有《网络犯罪中人的因素》,其中集中探讨了网络犯罪的行为人、受害者和共同犯罪人等网络犯罪影响因素,并探索了网络犯罪相较于传统犯罪的鲜明特征和动机。除了专著外,学术期刊论文也反映出学术研究热点的变化。在我国研讨网络犯罪行为特点的论文中,刘艳红在《Web3.0时代网络犯罪的代际特征及刑法应对》一文中追问,在Web3.0时代,为应对网络犯罪对刑法适用提出的挑战,应当如何界定复杂的侵害法益、追责对象以及定罪标准?她认为,刑法理论应当确立实质损害标准以解决侵犯网络空间秩序行为是否构成犯罪的问题,以具有法益侵害性结果为导向强化网络犯罪平台而非个人责任追究,以升维打击而非降维打击确立网络犯罪

---

① See The Hague Eurojust. (2020), *Challenges and best practices from Eurojust's casework in the area of cybercrime: overview report*, abstact.

的定罪标准,从而有效解决 Web3.0 时代网络犯罪及刑法规制问题。[①] 叶良芳的文章《科技发展、治理挑战与刑法变革》一文高屋建瓴地指出,对网络空间发生的违法犯罪行为具有法律规制的必要性,而刑法规制应当建立在对其正确分类的基础上。由于网络犯罪具有全部或部分实行行为发生于网络空间的特点,因此,对其规制可以比照传统罪名分别采取并入适用或创设新罪的不同策略。尽管网络空间的犯罪行为具有多变的特点,但是国家在动用刑法规制网络不法行为时,应当始终坚持侵害原则和谦抑原则,反对重刑主义。[②] 持有类似观点的还有张智辉,他在《试论网络犯罪的立法完善》一文中指出,完善已有刑法之规定是解决网络犯罪刑法规制问题的首选,这种模式选择会使刑事立法体系保持严密性、合理性,更能适应有效惩治网络犯罪的需要。同时,应当注意司法解释权的转化,将具有合理性的解释性规定纳入刑法之中,成为刑法惩治毒品犯罪的新内容。[③]

毒品犯罪是我国学者深耕的领域。在这一领域的学术成果中,既有关于毒品犯罪的挑战与刑法的回应、毒品犯罪相关罪名的存废、毒品犯罪的刑事政策、新型毒品的治理问题等基础性研究;[④]也有诱惑侦查、控制下交付、个罪的犯罪形态、认定标准、数额认定等应用型问题研究,颇为全面。针对后疫情时代毒品犯罪的治理,也有最新成果。进入毒品犯罪研究的成熟阶段,学者们普遍转向了更细致的研究领域,研究视角也更加新颖,如采用经济学与管理学的理论工具分析毒品的供求关系、[⑤]对个罪刑事立法的反思[⑥]等。关于毒品犯罪的认定,目前学者争论较多的问题如下:第一,毒品犯罪的主观明知问题。在我国,毒品犯罪只能是故意犯罪,基于

---

① 参见刘艳红:《Web3.0 时代网络犯罪的代际特征及刑法应对》,载《环球法律评论》2020 年第 5 期。

② 参见叶良芳:《科技发展、治理挑战与刑法变革》,载《法律科学(西北政法大学学报)》2018 年第 1 期。

③ 参见张智辉:《试论网络犯罪的立法完善》,载《北京联合大学学报(人文社会科学版)》2015 年第 2 期。

④ 其中有较为有代表性的文章包括赵秉志、阴建峰:《论中国毒品犯罪死刑的逐步废止》,载《法学杂志》2013 年第 5 期;莫洪宪:《毒品犯罪的挑战与刑法的回应》,载《政治与法律》2012 年第 10 期;何荣功:《我国"重刑治毒"刑事政策之法社会学思考》,载《法商研究》2015 年第 5 期等。

⑤ 如候俊锋、张悦:《供求定理视角下我国的毒品犯罪防控对策》,载《经营与管理》2021 年第 4 期;莫涵、刘瀚文:《经济学视阈下的毒品供需均衡关系探究》,载《云南警官学院学报》2020 年第 6 期。

⑥ 如包涵:《运输毒品罪的立法扩张与司法限制》,载《中国刑事法杂志》2021 年第 1 期;梅传强、王心一:《物流运毒犯罪的肇因检视与治理之策》,载《广西警察学院学报》2021 年第 1 期等。

此，对行为人主观故意的认定直接影响到定罪，是认定犯罪的重要环节。[①] 第二，关于毒品犯罪形态问题的认定。[②] 特别是毒品犯罪的既遂标准问题，一直是困扰司法实践的难题，也是理论探讨的热点，存在“犯罪构成要件齐备说”“交付既遂说”“犯罪结果发生说”等观点争鸣，哪种观点更能合理地解决网络涉毒案件的既遂形态问题，本书也欲展开讨论。第三，毒品犯罪的共同犯罪认定。[③] 共同犯罪作为刑法的“绝望之章”，在案情复杂的毒品犯罪案件中更显“绝望”，因为无论是因果关系还是共同犯意在网络涉毒案件中都不明显。结合这些难点，在讨论网络涉毒行为能否构成共同犯罪时，应当在明确共同犯意的基础上进行探讨，同时探究网络涉毒案件中帮助行为和教唆行为的刑法规制必要性。第四，毒品犯罪的罪数问题。[④] 走私、贩卖、运输、制造毒品罪是毒品犯罪的核心罪名，除此之外，还有其他选择性罪名。在实践中，毒品犯罪易与其他犯罪形成竞合。在评价网络涉毒行为时，也应重视对罪数问题的厘清。第五，毒品数量的认定。《刑法》第 347 条对走私、贩卖、运输、制造毒品罪设置了死刑，随着对毒品犯罪的研究深入，学界已基本上对毒品犯罪慎用死刑达成共识。《刑法》第 48 条规定，死刑只适用于“罪行极其严重”的犯罪人。故而，在所有适用死刑的案件中，法院应当充分证立被告人的主观恶性和犯罪行为的社会危害性，而非延续我国司法实践中在判处毒品犯罪死刑案件时“唯数量论”的惯性思维。所以，毒品数量认定的总体思路和具体方法都是直接影响毒品犯罪量刑的重要因素，学者们就此也展开了诸多讨论。[⑤] 为解决实践中的毒品犯罪认定难题，实务界也出版了可以有效指导实践的办案手册、指导案例等书籍，如彭泽于 2020 年编著出版的《毒品犯罪办案手册》，张洪江、周智勇、王力欣、李鹏于 2020 年出版的

---

① 如褚福民：《证明困难的解决模式——以毒品犯罪明知为例的分析》，载《当代法学》2010 年第 2 期；赵秉志、李运才：《论毒品犯罪的死刑限制——基于主观明知要件认定的视角》，载《中南民族大学学报（人文社会科学版）》2010 年第 5 期等。

② 如魏东：《毒品犯罪的解释性疑难问题》，载《政法论丛》2017 年第 2 期；李静然：《非法持有毒品罪的司法疑难问题探析》，载《法律适用》2014 年第 9 期等。

③ 代表性文章有张明楷：《代购毒品行为的刑法学分析》，载《华东政法大学学报》2020 年第 1 期；梅传强、张嘉艺：《论毒品犯罪的共犯认定思路》，载《西南政法大学学报》2019 年第 3 期等。

④ 代表性文章有司冰岩：《毒品犯罪疑难问题研究》，载《法律适用》2015 年第 12 期；黄瑛琦、张洪成：《毒品犯罪的罪数形成态问题研究》，载《山东社会科学》2011 年第 4 期等。

⑤ 如胡江、陈熠：《毒品数量对毒品犯罪认定意义的理性思考》，载《警学研究》2020 年第 1 期。

《人民法院审理毒品犯罪案件司法适用与定罪量刑》等。除了围绕破解实践难题展开的研究外,毒品犯罪的刑事政策也是学者热衷的研究领域。这一领域的代表性成果有:张洪成于2017年出版的《毒品犯罪刑事政策之反思与修正》;何荣功分别于2013年和2020年出版的《自由秩序与自由刑法理论》《刑法与现代社会治理》等。

为了顺应后疫情时代的毒品犯罪治理需求,目前我国和世界各国政府从以下几个方面采取措施应对毒品犯罪:第一,优先保障弱势群体在疫情时期的基本权利。受疫情影响,多数国家的经济遭受重创,弱势群体的社会经济状况愈发恶劣。针对毒品犯罪,所谓弱势群体不仅包括青少年、流浪人员、无业人员和服刑人员等毒品易感染群体,更值得注意的是吸毒者本身。在传染性疾病肆虐的特殊时期,吸毒者因免疫系统受损更易染病,且其染毒的特殊情况在特殊时期更难被顾及。因此,在特殊时期防治毒品犯罪应当遵循保障人权的基本理念,通过出台应急政策、发放经济补贴等方式保障吸毒者持续接受戒断治疗、维持基本生活。此外,积极防范青少年等其他弱势群体在特殊时期转变为吸毒人员或从事毒品犯罪,其中防范已戒毒人员复吸也是一个工作重点。第二,注重线上线下联动,实现跨境跨区域的“堵源截流”。“堵源截流”是打击毒品贩运的有效手段。在特殊时期,传统的毒品种植、加工、运输“产业”面临危机,牟利需求会刺激毒品原植物的非法种植,因此,应当着重打击制造毒品犯罪及毒品原植物种子、幼苗相关犯罪,对毒品生产及其前行为进行重点查处,是谓“堵源”。在疫情期间,物理世界的流动受到限制,看似“堵源截流”也自然地被遏制,实则不然。通过网络从事贩运毒品行为应运而生,为全球毒品供应“贡献力量”。从全球的角度看,毒品贩运者还经常通过更改路线逃避缉毒。另外,在特殊时期,化学类毒品的生产原材料难以获取,一方面,这促使毒品的制造者通过新的方法制造毒品,另一方面,这也会刺激毒品及其原材料的跨国、跨区域流动方式的改变。所以,跨境跨区域的“截流”应及时、灵活,其中,通过海运走私毒品应成为打击重点。第三,重点关注网络平台贩售的新型毒品。新型毒品的生产和制造意味着新型毒品犯罪手段的产生。近些年,通过改变、创新合成毒品(第三代毒品)化学结构的方式规避毒品相关法律规定已屡见不鲜,但是在疫情期间,这种通过翻新生产工艺、改变生产原材料或其结构的方式将会随着毒品生产原料获得的困难而盛行。因此,在“后疫情时代”,应当严格管控合法流通的麻醉药品及处方类药品,重点关注含有毒品生产原材料、催化剂成分的合法药品,防止其非法滥用。此外,针对通过暗网、比特币等新型支付方式完成毒品交易的情况,以资金流为监控、查处毒品犯罪的切入点更有利于截断毒品的线上流通。第四,助推戒毒治疗服务升级。疫情期间,毒品戒断工作可能面临中断,这是多数国家和地区面临的现实危机,而构建规范、专业的戒毒治疗服务体系是应对风险的有效措施,也是巩固打击毒品犯罪成果的必要选择。我国推行"零容忍"的禁毒政策,同时在刑事法领域存在"重刑治毒"的立法和司法倾向,导致我国对吸毒行为的认知和评价整体上持完全排斥的立场,对吸毒人员的接受程度也比较低。在国家政策层面,我国推行强制戒毒,治疗理念在我国还未生根发芽。放眼国际,戒毒治疗服务已然成为发达国家治理毒品犯罪的重要环节。在我国,强制隔离戒毒工作应进一步落实以人为本、科学戒毒、综合矫治、关怀救助的原则,教育和挽救吸毒人员,在此基础上,应当推行戒毒治疗服务。具体来说,戒毒治疗服务应当首先由国家提供,逐渐形成规范化、专业化的服务体系,随着治疗理念的深入,可以逐渐扩大戒毒治疗服务提供者的范围,由有资质的医疗机构提供服务,国家进行监管。第五,塑造替代作物种植的两个面向。替代作物种植的方法是从根源上解决毒源问题的有益尝试,也是抑制毒品犯罪的有效手段。然而,替代种植无法一蹴而就,并且,"一刀切"式的替代种植计划更是治标不治本的低效努力。若要使替代作物种植成为改善种植毒品传统地区现状的有效举措,就应当结合该区域的社会资本、公共服务情况和种植者的基本经济情况制定长期替代作物种植计划。种植计划应当有两个面向:第一,保障种植合法作物的农民增收,同时激励其继续走合法作物种植的道路;第二,杜绝非法作物的种植,引导非法作物种植者舍弃非法作物,转向合法道路。尽管在我国,种植毒品原材料植物属于犯罪行为,但是,刑罚的威慑作用在毒品犯罪如何彰显及其效果如何方面尚需讨论。在特殊时期,种植非法作物即时的牟利本质可能会使更多人走上非法道路,从预防的角度看,只有合法种植作物的观念深入人心才能从根源上防止犯罪行为的发生,从综合治理的角度看,因地制宜地制定替代作物种植方案应当成为防控毒品犯罪的一项常备措施。

目前毒品犯罪的既有成果深化了网络犯罪、毒品犯罪的理论研究,实践中的防毒治毒举措又是将理论付诸实践,提高了理论对实践问题的解决力,这都为本书探讨网络涉毒行为刑法规制提供了重要的理论基础和实践观照。

国外学者对网络涉毒行为的研究起步较早,且研究重心多集中于网络涉毒行为的成因、特点等领域，研究方向偏向犯罪学。例如，俄罗斯学者曾以《利用互联网打击非法贩毒：现代问题与矛盾》为题，介绍了利用包括互联网络在内的大众传媒贩运毒品行为的一般特征，对侦破和打击这类犯罪的主要问题作出总结。通过描述国际法律规制网络贩运毒品的现状，分析了各国执法机构之间相互作用问题的主要矛盾，并对这一领域的国际合作进行了评估。作者还结合俄罗斯联邦法律规定，研究了调查和起诉与贩毒有关的刑事案件的做法。① 有学者套用有组织犯罪的网络化模型，分析网络涉毒行为参与人之间的关系和网络有组织贩运毒品行为的生成机理。② 有学者研究"通过剖析方法打击网络走私毒品"，以乌克兰为例分析了与涉毒行为中使用互联网的综合情况。文章通过剖析的方法研究经由互联网进行毒品走私、分销相关犯罪的行为人特征。③ 还有的研究以加拿大暗网贩卖毒品的现状和法律规制情况为研究对象，展开对暗网贩运毒品治理对策的深入探讨。④ 新近的研究还关注互联网药房贩卖违禁药品的法律规制问题，探讨了网购药品行为的刑法属性。⑤ 有学者关注特殊群体与网络涉毒行为的关系，研究美国和西班牙青少年通过社交媒体线上获取毒品的实际情况。⑥ 还有学者从互联网如何为毒品违法

---

① See Sidorov, A. S. (2017), *Counteraction to illegal drug trafficking using the internet: Modern problems and contradictions*, Journal of Advanced Research in Law and Economics (JARLE), 8(7), 2224 - 2230.

② See Browne, D., Mason, M., & Murphy, R. (2003), *Drug supply and trafficking: An overview*, Howard Journal of Criminal Justice, 42(4), 324 - 334.

③ See Mykola O Ovcharenko, Oleksii V Tavolzhanskyi, Tetiana M Radchenko, Kateryna D Kulyk, & Nataliia V Smetanina. (2020), *Combating Illegal Drugs Trafficking Using the Internet by Means of the Profiling Method*, Journal of Advanced Research in Law and Economics, 11[4(50)], 1296 - 1304. https://doi.org/10.14505/jarle.v11.4(50).26.

④ See Broséus, J., Rhumorbarbe, D., Mireault, C., Ouellette, V., Crispino, F., & Décary-Hétu, D. (2016), *Studying illicit drug trafficking on Darknet markets: structure and organisation from a Canadian perspective*, Forensic Science International, 264, 7 - 14. https://doi.org/10.1016/j.forsciint.2016.02.045.

⑤ See Mackey, T. K., & Nayyar, G. (2016), *Digital danger: a review of the global public health, patient safety and cybersecurity threats posed by illicit online pharmacies*, British Medical Bulletin, 118(1), 110 - 126. https://doi.org/10.1093/bmb/ldw016.

⑥ See Atte Oksanen, Bryan L Miller, Iina Savolainen, Anu Sirola, Jakob Demant, Markus Kaakinen, & Izabela Zych. (2021), *Social Media and Access to Drugs Online: A Nationwide Study in the United States and Spain among Adolescents and Young Adults*, The European Journal of Psychology Applied to Legal Context, 13(1), 29 - 36. https://doi.org/10.5093/ejpalc2021a5.

犯罪提供机会的角度对网络涉毒行为的形成进行论述，学者认为，网络互联特性为毒品违法犯罪提供了前所未有的便利，这种便利贯穿了毒品违法犯罪的整个阶段。学者将毒品犯罪分为6个主要阶段，即贩毒前的准备活动（第零阶段）；制毒植物的种植及药物或化学品的生产（第一阶段）；通过当地中间商运输（第二阶段）；通过过境网络（批发商和进口商）运输（第三阶段）；通过目的地零售商运输（第四阶段）；将毒品分销给买家（第五阶段）；以及直接相关或随着贩运活动的其他活动（第六阶段）。[①] 在这一概念框架下，互联网可能为涉毒违法犯罪行为的实施提供10种机会。

我国学者曾对"网络犯罪是一个犯罪学概念，而不是一个刑法学概念"[②]这一论点进行批判，认为网络犯罪的概念及其相关研究兼具网络犯罪的现象学意义和规范性，具有参照传统犯罪概念予以延拓的空间。[③] 对此批判，笔者深以为然，以上外国学者的研究尽管遵循犯罪学的研究范式，但其研究成果同样启人思考。网络涉毒行为的具体样态、行为模式变迁是考察网络涉毒犯罪形态、犯罪客体和犯罪主体的事实前提。

四、研究方法

（一）案例分析法

案例分析法在法学研究中被广泛运用，发挥了提出实践问题、解决实践问题的重要作用，是法学研究成果从理论走向实践的重要方法论。本书以生效的裁判文书作为研究的重要研析文本，结合判决书中的观点、理由和裁判结果提炼实践中的具体问题。具体到毒品犯罪领域，2015年我国毒品犯罪案件的侦破数量达到顶峰，在诸多毒品犯罪案件中，涉网络案件的数量持续增加，应当重点关注。

---

① See Lavorgna, Anita. (2014), *Internet-mediated drug trafficking: Towards a better understanding of new criminal dynamics. Trends in Organized Crime*, 17(4), 256－258. doi: http://dx.doi.org.proxy.wm.edu/10.1007/s12117－014－9226－8. 其中第零阶段通常不是必需的，毒品违法犯罪行为可以在任意一个阶段开始或结束。

② 徐剑锋：《互联网时代刑法参与观的基本思考》，载《法律科学（西北政法大学学报）》2017年第3期。

③ 参见孙道萃：《网络时代的中国刑法发展研究：回顾与展望》，载《华南师范大学学报（社会科学版）》2021年第1期。

(二)文献分析法

文献分析法是文科研究具有基石意义的方法论,“站在巨人的肩膀上”才可以看得更清、看得更远。毒品犯罪在刑法学领域具有颇久的研究历史和颇深的理论探讨,因此,本书以已发表的专著、论文等文献资料为参考,汲取既有研究成果的学术营养、反思现阶段研究面临的问题,以期对实践和学术研究略有贡献。

(三)归纳演绎法

归纳演绎法是进行逻辑分析的重要方法工具。法学学科的出现和发展一定程度上也得益于归纳演绎法的应用。法学是讲逻辑、用逻辑的学科,在法学研究的过程中,应当遵循“发现问题—解析问题—解决问题”的基本逻辑思路。本书从网络涉毒行为的司法实践中提炼问题,通过归纳演绎,采用合理的、科学的逻辑思考问题,探寻问题解决的出路。

(四)跨学科研究法

本书在论证网络组织吸毒行为的法益侵害性和刑法可罚性时采用了经济学分析方法,引入供求定理说明从需求侧打击毒品犯罪思路的科学性。经济学分析方法具有定量清晰和定性准确的双重特点,可以较为直观地阐明毒品需求、价格、市场之间的相互影响,对证明刑法规制网络组织吸毒行为的必要性探讨提供了跨学科视角。

第一章

网络涉毒行为的界定、类型与特征

概念框定、类型划分、特征总结是社会科学研究的基础研究方法,以此三维度全面、准确、深入探究研究对象能够为后续研究奠定基础。研究网络涉毒行为的刑法规制问题应当以概念清楚、论域明晰为前提。考察毒品概念的流变有助于确定涉毒行为、网络涉毒行为等概念的边界。由于网络涉毒行为样态复杂,本章引入韦伯的“理想类型”理论模型观测和描述网络涉毒行为,将网络涉毒行为类型化为流通类、吸食类和信息类三类,为网络涉毒行为刑法规制的精细化提供先决条件。在此基础上,本章总结了网络涉毒行为的外观特征和交互特质,在事实层面观察网络因素对传统毒品犯罪产生何种影响,进而为后文归纳网络涉毒行为刑法规制的实践困境提供基础。

第一节　毒品概念与网络涉毒行为的界定

以网络涉毒行为为中心,有两个基本问题需要明确:一是毒品的概念问题,二是网络涉毒行为应当如何界定。美国法学家埃德加·博登海默曾强调:“概念乃是解决法律问题所必需的和必不可少的工具。没有严格的专门概念,我们便不能清楚地和理性地思考法律问题。”[①]“涉毒行为”的概念在司法解释及其他规范性文件中也有使用，但由于“涉毒”“涉毒行为”并非严格的法律概念，司法解释及其他规范性文件的意旨和不同学者的论域不同都会导致其内涵的扩张或缩减。网络涉毒行为具有多样化特征，清晰地框定网络涉毒行为的概念是研究刑法规制网络涉毒行为需要厘清的基本问题，也是弥合学者对概念认知差异的可行方法。

一、毒品概念的流变

涉毒行为，从字面意思可以理解为与毒品有所关涉的行为，因此，明确“涉毒行为”和“网络涉毒行为”的概念亦需要对毒品的概念进行明晰。毒品的概念因语境不同而范围有异，网络涉毒行为使贩卖毒品更加便利和隐蔽，更多新精神活性物质在网络空间畅销。可见，网络因素的介入使新精神活性物质能否归类于毒品范畴的问题更为凸显，唯有科学地定义“毒品”才能使这一概念适应毒品内涵多变的趋势。因此，应当从动态视角考察毒品概念的起源和变迁，进而审视网络因素对网络涉毒行为概念的影响。

（一）毒品概念的历史起源与现代变迁

在当今世界各国的法律体系中，“毒品”“毒品犯罪”等概念已经在立法和司法层面被基本明确，但我们仍应窥视毒品概念的内核，并以此为基础考察毒品概念设定的合理性。毒品的概念源自毒品在日常生活中的使用，定义法律意义上的“毒品”，应当认识到这一概念具有明显的相对性，必须站在社会学和历史学的背景中，以医学、药学原理为借鉴探索毒品概念的应有内涵。[②]

据英国学者研究，人类最早使用“毒品”可以追溯到古希腊时期，至今已有上千年历史。那时，人们将鸦片作为麻醉剂用以缓解疼痛。[③] 在一定的历史时期内，“毒品”的概念还未问世，即使人们可能认识到了“毒品”的成瘾性，但所谓的“毒品”实

---

① ［美］埃德加·博登海默：《法理学、法哲学与法律方法》，邓正来译，中国政法大学出版社 2017 年版，第 504 页。

② 参见高巍：《贩卖毒品罪研究》，中国人民公安大学出版社 2007 年版，第 19～20 页。

③ 参见［英］罗伊·波特、米库拉什·泰希主编：《历史上的药物与毒品》，鲁虎等译，商务印书馆 2004 年版，第 12～13 页。

质上更多的是在发挥药品的功效,起到缓和、治愈疼痛的积极作用。使用“毒品”的行为在某些地方也被视为风俗。[①] 在食物和医疗条件皆称匮乏的时期,各地居民“物尽其用”,不仅种植罂粟,也从仙人掌、天仙子、称木、大麻、蘑菇等“快乐植物”中提取汁液作为麻醉剂或宗教祭祀用品。可见,“毒品”这一概念中最初就包含了“药品”的含义,其实质上是过量或不合理使用将引发毒性的“药品”。中国古代也存在使用和吸食毒品的习惯。以鸦片烟为代表的毒品属于舶来品,唐朝时期的阿拉伯商人把鸦片作为贵重礼品带到中国,部分鸦片进入皇室供贵族皇室享用,部分鸦片作为进口商品与国内商人进行交易。到了宋朝,人们对鸦片的了解更加深入,在医疗和娱乐领域使用鸦片。元朝时期,由于蒙古军队加速扩张版图,元军又将出产于印度周边的鸦片作为战利品引入国内。明清时期,鸦片更多地用以娱乐消遣,专供贵族阶层享用。至此,鸦片作为中国古代史上比较单一的“毒品”种类,实际上并不等同现代语义学上的“毒品”,也未形成大规模的社会危害。“鸦片烟”作为毒品大规模侵袭中国大约始于18世纪末,也正是在此之后,伴随“毒品”概念的污名始终未能涤清。雍正皇帝于公元1729年颁布的《惩办兴贩鸦片烟及开设烟馆条例》[②]中明确,“鸦片烟”是指鸦片和烟草的拌合物,并非纯鸦片。鉴于中国药用鸦片的传统,单独使用鸦片的行为具有合法性,只有加入烟草制成鸦片烟后进行贩卖或开设鸦片烟馆的行为才是非法的。进入民国时期,“毒品”的概念被“烟毒”替代,但此时的“烟毒”仍专指鸦片类毒品,尤指鸦片烟,不包含其他毒品的含义。在我国,“烟毒”作为“毒品”概念的早期雏形,在1949年之后的法律文件中仍偶尔被沿用。[③] 随着法律用语的规范化和其他麻醉药品种类的增加,“毒品”的概念逐渐因其概括性、简练性被广泛使用,至此,“毒品”的概念逐渐语义丰富。从本质上看,毒品和任何普通物质别无二致。概览毒品及其概念的演变进程可以得知,毒品的概念及其内

① 在我国部分少数民族地区依旧保留了食用罂粟籽的习惯;古柯等植物作为草药在南美洲地区一直被用于提神;印第安人有咀嚼古柯植物作为行军能量补充必备品的习惯。参见张洪成、黄瑛琦:《毒品犯罪法律适用问题研究》,中国政法大学出版社2013年版,第2页。

② 《惩办兴贩鸦片烟及开设烟馆条例》是世界上最早的禁毒法令,该条例用刑罚手段严厉禁止贩卖鸦片烟和开设鸦片烟馆的行为。参见周立民:《中国最早的毒品——基于现代毒品概念的分析》,载《中国禁毒报》2020年4月24日,第6版。

③ 比如1950年政务院(现国务院)发布的《政务院关于严禁鸦片烟毒的通令》以及1981年国务院发布的《国务院关于重申严禁鸦片烟毒的通知》。

涵经历了“使用—认知—研究—定义”这4个阶段，逐步从单具现象意义的简单概念繁化为亦具评价色彩的社会学、法学概念。

然而，随着毒品种类的不断增加和国家管制毒品种类的范围扩大，毒品的概念也随之而变，这就导致毒品概念不具备“标准型”的特质。① 我国《刑法》第357条和《禁毒法》第2条对毒品概念的规定相同，即为毒品是指鸦片、海洛因、甲基苯丙胺(冰毒)、吗啡、大麻、可卡因以及国家规定管制的其他能够使人形成瘾癖的麻醉药品和精神药品。这一规定采取列举加概括的定义模式，明确了我国主要的毒品种类，便于在司法实践中对毒品概念的把握和应用。② 在毒品犯罪研究早期，有学者据此认为“毒品”是根据我国《刑法》第357条规定的，具有特定含义、范围和作用的物品，但不包括如砒霜和氯化物之类可以直接导致人死亡的剧毒物品。③ 其实，我国刑法既规制与毒品相关的犯罪，也规制与毒物相关的犯罪，如投放危险物质罪。在这个意义上，《刑法》第357条和《禁毒法》第2条对毒品概念的规定揭示了毒品的法律属性，区分了毒品相关犯罪行为和毒物相关犯罪行为在刑法上的不同，具有一定的积极意义。但是，“具有特定含义、范围、作用”这样的标准显然过于笼统和宽泛，并未揭示毒品的核心本质，这些同时也是毒物的典型特征，故而，这种概念框定思路是有瑕疵的。因此，尽管《刑法》第357条对毒品的定义模式是比较科学的，也符合我国司法实践认定毒品的需求，体现了立法的较强适应

---

① 参见包涵：《规范视野下毒品定义要素的批判与重构》，载《公安学研究》2019年第3期。

② 采用横向比较的视角可以发现，使用列举式的毒品定义模式也非常普遍。列举式的毒品定义最初运用在国际公约之中，如1912年的《海牙禁止鸦片公约》将毒品界定为鸦片、吗啡、海洛因、古柯等麻醉品；1936年的《禁止非法买卖麻醉品公约》将毒品界定为麻醉品，之后1961年《麻醉品单一公约》、1971年《精神药物公约》、1984年《管制麻醉品贩运和麻醉品滥用宣言》、1988年《联合国禁止非法贩运麻醉药品和精神药物公约》都将毒品归于麻醉药品和精神药品及经常用于非法制造麻醉或精神药品的物质。1988年《联合国禁止非法贩运麻醉药品和精神药物公约》被认为是打击毒品犯罪的最重要的国际公约，其中规定“麻醉药品”系指《1961年麻醉品单一公约》及经《修正1961年麻醉品单一公约的1972年议定书》修正的该公约附表一和附表二所列的任何天然或合成物质；“精神药物”系指《1971年精神药物公约》附表一、二、三或四所列的任何天然或合成物质或任何天然材料，采取的方法也是列表法。在世界各国的单行刑法中，列表法也较为常见，如法国《公共卫生法》、德国《麻醉品控制法》、加拿大《麻醉品管理法》、美国《模范刑法典》《哈里森麻醉品法》。我国香港特别行政区通过《危险物质条例》将100多种药物和物质认定为毒品。列举式的概念规制方式具有具体、明确、易于实践操作的优势，但是列举式难以反映毒品概念的内核，同时也可能面临滞后的风险。

③ 参见邱创教主编：《毒品犯罪惩治与防范全书》，中国法制出版社1998年版，第11页。

性,但应当进一步明确的是,根据我国《刑法》之规定,6 种常见的毒品属于毒品,其他属于国家管制的致瘾麻醉药品和精神药品也属于毒品,那么毒品和这类麻醉药品、精神药品之间的关系是什么？司法实践一般认为,麻醉药品通常是指对中枢神经有麻醉作用,连续使用后易产生身理依赖性或形成瘾癖的药品,精神药品通常是指直接作用于中枢神经系统,使人兴奋或者受到抑制,连续使用易产生依赖性的药品。① 根据毒品的作用原理和人类身体机能的反应特征,可以将毒品分为麻醉药品和精神药品两大类。因为“毒品”具有药物性、依赖性和危害性等自然属性,也具有被国家法律法规管制的法律属性,所以《刑法》第 357 条的后半段实际上是开放式的毒品定义,将尚未被列管为毒品的麻醉药品和精神药品用国家规定管制和能够使人形成瘾癖两个条件加以限定,认定其属于毒品。正如学者所论,“毒品”是管制成瘾物质的专有名词,某一物质被定义为“毒品”首先应该是成瘾物质,其次要被国家法律禁止。② 在实践中,司法机关也常通过增补目录的方式完善毒品认定的法律依据。③

我国“毒品”概念的变迁具有以下特征:第一,早期毒品制造的自然化特征导致毒品概念内涵的单一化。在人类对“毒品”合理使用、未深入了解和研究的时期,“毒品”的药品本质更多地被彰显。彼时,“毒品”本身或其原材料来源于自然界,故有专指名称,如人们称鸦片为“阿芙蓉”“大烟”“福寿膏”等,“毒品”概念未被类型化。随着化学合成、提纯技术的问世,化学毒品出现,“毒品”概念的类型化需求倍增,其内涵趋向丰富化。第二,毒品概念具有消极评价色彩。“毒品”可以用中文简单解释为“有毒的药品”,然而世界上仍有国家对“毒品”的叫法是趋于中性的。例如,“毒品”在英语中是 narcotics,在法语中是 narcotique,直译为致幻药品、麻醉品、

---

① 参见盛美军主编:《毒品犯罪办案精要》,法律出版社 2014 年版,第 3 页。

② 周立民:《中国最早的毒品——基于现代毒品概念的分析》,载《中国禁毒报》2020 年 4 月 24 日,第 6 版。

③ 例如,2019 年最高人民检察院发布公告:2015 年 10 月 1 日起施行的公安部、国家食品药品监督管理总局、国家卫生和计划生育委员会、国家禁毒委员会办公室《非药用类麻醉药品和精神药品列管办法》及其附表《非药用类麻醉药品和精神药品管制品种增补目录》是根据国务院《麻醉药品和精神药品管理条例》第 3 条第 2 款授权制定的,《非药用类麻醉药品和精神药品管制品种增补目录》可以作为认定毒品的依据。

麻醉性镇痛药、镇静剂,在英语、法语的日常口语中,毒品常与“药品”(drug/drogue)用词混同;在德语和日语中,与“毒品”对应的词分别为 betäubungsmittel 和“麻薬”,分别直译为麻醉品、麻药。① 诚如学者所言,我国“毒品”的概念极具消极评价色彩,是明显含有贬义和污名化的僭越社会规范的用语,而非无色无味的中性名称。② 第三,毒品概念逐渐步向规范化。“毒品”的概念始源于其事实属性,落成于其法律属性。从毒品概念变迁的动态角度考察,其概念内含正向着规范化和明确性的方向进化。此处所论的规范化包含两个导向:其一,将毒品的概念划入法律法规规制的范围;其二,毒品的违法性判断应以法律法规的规定为准。

毒品概念的起源和变迁给我们的启发是,“毒品”作为一个法律概念受时间、地区、政策的影响较大,所以,即使在各国毒品相关法律法规已较完善的当今社会,都很难划清一条“毒”与“非毒”的界限。本书认为,目前我国刑法中毒品的概念确认了违法性和成瘾性两个特征,在认定毒品时,应当着重判断违法性特征。③ 这是因为:第一,具备违法性特征是毒品的法律特征,符合在法学语境下讨论毒品问题的逻辑。违法性特征是区分“毒”与“非毒”的核心要素,在不需区分合法与非法的场合往往难以从事实层面辨别毒品。例如,用于科研的化学试剂不当然因其化学式和内含成分的毒性被认定为毒品;被用以大量提取麻黄碱的日常感冒类药物也当然存在被认定为毒品的可能性。第二,从刑法规制毒品犯罪的角度看,强调毒品概念的违法性是贯彻罪刑法定原则的要求。缺乏违法性特征,毒品的概念呈现“开口”状态,各种类毒物质将可能无门槛地进入法律规制范围,进而成为毒品犯罪的

---

① 参见周立民:《管制成瘾物质名词的演变——从“鸦片烟”谈起》,载《中国刑警学院学报》2020 年第 6 期。

② 参见许桂敏:《扩张的行为与压缩的解读:毒品犯罪概念辨析》,载《河南省政法管理干部学院学报》2008 年第 5 期。

③ 关于毒品的特征,学界已经进行了充分的讨论。学者认为,毒品在事实层面应被视为一种药品,在此基础上讨论毒品的特征,主要的观点有两特征说、三特征说和四特征说。其中,两特征说从毒品的自然属性和社会属性方面分析,主张毒品具有药物依赖性(成瘾性)和严重的社会危害性;三特征说从毒品的药理性考量,同时兼顾其法律性特征,认为毒品有依赖性、毒害性和违法性三特征;四特征说主张毒品应该有依赖性、耐受性、非法性和危害性,其中耐受性指连续使用后有加大剂量的趋势;还有一种四特征说主张毒品的特征可以被概括为成瘾性、滥用性、违法性和危害性。参见赵秉志主编:《毒品犯罪》,中国人民公安大学出版社 2003 年版,第 3～4页;熊海燕:《毒品犯罪研究综述与评价》,知识产权出版社 2019 年版,第 8～12 页。

对象,使得毒品犯罪的范围因概念的不确定被拓宽,有违罪刑法定原则。第三,从违法行为的禁戒角度看,违法性的判断是认定行为违法的必要前提。行为人的违法、犯罪认定应当以法律规定的存在为条件,如果不对毒品的违法性特征予以承认,将导致难以对法律意欲禁戒的行为进行框定,造成实践中的混乱。同时,强调毒品概念的违法性特征有利于在维护刑法稳定性的同时为司法实践提供更为简明、严格的认定标准。

(二)网络因素引发的毒品概念再审视

随着毒品种类的翻新,毒品概念的应有内涵处于不断扩张的状态。随着网络时代的到来,"毒品"被赋予新的面目。网络毒品①违法犯罪行为是利用网络空间实施的与毒品有关的不法行为,这类不法行为是传统涉毒行为在网络空间的变形或变异,网络空间为该类不法行为提供了手段或平台。网络涉毒行为不仅催生出更多的毒品交易类型,也致使更多种类的"涉毒物品"在网络空间交易,这为司法实践的认定和处理带来难题。2022 年 8 月,国家市场监督管理总局颁布《药品网络销售监督管理办法》,要求药品网络销售企业应当按照批准的经营方式和经营范围经营。该办法指出,疫苗、血液制品、麻醉药品、精神药品、医疗用毒性药品、放射性药品、药品类易制毒化学品等国家实行特殊管理的药品,不得通过网络销售。依据这一规定,通过网络销售违禁药品属于违法行为。目前,利用网络空间销售麻醉药品是一种频发的不法行为,例如,通过网络销售国家麻醉药品和精神药品品种目录中的含有福尔可定(Pholcodine)②成分的药品,以性保健品、治疗失眠药品为掩饰的精神药品,如思诺思。我国对福尔可定的管制较为严格,开具和购买含有该种成分的药物需要医师的处方,在一般的药房通常不直接出售,因此,有些行为人在网络空间发布信息,贩卖福尔可定。根据现行法律规定,福尔可定已被列为受国家管制的麻醉药品和精神药品,大量贩卖的行为在实践中可否被定性为贩卖"毒品"或制毒

---

① 应区分网络中的毒品和网络毒品概念。网络中的毒品是指可能存在、流动于网络空间的毒品,或通过网络空间交易、运输的毒品。"网络毒品"概念始源于"网络病毒"的概念,"网络毒品"作为近年来一种新的犯罪趋势,特指电脑病毒、木马、欺诈网站以及网络暴力色情等不良信息与服务。

② 福尔可定属于吗啡类似物和 DEA 管制化学品,是我国生产及使用的第一类精神药品,本质上属于一种麻醉剂,在临床上主要被用于治疗剧烈干咳和中等程度的疼痛,大剂量服用可引起烦躁不安及运动失调且具有成瘾性。

原料、配剂值得商榷。

这里引发对“毒品”与“药品”概念区分的思考:是否受管制的药品累积到一定的数量就可以认定具有“毒性”,满足这一标准就可以认定为“毒品”,适用毒品相关法律规范对相关行为进行规制?利用网络销售违禁药品、宣传其他功能的药品和麻醉品,或者在网络空间销售缺乏社会普遍认知度的新精神活性物质能否认定为贩卖毒品?“毒品”与“药品”的区分问题在传统毒品犯罪的刑法规制中也有显现,但是在网络空间销售毒品更容易出现这种类似“打擦边球”的行为。

本书主张,由于通过网络渠道销售的新型毒品多属于合成毒品,其制备方法、原料比例可能也处于不确定的状态,加之“毒品”和“药品”没有明确的界限,故而毒品在本质上是“中性”的,是药品或物质,根据用途不同衍生出了“毒”和“药”的两个侧面。随着化学制药技术的飞速发展,某些药物的成分安全面临着风险,滥用药品可能产生和吸毒危害性相当的后果,国外也常使用“滥用药品”(drug abuse)的说法表达吸毒。毒品和药品都具有复合物的属性,在化学构成上是复杂的,因此,有些共同的成分会使药品和毒品更加难以划清界限。事实上,药品和毒品也是可以相互转化的。[①] 也正因如此,从1999年开始,我国国家药品监督局每年都会对药品的不良反应进行监测,对处方不合理、成分和疗效不明确的药品责令停用。根据《药品管理法》的定义,药品是指用于预防、治疗、诊断人的疾病,有目的地调节人的生理机能并规定有适应证或者功能主治、用法和用量的物质,包括中药、化学药和生物制品等。这个定义揭示了药品的用途,同时在法律层面肯定了药品的使用。我国《刑法》对毒品概念的规定呈现开放性,需要满足国家管制和成瘾性的双重特征才可认定为毒品,针对层出不穷的新型毒品,可能其部分生产原材料、成分已被纳入国家管制,但其成瘾性或许并不明确。依照本书的主张,在毒品的认定中,应当着重对毒品违法性特征进行判断。笔者认为,在实践中,不能当然认定销售被国家管制的、含有麻醉成分的处方药品或精神药品属于贩卖毒品或制毒原料、配剂的

---

① 药品经滥用或危险成分的提纯、再造可以变成毒品。实际上,毒品也可转换成为药品。美国药理学家亚历山大·舒尔金被称为“摇头丸之父”,他毕生研发了超过250种迷幻药。20世纪70年代中期,他合成了MDMA,深信它能用于精神治疗,无奈在MDMA的试药环节遭到误用,后沦为派对常见毒品“摇头丸”,故被美国列为违禁药品而无法用于研究和医疗。舒尔金为对抗这一举措将研究多年的成果出书,时至今日,他的愿景成真,MDMA进入临床实验,被证明能够有效治愈有创伤后遗症候群的伤员,变成了“奇迹解药”。

行为，应当在毒品违法性判断的基础上考虑毒品的成瘾性特征和贩卖人的主观方面。首先，对于成瘾性特征不明确或较低的物质，应认定其不属于毒品。其次，判断贩卖人对药品购买者有无药物滥用史有认识，结合买家购买药物的频次、数量、实际用途等因素进行判断。如果贩卖药品的人经常以非医疗目的大量贩售给已经对用药产生瘾癖或意欲制造毒品的买主，应当认定其贩卖含有麻醉、精神成分的处方药品的行为为贩卖毒品行为。①

目前，我国对药品的“生命周期”进行全程监管，药品的研制、生产、经营、使用活动应当遵守法律、法规、规章、标准和规范，保证全过程信息真实、准确、完整和可追溯。② 所以，通常线下药品经销的管控比较严格，行为人在无法通过线下渠道贩卖管控药品时极有可能为了逃避监管寻求网络渠道购买。因此，在网络涉毒案件中，麻醉药品、精神药品的概念范围大于毒品概念范围的问题凸显。其实，我国《刑法》中也存在毒品与麻醉药品、精神药品的概念内涵混淆的规定。比如，2021 年 3 月开始施行的《刑法修正案（十一）》新增了第 355 条之一，③加强对体育竞技行业中兴奋剂使用的管制。根据我国《反兴奋剂条例》和《2021 年兴奋剂目录公告》中的分类，兴奋剂包括蛋白同化制剂、肽类激素、麻醉药品、刺激剂（含精神药品）、药品类易制毒化学品、医疗用毒性药品共 6 大类。④ 其中，常见的麻醉药品中包含大麻及其制品、可卡因、吗啡等常见毒品类型。尽管此次修正案对该条款的修改旨在对体育竞技行业禁用兴奋剂进行重点强调，但是“兴奋剂”的所指内容和种类显然超过了“毒品”“麻醉药品”“精神药品”的概念范畴。《刑法》第

---

① 这一观点在实践中得到支持。比如，福建省高级人民法院审判的“邹某某、徐某 2、李某某等走私、贩卖、运输、制造毒品”案件，法院认为徐某 2、李某某明知盐酸氯胺酮注射液属于国家管制的精神药品，而予以多次购买或销售该药品 2940 盒（理论提纯盐酸氯胺酮晶体 2940 克），其行为构成贩卖毒品罪。详见福建省高级人民法院刑事判决书，（2018）闽刑再 3 号。山西省高级人民法院（2017）晋刑终 21 号、广东省高级人民法院（2008）粤高法刑一终字第 394 号等判决书也支持这一观点。

② 参见《药品管理法》第 2 条、第 7 条。

③ 新增的《刑法》第 355 条之一规定：引诱、教唆、欺骗运动员使用兴奋剂参加国内、国际重大体育竞赛，或者明知运动员参加上述竞赛而向其提供兴奋剂，情节严重的，处三年以下有期徒刑或者拘役，并处罚金。组织、强迫运动员使用兴奋剂参加国内、国际重大体育竞赛的，依照前款的规定从重处罚。

④ 参见《2021 年兴奋剂目录公告》，载国家药品监督管理局官网，https://www.nmpa.gov.cn/xxgk/ggtg/qtggtg/20210107163123184.html，最后访问日期：2021 年 9 月 22 日。

355 条的罪名是非法提供麻醉药品、精神药品罪，但是新增条款的内容直接使用了兴奋剂的概念，与走私、贩卖、运输、制造毒品罪整节标题和罪名都不融洽。可能正是基于此，有学者认为，使用兴奋剂的相关行为并不是因其侵害运动员自身健康法益而入刑，而是因为行为侵害了体育比赛的公平公正精神的法益而入刑。[①]

二、网络涉毒行为的界定

刑法视阈下的网络涉毒行为规制，是要探讨刑法是否和如何规制网络涉毒行为中可能导致刑事犯罪的部分。网络涉毒行为不是标准的法律概念，只是对实践中一类行为的概称。目前，学者对“网络涉毒行为”界定的探讨较少，网络涉毒行为的界定以“涉毒行为”的准确界定为前提，通过考察涉毒行为的定义，可以管窥学者对这一论域的不同研究偏向和其所强调的理论侧面。

（一）涉毒行为界定

通常而言，“涉毒行为”可以简单理解为与毒品有关的行为，[②]其范围宽于“毒品犯罪”。有学者通过列举的方式对涉毒行为进行界定，认为，涉毒行为指一切与毒品有关的行为，不仅包括走私、贩卖、运输、制造毒品的行为，还包括吸毒、引诱及教唆他人吸毒、传授制毒信息或方法、买卖制毒物品等行为。[③] 笔者认为，界定涉毒行为应当着眼于司法实践中频发且已被法律、司法解释定型的涉毒行为，以此为上位概念，考察是否所有的涉毒行为都能发生在网络空间。故而，要想准确界定“涉毒行为”和“网络涉毒行为”，首先应当厘清当下法律规范对涉毒行为的规制范围。目前，我国规制涉毒行为的法律规范主要有《刑法》、《禁毒法》、《治安管理处罚法》和《娱乐场所管理条例》。详见表 1－1。

---

① 参见刘博涵：《论刑法规制涉兴奋剂行为的“张”与“驰”》，载《体育成人教育学刊》2021 年第 1 期。

② 参见王锐园：《网络涉毒行为探析》，载《上海政法学院学报（法治论丛）》2014 年第 5 期。

③ 参见元道渊：《毒品犯罪及禁毒立法问题研究》，大连海事大学 2015 年硕士学位论文，第 8 页。

表1-1 我国法律法规规制的主要涉毒行为

法律规范名称	涉毒行为
《刑法》 第347~355条	(1)少走私、贩卖、运输、制造毒品； (2)非法持有毒品； (3)包庇毒品犯罪分子； (4)窝藏、转移、隐瞒毒品、毒赃； (5)走私制毒物品； (6)非法买卖制毒物品； (7)非法种植毒品原植物； (8)非法买卖、运输、携带、持有毒品原植物种子、幼苗； (9)引诱、教唆、欺骗他人吸毒 (10)强迫他人吸毒； (11)容留他人吸毒； (12)非法提供麻醉药品、精神药品
《治安管理处罚法》 第71~74条	(1)非法种植毒品原植物； (2)非法买卖、运输、携带、持有毒品原植物种苗； (3)非法运输、买卖、储存、使用罂粟壳； (4)非法持有毒品； (5)向他人提供毒品； (6)吸毒； (7)胁迫、欺骗相关人员开具麻醉药品、精神药品； (8)教唆、引诱、欺骗他人吸毒； (9)为吸毒通风报信
《禁毒法》 第59~69条	(1)非法传授麻醉药品、精神药品或者易制毒化学品制造方法； (2)强迫他人吸毒； (3)包庇毒品犯罪分子； (4)窝藏、转移、隐瞒毒品、毒赃； (5)阻碍毒品检查； (6)隐藏、转移、变卖或者损毁依法扣押、查封、冻结毒赃； (7)容留他人吸毒； (8)介绍买卖毒品； (9)麻醉药品及其药用原植物、精神药品流入非法渠道
《娱乐场所管理条例》 第13条、第14条、 、第30条、第31条	(1)娱乐场所从事毒品违法犯罪； (2)娱乐场所为毒品违法犯罪活动提供条件； (3)娱乐场所不报告吸毒、贩毒活动； (4)娱乐场所未按规定悬挂禁毒警示标志

总体来说，我国法律法规对“涉毒行为”的列举是以《刑法》第347条的走私、贩

卖、运输、制造毒品行为为核心,以其他环节毒品违法犯罪行为为补充的。目前,《刑法》设置了12个条文对毒品犯罪进行规制,除了吸毒行为未被纳入犯罪圈外,其他罪名几乎涵盖了毒品流通的所有环节。因此,其他法律法规是以《刑法》作为参照蓝本和底线对涉毒行为进行规定的。由于《刑法》规制毒品犯罪采取的是"零门槛"入罪模式,故其他法律规定和司法解释的作用更多地体现为与《刑法》衔接和细化《刑法》的规定。当然,其他法律规定和司法解释对不同类型涉毒行为的打击各有侧重,体现了行政化和司法化的特征,规制涉毒行为的范围比刑法宽泛。基于以上梳理,本书认为,"涉毒行为"是以走私、贩卖、运输、制造毒品行为为核心的,被我国法律所禁止的与毒品相关的行为。随着互联网时代的到来,利用网络实施的违法犯罪行为日益增多。为应对这一态势,行政法等"前置法"变动频繁,故而,应当做到与行政法积极衔接、配合,否则刑法的迟到可能会导致刑法执行与其他相关法律产生矛盾或衔接不畅。①

(二)网络涉毒行为界定

涉毒行为多发于物理空间,毒品的实体性决定了其能成为买卖、运输、吸食的对象,这就决定了某些流通特征明显的涉毒行为难以在网络空间实施。但网络因素与"涉毒行为"结合,也可以诞生新的涉毒行为类型,如利用网络发布涉毒信息的行为。对网络涉毒行为的概念,一般有三种框定方法。第一,只对网络涉毒行为进行简单的概括。例如,认为网络涉毒行为是指利用互联网作为平台所进行的毒品违法犯罪活动。② 第二,有学者采取列举式的方法,认为网络涉毒行为包括网络涉毒违法犯罪,是指利用互联网从事与毒品相关的违法犯罪活动,如利用网络贩卖毒品、利用网络聊天室有组织地吸毒等行为。③ 或认为网络涉毒是涉毒行为与网络的结合,指利用信息网络,设立用于实施传授制造毒品、非法生产制毒物品的方法,贩卖毒品,非法买卖制毒物品或者组织他人吸食、注射毒品等违法犯罪活动的网站、通讯群组,或者发布前述违法犯罪活动相关信息的行为。有的学者没有对网络涉毒行为的概念进行探讨,而是采取现象描述的方式将网络涉毒的典型行为总结为

---

① 参见李晓明:《再论我国刑法的"三元立法模式"》,载《政法论丛》2020年第3期。

② 参见李云鹏:《互联网涉毒犯罪研究》,载《政法学刊》2015年第5期。

③ 参见谭和平、吴加明:《网络背景下涉毒违法犯罪实务问题研究》,载《政治与法律》2013年第6期。

毒品交易的新模式:利用微信、QQ 等网络平台发布信息,购买、销售毒品毒资—网上发展“马仔”或下线—微信、支付宝、Q 币等在线支付—完成交易。[①] 第三,有学者认为网络涉毒行为是具有违法性评价的概念,进而认为网络涉毒行为需要以违反我国禁毒法律、麻醉药品、精神药品管理法规以及互联网管理法律法规为前提,以互联网作为犯罪工具或平台,非法从事毒品违法犯罪活动,侵害或威胁与毒品和互联网相关法律所保护的权益的行为。[②] 笔者认为,以上第一、二种方法基本仍停留在现象描述的层面,采用这两种方法定义网络涉毒行为显然不利于识别网络涉毒行为的全貌,未能对网络涉毒行为刑法规制的全方位、精细化探讨起到指引作用。相比之下,第三种定义方法更为可取,这一方法提炼出网络涉毒行为规范违反与法益侵害的实质,并为尚未普遍出现的网络涉毒行为类型留出空间,具有开放性和灵活性。

通过对网络涉毒行为的界定进行考察,本书发现,学者对此行为的描述各有侧重,可以分为强调网络平台性的定义和强调涉毒行为内涵的定义,这也是由此概念的交叉性决定的。结合我国 2016 年 4 月 11 日起施行的《最高人民法院关于审理毒品犯罪案件适用法律若干问题的解释》(以下简称《毒品犯罪解释》),本书将网络涉毒行为定义为:违反规制涉毒行为法律法规,利用互联网信息技术,实行以走私、贩卖、运输、制造毒品行为为核心的违法犯罪行为。网络涉毒行为主要包括网络贩卖毒品、网络传授制造毒品、非法生产制毒物品的方法、组织他人吸食、注射毒品和设立涉毒网站、通讯群组或发布毒品犯罪活动信息等行为。[③]

第二节　网络涉毒行为的类型划分

网络涉毒行为类型繁杂,如果只适用一般化的概念勾勒网络涉毒行为的全貌,难免导致讨论对象有所缺漏或重复,难以为进一步研究提供前提。文化科学的任

① 参见靳高风、郭一霖、李昂霖:《疫情防控背景下中国犯罪形势变化与趋势——2019 ~ 2020 年中国犯罪形势分析与预测》,载《中国人民公安大学学报(社会科学版)》2020 年第 3 期。

② 参见曾令德:《互联网涉毒犯罪探析》,载《云南警官学院学报》2015 年第 3 期。

③ 参见阴建峰、梁田:《互联网涉毒犯罪司法适用问题探析》,载《刑法论丛》2020 年第 1 期。

务是获得关于具有完全特殊性质的文化现象的知识，所以，在李凯尔特和马克斯·韦伯看来，任何一般化的概念都难以完成这一具体任务。因此，李凯尔特曾从原则上讨论了文化科学概念的形成如何区别于自然科学概念的形成，尽管文化科学领域不排斥一般概念，但一般概念只能作为达到文化现象的个别性手段，而一般概念如何达到个别性，他未给出答案。韦伯提出的理想类型(ideal types)可以解决这一问题。① 选用韦伯提出的理想类型理论模型对网络涉毒行为进行描摹、分类可以为充分讨论网络涉毒行为刑法规制问题奠定基础。

韦伯主张，"一种理想类型是通过片面突出一个或更多的观点，通过综合许多弥漫的、无联系的、或多或少存在和偶尔又不存在的个别具体现象而形成的，这些现象根据那些被片面强调的观点而被整理到统一的分析结构中"。② 可见，理想类型从形式上看是一种抽象理论的概念结构，它的基本成分是一般概念，但由于它体现了价值观念的原则和理解方式，从而便与任何其他概念的结构区别开来，成为文化科学认识经验实在的特有方法，是确立文化科学研究的最基本的前提尝试。③ 韦伯"理想类型"的主旨实际上是构建一种理想的秩序和理论模型，以这种模型为中介手段达成对文化科学研究对象的实在认识，也即找寻一个着眼点，进而确定认识和研究的范围。

基于韦伯的理想类型划分网络涉毒行为的类型有三个优势：第一，行为类型的设定源于实践，立足实践，具有典型性，有助于更具针对性地化解实践困境。"理想类型"的构建源于研究者根据经验获致的解决相关问题的基本思路，并在这些相关的经验中获得一种规律性的理解，最终将其确立为解决问题的一种通则性的方法。④ 这与研究法学实践问题的需要相契合。借助"理想类型"构建网络涉毒行为是通过分析网络涉毒行为的发展趋势、行为特点将其进行归类，有利于揭示这一非

---

① 参见[德]马克斯·韦伯：《社会科学方法论》，韩水法、莫茜译，中央编译出版社1999年版，汉译本序第15~18页。

② 参见[德]马克斯·韦伯：《社会科学方法论》，韩水法、莫茜译，中央编译出版社1999年版，第186页。

③ 参见[德]马克斯·韦伯：《社会科学方法论》，韩水法、莫茜译，中央编译出版社1999年版，汉译本序第15~18页。

④ 参见胡玉鸿：《韦伯的"理想类型"及其法学方法论意义——兼论法学中"类型"的建构》，载《广西师范大学学报(哲学社会科学版)》2003年第2期。

标准法律概念的内涵，进而为实践问题的解决奠定基础。第二，“理想类型”对于解构社会现象具有方法论优势。韦伯在提出社会行动理论时运用理想类型进行了分析，建构了类别的理想类型。类别的理想类型主要是指对社会行动的理想分类，即通过分类的方法对社会行动进行研究。① 这一基本的社会学研究方法可以在法学研究中予以借鉴。正如学者所述，“理想类型”中的“类型”建构是一种“类”思维的方法论原则，有利于法学分析单位以及法律价值取向的定位。② 现阶段，已有学者提出在攻克网络犯罪的刑法规制难题时运用类型化思维。例如，有学者提倡，在规制网络黑灰技术传播行为时，可以借鉴《网络安全法》等既有立法成果，同时引入类型化思维丰富信息网络安全管理义务的规范内涵，区分不同涉网络罪名中网络安全管理义务的内涵。③ 而“理想类型”理论的引入亦有利于对网络涉毒行为类型化不足问题的纾难。根据实践中公安机关办案人员的总结，不法分子利用互联网进行的网络涉毒行为是把网络当作毒品交易的“市场”、教唆吸毒和制毒的“课堂”、交流吸毒的“俱乐部”、流通毒资的“通道”和联络指挥的“通讯机”。④ 可见，传统贩卖、制造毒品，引诱、教唆、欺骗他人吸毒，非法买卖制毒物品，非法提供麻醉药品、精神药品等涉毒行为在网络社会中发生了异化。⑤ 基于“理想类型”构建网络涉毒行为的分类应当精准描述、概括网络涉毒行为的特征、本质，使得这种分类方法可以发挥“一把尺”的作用，既可用以衡量典型情况下人的典型行为，还可用以确定具体情况与现实生活的同一或者差异，发挥这一分类的启发和说明研究对象的作用，实现理解和阐释事物本质的目的。⑥ 第三，基于“理想类型”的设定分类具有开放

---

① 参见杨成波：《韦伯社会行动的理想类型及当代启示》，载《山西师大学报（社会科学版）》2011 年第 1 期。

② 参见胡玉鸿：《韦伯的“理想类型”及其法学方法论意义——兼论法学中“类型”的建构》，载《广西师范大学学报（哲学社会科学版）》2003 年第 2 期。

③ 参见印波、邓莉泓：《网络黑灰技术传播行为的刑事规制：理论塑造与模式建构》，载《法律适用》2021 年第 3 期。

④ 参见李伟、焦志超：《网络、物流寄递涉毒犯罪的特点及打防对策》，载《江西警察学院学报》2015 年第 2 期。

⑤ 参见洪泉寿：《理念转变与规则调整：涉毒犯罪的网络异化及其刑法应对》，载《湖北警官学院学报》2019 年第 3 期。

⑥ 参见［德］迪尔克·克斯勒：《马克斯·韦伯的生平、著述及影响》，郭锋译，法律出版社 2000 年版，第 221～222 页。

性。韦伯提出的“理想类型”是相对的、暂时的、抽象的、概括的,它无须穷尽事物的所有特征。[①] 因此,针对某一研究对象设定的理想类型也会随着社会的发展产生变迁,它不是完美或始终有效的。具体而言,尽管本书基于目前司法实践和法律规定对网络涉毒行为类型的分类几乎囊括了所有网络涉毒行为类型,但随着研究的深入,这一理想类型设定可能需要修改或重新构造,进而使理想类型更好地发挥研究中介的作用。

借助“理想类型”理论模型、基于实践对网络涉毒行为进行类型划分,是廓清网络涉毒行为刑法规制问题的方法论选择。本书主张依照网络因素在不同类型网络涉毒行为中的“占比”对常见的网络涉毒行为进行归类,这将有助于揭示网络涉毒行为的整体面貌和完成网络涉毒行为从样态到类型的系统性认识,亦对网络涉毒行为刑法规制研究的精细和深化起到先决作用。基于以上原因,本书将网络涉毒行为归为以下三类。

一、流通类网络涉毒行为

流通类网络涉毒行为指借助网络贩卖、运输毒品的行为。通过互联网线上贩毒结合物流运毒可以突破时间、空间的阻碍,在一定在程度上加速了毒品在区域内和国家间的流通,滋生其他网络涉毒行为。例如,合成阿片类药物具有易隐藏和流通的特点,只需要几克的该类药物就可以生产数以千剂的毒品,这些物质通常通过互联网合成毒品供应平台下单,通过国内或国际邮件和快递托运,因此,每天都有大量的包裹穿越国家边境。虽然现代分析技术提高了识别毒品的能力和准确性,但海关无法做到完全禁绝和封锁。[②] 流通类网络涉毒行为具有极强的危害性,它是连接几乎所有其他网络涉毒行为的中心节点。流通类网络涉毒行为通常以网络群组[③]为实施场域,具体包括利用互联网进行联络和利用移动通信进行网络贩卖毒品的行为,以及利用互联网虚拟交易平台贩卖毒品、涉毒物品或毒品原料等行为。有

---

① 参见周晓虹:《理想类型与经典社会学的分析范式》,载《江海学刊》2002 年第 2 期。

② See United Nations Office on Drugs and Crime: Global Synthetic Drugs Assessment 2020, Page 2.

③ 根据《互联网群组信息服务管理规定》第 2 条第 2 款的规定,互联网群组,是指互联网用户通过互联网站、移动互联网应用程序等建立的,用于群体在线交流信息的网络空间。

学者将网络贩卖、运输毒品的三种模式概括为“网络虚拟店铺销售＋支付平台付款”“网络聊天工具推销＋邮局汇款＋快递配送”“电子邮件群发信息＋确定买家＋快递配送、货到付款”。[①] 结合实践现状，我国较为多发的情况是通过淘宝等购物平台和兜售毒品的网站，以线上沟通的方式达成买卖合意，用保健品、茶叶、玩具、其他日常装饰品等作为“幌子”，使用代号和暗语贩卖毒品，[②]后通过快递等线下物流方式交付毒品，以微信、支付宝或银行卡为收付款工具。例如，在广西柳州的一起特大网络贩毒案件中，行为人通过建立涉毒资讯网站兜售伪装成“迷情香水”的新型毒品，通常使用 QQ 与买家确定购买毒品的数额、价格，后通过电子汇款和线下物流完成毒品交易。[③] 另一个网络贩毒的交易渠道是微信、QQ 等网络群组，这种交易形式一般配合人货分离的物理空间交货，或当面交货，该方式多见于同城交易或近距离交易，通常由交易双方亲自完成。比如，在李某龙、杨某文走私、贩卖、运输、制造毒品案件中，被告人杨某文为贩卖毒品，与李某龙通过微信商定购买冰毒和麻古，乘坐出租车从洛阳前往郑州取货。杨某文通过微信支付李某龙相应毒资，当日抵达郑州市某银行后取款并支付李某龙部分余款，后杨某文到李某龙指定的地点拿到冰毒。[④]

二、吸食类网络涉毒行为

在实践中，吸食类网络涉毒行为常见的有网络组织吸毒行为和在网络空间引诱他人吸毒的行为。吸食类网络涉毒行为也常被称为“网络吸毒”，有学者将其概念归纳为：行为人通过互联网对吸食毒品活动进行实时传播的行为。[⑤] 该类网络涉毒行为本属于性质较轻的违法行为，是否应当完全被刑法纳入犯罪圈尚存争议。本书认为，吸食类网络涉毒行为在实践中是直接对吸毒人造成严重身体伤害的行为，网络空间的吸食类涉毒行为还具有较物理空间更强的煽动性，因此，需要对该

---

① 参见宋鹏：《网络背景下的毒品犯罪新动向及其规制》，载《河南工程学院学报（社会科学版）》2014 年第 1 期。

② 参见徐浩：《利用网络进行毒品犯罪案件中的电子证据研究》，载《犯罪研究》2012 年第 3 期。

③ 参见王锐园：《网络涉毒行为探析》，载《上海政法学院学报（法治论丛）》2014 年第 5 期。

④ 详见河南省高级人民法院（2018）豫刑终 148 号判决书。

⑤ 参见张璇、梁春香：《“互联网＋”时代网络吸毒防控研究》，载《新疆警察学院学报》2016 年第 4 期。

类行为予以足够重视。在司法实践中,吸食类网络涉毒行为较为多发,且通常伴随网络贩毒行为。例如,在公安部2015年督办的一起网络吸、贩毒专案中,行为人成立了专门用于吸、贩毒的QQ群40余个,设立吸贩毒网站1个,在"毒群"中组织吸食毒品,进入QQ群需要申请,经过群成员的"内部推荐"和视频表演吸毒后才可以正式入群。有毒品货源的人也会在群中发布贩毒信息,为群成员购买毒品提供便利。该案涉及网络吸、贩毒团伙8个,范围广布全国30余个省,最终缴获毒品300余克,查证贩卖毒品数公斤。该案是借助网络群组进行涉毒违法犯罪的典型案例,行为人通过双向视频聊天平台进行组织吸毒、传播贩毒信息为吸毒人员提供了"云场所"。① 从表面上看,通过网络组织吸毒是行为人的主要行为方式,但是,组织吸毒、运营群组、发布信息实际上都有可能具有贩卖毒品牟利的最终指向,危害性极大。网络空间引诱吸毒的行为不同于物理空间,有学者主张网络空间引诱吸毒中的"引诱"包括但不特指引诱他人吸毒的行为,强调的是引诱的间接性,即引诱他人加入"毒群"的行为。② 所以在网络空间,引诱他人吸毒的危害性更强,因为引诱的对象不但包括吸毒人员,还可能包括有吸毒意向但尚未开始吸毒的人。

三、信息类网络涉毒行为

信息类网络涉毒行为包括利用网络传授制毒技术或发布贩卖、运输毒品信息的行为。信息类网络涉毒行为紧密依托互联网,互联网本身的社会属性决定了其社会功能在网络涉毒行为中主要体现在以下两个方面:第一,虚拟的网络空间为网络涉毒行为提供技术支撑。提到网络空间,首现脑海的就是"虚拟性",如果按照传统的关于虚拟空间的认识,可以认定虚拟空间发生的行为和事件是虚假而不真实存在的。在这个前提下,法律没有必要对网络空间发生的事件进行规制和监管。不得不说,这是对网络虚拟性的错误认识,因为网络的虚拟性重在"拟",轻在"虚",网络的虚拟是以数字化技术为支持的空间建构,它立基于客观世界,加之人类的想

① 参见洪泉寿:《理念转变与规则调整:涉毒犯罪的网络异化及其刑法应对》,载《湖北警官学院学报》2019年第3期。

② 参见刘仁文:《"网络吸毒"行为的刑法学分析》,载《中国检察官》2011年第12期。

象力,它的实质其实是信息表达,[①]这种信息表达的简单化和便利性也为涉毒行为提供了新的可乘之机。例如,在网络空间贩毒通常可以借助“暗语”这种符号化的表达完成,逃脱网络空间的监管和制裁;在网络空间实行的网络涉毒行为还具有明显的非实体性,通常行为对象——毒品——不会真正流入网络空间,流动的只是数字化的信息,这种流通突破了现实空间的交流机制,是虚拟网络提供数字化支撑的产物。第三,信息类网络涉毒行为显示出与传统毒品违法犯罪更多的脱离性,网络特征更为明显。信息类网络涉毒行为与涉毒信息的发布、流转紧密关涉,这些信息包括制毒工艺信息、交易信息、物流信息等,与网络传授制毒方法、网络贩卖毒品、网络组织毒品运输等行为紧密相关。2019 年,警方查获了一起特大涉黑跨国贩毒集团案件,该贩毒集团的组织领导者马某在缅甸缅北地区租房后伙同马某格通过“马上俱乐部”微信群招募运毒人员以体内藏毒等方式向国内招募 30 余人。2016 年 10 月,马某为该贩毒集团以赌场看护、运送货物、小额放贷等虚假名义从全国招募“马仔”人体运毒。据初步统计,其在网上招募的“马仔”数量达 1000 余名。在参与运毒的过程中,该犯罪组织严格限制“马仔”的人身自由,暴力逼迫其吞毒,具有明显的黑社会性质组织特征。在这样一起性质十分恶劣的有组织犯罪案件中,信息起到了“维系”犯罪的重要作用。[②]

互联网空间与物理空间的本质不同在于其虚拟性,随着网络犯罪的经年发展,大量的传统犯罪从物理空间转移到网络空间,以上三种类型化的网络涉毒行为即是如此,这种现象也被学者称为传统犯罪的网络异化现象。[③] 对于新兴于网络空间的犯罪行为,学者将其分为两种基本类型:一是传统犯罪在网络空间中的变形;二是传统犯罪在网络空间中的变异。[④] 在万物互联的时代,互联网作为信息传递的重要工具,在为日常生活、社会事务提供便利的同时也为违法犯罪相关信息的传播提供了便利。毒品犯罪对互联网信息的敏感和刚需决定了涉毒信息能以网络作为出口进行传播和发酵。因此,在类型化的基础上按照两种基本类型描述网络涉毒行

---

① 参见张雷:《虚拟技术的政治价值论》,东北大学出版社 2004 年版,第 6 页。

② 参见《重庆警方摧毁一特大涉黑跨国贩毒集团》,载新华社,http://www.gov.cn/xinwen/2019-07/05/content_5406631.htm,最后访问日期:2021 年 10 月 2 日。

③ 参见陈兴良:《网络犯罪的刑法应对》,载《中国法律评论》2020 年第 1 期。

④ 参见叶良芳:《科技发展、治理挑战与刑法变革》,载《法律科学(西北政法大学学报)》2018 年第 1 期。

为是刑法选择规制网络涉毒行为路径的事实基点，也是实践中检视法律适用和司法解释规定合理性的有效方式。简要地讲，本书探讨的流通类网络涉毒行为属于传统毒品犯罪在网络空间的变形；而吸食类和信息类涉毒行为在网络空间发生了一定程度的变异。这一观点将在后文中详论。

第三节 网络涉毒行为的外观特征及交互特质

网络涉毒行为和传统涉毒行为既有外观上的区别，也有受网络因素影响引发的内在特质改变。网络涉毒行为在外观上具有线上线下相结合的基本构造，同时具有犯罪意思联络松散的环扣状特征和多类网络涉毒行为混杂出现的特征。通过对网络涉毒行为的外观特征进行总结，可以逐步明晰刑法规制网络涉毒行为的实践难题，对相关毒品犯罪的准确认定及各行为人的刑事责任划分具有重要意义。与外观特征互为表里的是，网络涉毒行为还体现出交互特质。互联网的首要特征即是跨时空互动性，而互联网中的“互联”恰好是交互性的最直接体现。从社会学的角度考察，解构社会的概念便可以发现，它的核心内涵就是交互行为，而网络社会的本质即是以数字化交互方式发挥互联。[①] 交互一般指交流、互动。数字技术在建构了新的移动互联网场景后，人与人之间的交互行为也被重新塑造。[②] 区分网络涉毒行为与物理空间涉毒行为的关键点之一即交互特质，考量网络涉毒行为的交互特质是区分网络涉毒行为和传统毒品违法犯罪的重点，也是探明网络因素对涉毒行为本质改造的前提。

一、网络涉毒行为的外观特征

（一）线上线下相结合的基本构造

回溯毒品的发展源流可以发现，传统毒品的生产受到了较强的地域限制，因为

---

① 参见王肃之：《网络犯罪法益的公共化与刑法回应路径探析》，载《北京邮电大学学报（社会科学版）》2017 年第 2 期。

② 参见孙桂杰：《移动互联网的场景建构与行为交互》，载《传媒》2019 年第 3 期。

毒品是实体物,无法经由网络实现物理传输,这使毒品的生产和消费市场拉开了较大的物理距离。所以,从理论上看,网络空间无法实行单纯的运输毒品行为。通常而言,为了贩毒牟利,需要借助运输毒品行为使毒品进入实质的流通和扩散环节,连接毒品的生产和消费。网络涉毒行为线上线下结合的基本构造更快地连接了毒品的生产、销售和运输环节,"互联网+寄递"的贩运毒品模式更是缩短了毒品"生效"的等待环节,提升了毒品的流通效率。在网络贩毒交易中,买卖双方肯定是现实空间存在的人或实体,经由网络达成买卖合意,随后,网络贩毒的毒品流通环节有两种完成方式:一是通过物流寄递方式;二是同城物理空间交易。正是因为毒品具有物理实体特征,因此,网络涉毒行为呈现出线上与线下结合的构造。应当承认,这一基本构造导致了毒品违法犯罪通过网络实施更加便利:第一,由于互联网为犯罪分子隐藏行迹提供了天然壁垒,且网络违法犯罪行为的发现和侦查具有明显的滞后性,在未被抓获之前,利用互联网实施涉毒行为几乎是"万无一失"的。第二,零包贩毒是加速网络空间毒品流动的主要动力之一。零包贩毒也称小额贩毒,是我国当下贩卖毒品的常见形式之一。后疫情时代,交通受限使得大宗运输毒品难度较大,零包贩毒这种"化整为零"的贩毒方式更容易躲避盘查。此外,零包贩毒的多采用点对点的兜售方式,交易面临的不确定因素大幅降低,相对更不易被察觉。虽然零包贩毒的交易数额小,但是其社会危害性并没有因此降低,因为贩毒行为处于毒品犯罪链条的末端,直接危及吸毒者的身体健康;况且,零包贩毒通常呈现多次交易、居间介绍贩毒的行为特点,其社会危害性存在扩张的可能性。而网络与零包贩毒的结合可能使毒品的受众范围更广或吸毒者更易囤积毒品。在网络涉毒行为中,"化整为零"的贩毒手法不仅会使贩卖毒品总的数量增加,而且网络贩毒的频次高、方向散的特点,也对网络贩毒的侦查造成障碍。

同样,吸毒只能发生在物理空间,但是结合互联网因素的吸食类网络涉毒行为为更多未接触过毒品的人造成了潜在威胁,可能促使涉毒群体向多元化发展。发生线下的容留、引诱、教唆他人吸毒等涉毒行为有固定受众,吸毒群体通常是基于"毒友"的相互信任才得以建立,其受制于时间、地点、安全性等因素,影响力和影响范围较小。而网络涉毒行为有受众相对不确定的特征,使用互联网的任何群体都可能面临来自毒品的诱惑,这就导致网络涉毒行为的潜在受众范围难以预估。网络涉毒行为具有强于物理空间的感染力和煽动力,特别是对三观尚未定型的未成年人、生活失意的底层人群来说感染力和煽动力更强。参与网络涉毒行为的人以网络为平台实施涉毒行为,可能导致线下学习和效仿,间接引发更多的毒品违法犯罪。例如,互联网空间的即时性允许行为人通过直播等方式展示、煽动其他人实施涉毒行为。在一个小小的直播间中,可以同时对线上参与的所有人员进行煽动。有些比较成熟的涉毒群组还提供 DJ 打碟、色情表演等服务,为聚众吸毒"助兴"。① 在这种不良氛围的熏染之下,对毒品危害认识不深的群体可能放松警惕,容易出于猎奇、好胜心理在线下寻找毒品货源,购买、吸食毒品。

(二)网络涉毒行为的环扣状特征

"环扣状"行为特征体现为不同行为人实施的网络涉毒行为之间的关联性较低。第一,实施同一类网络涉毒行为的上下家虽有关联,但其共同行为结构松散甚至可以随时拆分、任意组合。第二,实施多类网络涉毒行为的行为人"各司其职"且各成体系。考察网络涉毒行为的模式特征是把握贩毒行为本质的重要手段,也是认定网络涉毒行为刑事责任的事实参考。

以网络贩毒行为为例,与传统贩卖毒品模式不同,网络贩毒行为显现出"环扣状"的行为特征。传统的金字塔型毒品贩卖模式层级分明,处于顶层的贩卖人员一般为 1 ~ 3 人,处于第二层级的人数倍增,最终由第三或更低层级的毒贩将毒品分销至吸毒者手中。这种毒品贩卖模式在网络贩毒中并不完全适用。金字塔型的毒品贩卖、贩毒人事管理模型具有聚合性,上下层级的联系较为固定且扩散性较低,从犯罪治理的角度看,传统的金字塔型毒品贩卖模式易于打击,或可达到"牵一发而动全身"的治理效果,无论对哪一层级的毒贩进行查处,均有可能对上层的销售和下层的供货产生实际影响。然而网络贩卖毒品的供货关系实际上十分复杂,颠覆了传统的层级型贩毒的基本模式,发生在网络空间的"去中心化"特征在网络贩毒中也有体现。网络空间贩卖毒品的供货商和经销商数量多且分散分布,这也就为司法实践中打击网络贩毒和防治网络涉毒行为提出了难题。

网络涉毒行为的环扣状特征也体现在网络贩毒行为与其他涉毒行为的脱离。贩卖毒品是毒品犯罪的核心行为,是其他涉毒违法犯罪的最终指向,贩卖毒品行为

---

① 参见《网络涉毒呈低龄化 嫌疑人称"不吸毒就 out 了"》,载人民网,http://gongyi.people.com.cn/n/2015/0813/c151132-27454420.html,最后访问日期:2021 年 10 月 5 日。

是其他涉毒行为产生的重要动因。以贩卖毒品行为与运输毒品行为的关系为例，之所以认为贩卖毒品行为在整个毒品犯罪中居于核心地位，是因为贩卖行为至少与《刑法》第347条规制的其他三种行为都存在包含和重叠的行为外观，特别是与运输毒品行为。在传统的物理空间中，运输毒品行为对走私、贩卖和制造毒品行为具有附属性。从行为的自然属性看，运输毒品可能是上述行为的一个阶段或过程。从主观层面考量，运输行为一般难以从其他毒品犯罪中抽离出单独的“运输目的”。这种特质在贩卖毒品行为中最为明显，为达成贩卖目的所实施的运输毒品行为，虽然可以单独评价，但是“贩卖”本身就含有将毒品运送给购买者的意思，所以“运输目的”无法与贩卖毒品目的截然分割。[①] 在网络空间，毒品无法自主流通，仍需通过贩卖毒品的行为实现毒品生产与毒品消费之间的联系。有变化的是，借助网络完成的毒品交易，贩卖毒品和运输毒品行为实际上完成了线上线下不同场域的“跨界合作”，也打破了贩毒行为和运毒行为时间上的连续性，单纯受雇运输毒品的行为显现出虽发生于贩卖毒品行为，但附随性减弱的特征。

（三）网络涉毒行为的混杂性特征

网络涉毒行为呈现多种样态，司法实践中网络涉毒行为的发生并非总是遵循学术研究中的类型划分规律。网络涉毒行为方式多变，这为法律规制带来了难解之题。以2015年为分界线，我国网络涉毒行为明显呈现两个不同的阶段。2015年之前，网络涉毒行为类型主要包括网络贩毒、网络聚众吸毒、网络贩卖制毒物品和原料以及传播制毒技术等。随着网络技术的日臻成熟和电信网络的普及，2015～2016年，利用网络进行跨境涉毒行为猖獗一时。2017年之后，不法分子已经可以熟练运用互联网进行毒品交易，同时他们还寻求“技术突破”，把大宗的毒品交易移至暗网空间。随着物流寄递业的成熟，“互联网+寄递”已逐渐成为网络贩毒活动的重要模式之一。[②] 还应强调的是，上述网络涉毒行为并非总是单独出现，而是呈现出混杂性特征。也就是说，在网络平台发布招募贩卖、运输毒品人员的行为时常伴随贩卖、运输毒品的行为出现；实施网络组织吸毒的行为人也常会在网络空间引诱

---

① 参见包涵：《运输毒品罪的立法扩张与司法限制》，载《中国刑事法杂志》2021年第1期。

② 参见《2011—2013年中国禁毒报告》《2015—2018年中国毒品形势报告》，载国家禁毒委员会办公室，http://www.nncc626.com/index/ndbg.htm，最后访问日期：2022年3月11日。

他人吸毒或在网络吸毒群组中贩卖毒品；在网络空间传授制毒技术的行为人也有可能实施制造毒品行为或帮助他人制造毒品。纵观我国互联网涉毒违法犯罪的发展历程，虽然我们需要承认互联网涉毒行为方式依托于网络技术也受制于网络技术，但是其具体行为方式的不定型性为法律类型化地规制网络涉毒行为带来了阻碍。此外，新精神活性物质在网络空间的盛行也是促使网络涉毒行为更加易变的因素，如前所述，新精神活性物质这一概念本就面临范围难以划定的难题，因为毒品结构修改的速度之快，意味着这些不断进化的合成毒品的新品种永远都能走在法律前面。[①] 虽然在成文法国家，法典的稳定性与生活事实的复杂多变是法官面临的永恒矛盾，[②]但是我们理应承认，网络涉毒行为兼具毒品犯罪与网络犯罪特质，其混杂性特征又使实践问题的处理变得尤为复杂。网络涉毒行为的刑法规制不仅会使传统刑法理论和司法适用直面困境，也会使司法解释、指导案例的指导、参鉴作用难以发挥。

二、网络涉毒行为的交互特质

网络空间具有社会性，是人际交往和行为互动的场域。在物理空间，最简单的行为和人际交往仅需两个主体即可完成，呈现出两点线性的交往关系。在网络空间，至少要有三方主体才可以完成这一过程：网络用户 1、网络空间建造者和网络用户 2。[③] 目前，几乎所有的毒品犯罪案件都与网络密切相关，网络空间的开放性和聚合性决定了网络因素会加大涉毒行为的危险性。具体而言，流通类网络涉毒行为以网络为沟通、交流工具，在网络空间再现传统毒品犯罪行为，是互联网作为交互工具的直接体现。在大多数案件中，运用互联网应用软件支付毒资也已经成为贩毒的“行规”。对于吸食类网络涉毒行为来讲，网络环境与吸食毒品行为更易产生交互影响。信息交互是互联网的本质特征之一，一般指存在于两个以上主体之间

---

① 参见［英］汤姆·温莱特：《黑金世界：破解毒贩集团的运营术》，黄嘉天译，中国民主法制出版社 2020 年版，第 166 页。

② 参见郝方昉：《刑法司法解释的类型化及其意义》，载《甘肃政法学院学报》2012 年第 2 期。

③ 参见刘艳红：《网络犯罪的刑法解释空间向度研究》，载《社会科学文摘》2020 年第 2 期。

的信息交换过程。① 信息类网络涉毒行为则属于高度网络化的涉毒行为,网络媒介传播信息对涉毒行为产生影响,同时,网络信息对涉毒行为也起到了助推作用。通过对网络涉毒行为的考察可以发现,互联网的交互性在网络涉毒行为中体现出三种内在特质:其一,网络的聚合效应放大了毒品犯罪不良影响;其二,网络的感染特质增容了涉毒行为参与主体;其三,网络的衍生属性诱发了毒品相关的次生犯罪。

(一)网络聚合效应放大了毒品犯罪不良影响

网络的聚合效应放大毒品犯罪不良影响主要体现在三个方面。首先,违法犯罪人数急剧扩张。2011 年,由公安部督办的"8·31"特大网络吸贩毒案,上万名违法犯罪人员牵涉其中。2011 年 3 月,陕西西安、甘肃兰州等地陆续接到举报,有人利用网络平台聚众吸食毒品,同年 8 月,公安部通过侦查发现,本案涉及涉毒 ID1236 个,参与人遍布 31 个省市区。在视频聊天网站上进行涉毒活动的人员涉及全国 31 个省市区。截至 2011 年 10 月,"8·31"专案抓获人员中,各地共行政拘留涉毒违法嫌疑人 3559 名、强制隔离戒毒吸毒人员 1206 名、责令社区戒毒的吸毒人员 803 名。此次涉案的违法犯罪人员中,35 岁以下的青少年超过了 65%,年龄最小的只有 15 岁。② 单纯物理空间的吸毒行为形式较为单一,从吸毒人数方面观察可能是"自嗨",也可能存在小范围的聚众吸毒,总体看来需要安全而封闭的环境,部分吸食抑制类毒品的吸毒者更是无须接收外界刺激。网络的虚拟性本质决定了滥用毒品行为在网络空间只能以画面、声音等信息为表现方式,故而信息的受众和参与者的互动是这一行为赖以产生的先决条件。所以网络涉毒行为具有先天的扩张性格,会吸引网络空间内滥用毒品成瘾、有意向尝试吸毒、意志力薄弱的亚文化群体人员参与吸毒。

其次,毒品相关信息大量涌现网络。我国历来注重对物理空间涉毒信息的监管,这使毒品相关信息难以通过大众媒体正常传播。相较之下,网络信息的监管力度弱、范围小,更有利于越轨或亚文化信息的传播,这也是世界各国社会治理面临

① 参见王晰巍、李玥琪等:《直播平台用户信息交互行为图谱及特征研究》,载《图书情报知识》2021 年第 4 期。

② 参见《卧室变身毒品实验室,万人网络聊天吸毒全程直播》,载新浪网,http://fj.sina.com.cn/xm/news/ms/2011-11-02/081825936.html,最后访问日期:2021 年 10 月 16 日。

的普遍难题。网络毒品信息的作用机制可以通过霍华德·贝克尔(Howard Becker)的“吸毒互动理论”进行新解。贝克尔以符号互动范式为理论基础,研究作为标签化存在的越轨行为,从而发展出独具特色的越轨社会学理论。根据这一理论模型,溯源“越轨”概念的由来,贝克尔认为越轨行为并非一种脱离客观现实和一成不变的先验性存在,其本身是社会建构的产物,在不同的地域和时期,人们对越轨行为的判断过程是变化的。① 立基于越轨社会学理论的“吸毒互动理论”认为,滥用毒品行为不仅是社会习得的,还是在毒品滥用者与其他人就药物的反应和体验的互动中产生的,这里的互动双方通常是新手和有经验的吸毒者。吸毒信息在吸毒行为的养成中十分重要,因为滥用毒品的习得过程一般是“习得摄入毒品(行为)—习得毒品的具体影响(体验)—习得欣赏这些效果(互动)”。毒品信息则是助推这一习得过程完成的无形的手,网络空间的吸毒信息加速了这一过程,同时,当代的吸毒者比任何群体都更有可能依赖在线资源获取有关毒品的信息。② 这是因为,网络平台不仅提供了海量的吸毒信息,包括但不限于毒品的种类、主要成分、吸食体验等,同时,也为吸毒者的互动提供了空间。

最后,网络空间的从众效应彰显。“从众效应,是指个体在群体中会受到群体的压力,而在感知、行动、判断甚至信仰上与群体中大多数成员保持一致性。”③传统毒品违法犯罪以贩运、吸食抑制类毒品为主,而网络涉毒行为贩运、滥用毒品的种类主要是兴奋型毒品。兴奋型毒品在网络空间的泛滥流行一定程度上规避了传统毒品在物理空间聚集吸毒的弊端。发生在物理空间的吸毒行为不仅需要安全私密的空间,相对来说也需要较长的时间过程,伴生于这一过程的往往还有明显的毒品气味。基于此,吸食抑制类传统毒品的吸毒人员呈现出相互独立的常态,聚众吸毒情形较少,从众效应不兴。目前,冰毒已连续多年占据我国滥用毒品种类榜首。截

---

① 参见[美]霍华德·S.贝克尔:《局外人:越轨的社会学研究》,张默雪译,南京大学出版社2011年版,转引自韩丹、肖立志:《标签理论:理解“艺术”和“越轨”的新向度——从霍华德·S.贝克尔的〈局外人:越轨的社会学研究〉和〈艺术界〉谈起》,载《中共福建省委党校学报》2019年第1期。

② See Michael Rosino & Annulla Linders, *Howard Becker in Hyperspace: Social Learning in an On-Line Drug Community*, 36 DEVIANT BEHAV. (2015), Page 725 - 728.

③ 姜昊昂、温清:《惩治网络“烟馆”的困境与出路》,载《尊重司法规律与刑事法律适用研究(下)——全国法院第27届学术讨论会获奖论文集(2016年)》,第992页。

至2019年底，在中国214.8万名现有吸毒人员中，滥用冰毒人员118.6万名，占55.2%。[①] 冰毒、摇头丸、麻古、神仙水等新型毒品的出现，改变了吸毒人的吸毒习惯，对吸毒的气氛需求显著提高，聚众吸毒成为新时尚。[②] 故此，兴奋类毒品对“群情激愤”的气氛要求与网络虚幻、躁动的特点不谋而合。随着在线直播的发展进入下半场，网络直播成为“线上引流＋实体消费”的数字经济新模式，直播电商成为广受用户喜爱的购物方式，66.2%的直播电商用户购买过直播商品。[③] 在这一大背景下，通过网络直播间贩卖毒品、聚众吸食毒品的现象层出不穷，观看直播的看客本身对毒品就具有强烈的兴趣，通过与吸毒表演者和其他看客的互动，从众心理更容易被激发。未滥用毒品成瘾的人将可能产生“大家都吸毒了，我也可以试试”的盲从心理，使得看客迫于群体压力放弃“挣扎”，消解其自身思考的独立性，进而成为新的毒品受害者。

（二）网络感染特质增容了涉毒行为参与主体

随着网络的深层次普及，网络行为参与主体显然更加复杂、多样，网络空间的交互行为总量增多，频次提高，进而产生了感染特质，行为主体间的互动因网络的存在更加便捷。网络的感染特质扩大了涉毒行为参与主体的范围，主要表现为违法犯罪实施者和被害者体量的双向扩增。

例如，在网络吸毒的场合，参与主体的身份难以全部事先推知，这就意味着网络吸毒存在难以针对参与人群进行精准预防的难题，也昭示了刑法规制网络吸毒行为面临行为主体不易确定的困境。网络具有开放性特征，诸多网络空间的建造者及网络平台的搭建者也正是利用该特征进行牟利，网络空间、网络群组和网络平台的参与人数越多、构成越复杂，也会给网络吸毒案件的侦破带来阻碍。事实上，网络空间吸毒人员的参与程度与物理空间也有差异，行为边界更显模糊。例如，在物理空间组织、召集他人吸毒、转播吸毒视频等行为，在不存在容留他人吸毒或其

---

① 参见《2019年中国毒品形势报告》，载中华人民共和国中央人民政府官网，http://www.gov.cn/xinwen/2020-06/25/content_5521774.htm，最后访问日期：2021年9月25日。

② 参见谭和平、吴加明：《网络背景下涉毒违法犯罪实务问题研究》，载《政治与法律》2013年第6期。

③ 参见《CNNIC发布第47次〈中国互联网络发展状况统计报告〉》，载中国互联网络信息中心官网，http://cnnic.cn/gywm/xwzx/rdxw/20172017_7084/202102/t20210203_71364.htm，最后访问日期：2021年8月28日。

他犯罪行为的，难以认定为犯罪，但在网络空间，应结合行为的法益侵害本质进行探明。对于吸毒者来说，无论在网络空间还是物理空间，其大多可以找寻到可以融入的毒友圈，对于吸毒行为本身似乎没有影响。对于未吸毒或未成瘾的人员而言，网络空间提供接近毒品的机会显然比物理空间多得多，这就意味着吸食类网络涉毒行为的参与者身份并非仅有毒品成瘾者，其可能性边缘无限大，不仅对毒品有着强烈好奇心或试图通过网络购买毒品的人可以在网络空间参与某些涉毒行为，网络空间也为某些无意接触到毒品信息的人提供了实际接触毒品的可能性。随着互联网的普及，网络使用者的年龄分层逐渐模糊，活跃在网络空间的行为群体更加多样。《2019 年中国毒品形势报告》显示，全年新发现吸毒人员中 60 岁以上的吸毒人员同比增加 3.5%。这就意味着更多老年人群体参与到吸毒活动中，可以想见的是，网络为吸毒者带来的便利不仅“惠及”了青少年群体，还兼具老年人群体友好的特征。老年人由于身体和社会交往状况受限，可能难以参与物理空间的购毒、聚集吸毒等活动，而网络吸毒则可以使吸毒的人足不出户就有置身其中的体验。

网络感染特质增容涉毒行为参与主体使传统的涉毒行为突破物理空间的“毒圈”外扩向网络空间。这样一来，网络涉毒行为的社会危害性陡增，同时，法律也应当将目光聚焦于网络空间的建造者、网络平台的搭建者，对其行为是否应受刑法规制作出判断和路径选择。

（三）网络衍生属性诱发了毒品相关次生犯罪

近年来，因吸毒诱发的故意杀人、故意伤害、毒驾等违法犯罪案件屡见不鲜。比如，2021 年最高人民法院发布了十大毒品（涉毒）犯罪典型案例，其中，在沈某功故意杀人、容留他人吸毒案中，被告人沈某功在其住处因吸食大麻产生幻觉，对看护自己的妻子行凶，致妻子严重颅脑损伤死亡。[①] 毒品具有刺激、兴奋、致幻等作用，新型毒品的危害性更具有不确定性特点，可导致滥用者出现兴奋、癫狂、躁郁等症状，长期滥用毒品会造成精神系统紊乱、认知障碍，进而导致次生违法犯罪行为。

网络作为人类行为交往的重要空间，其发展规律也能以交往理论为模型进行考察。网络空间缺乏交往理性是生成越轨和违法犯罪行为的内在动因之一。德国

---

① 参见《2021 年十大毒品（涉毒）犯罪典型案例》，载中华人民共和国最高人民法院官网，https://www.court.gov.cn/zixun-xiangqing－310731.html，最后访问日期：2022 年 3 月 15 日。

哲学家尤尔根·哈贝马斯认为,交往是遵循"主体—主体"规则的一种相人与人之间相互理解、相互取信、达成共识的活动。其中,交往理性是达成交往共识的重要前提。[①] 当下,网络空间交往规则缺失,网民素质良莠不齐,这就造成了网络社会缺失交往理性和规则约束,进而滋生网络违法犯罪行为。一方面,利用网络的衍生属性可为进一步实施毒品犯罪提供契机。例如,在祝某走私、运输毒品案中,被告人祝某为了还债用手机在QQ群里"求职",在搜索到"送货"可以获得高额报酬的信息后,主动联系对方并同意"送货",后经法院认定,被告人祝某将毒品从境外运至国内并进行运输,其行为构成走私、运输毒品罪。[②] 在这类案件中,"招工"信息的发布和扩散离不开网络的作用,网络的衍生属性直接诱发了严重的毒品犯罪。另一方面,利用网络的衍生属性或引发毒品相关其他违法犯罪行为。比如,网络吸毒直播间不仅暗藏贩毒、制毒等相关信息,还通常与色情表演等其他线上违法犯罪行为同时发生。在互相观看对方吸毒、召集毒友共同吸毒时,为满足吸毒的刺激感和快感,还可能引发线下的聚众淫乱、寻衅滋事等犯罪活动。某些"网络烟馆"还设置了引荐入会的门槛,新的加入者必须通过视频表演吸毒进行"资格认证",这可能引发引诱吸毒等犯罪行为。[③]

随着互联网属性的澄清,人们逐渐承认,在虚拟的互联网掩饰之下,是一个个真实存在的生命体在实施网络空间的行为。发生于网络空间的违法犯罪行为虽然跨越时空,但仍具现实性,应当受到法律的规制。毒品是实体物,无法经由网络进行物理传输,所以,从理论上看,网络空间无法实行单纯的运输毒品行为,但其他形式的网络涉毒行为完全可能被复刻于网络空间且具有明显的现实空间指向。以网络贩毒为例,在交易前期,买卖双方肯定是现实空间存在的人或实体,达成买卖合意是真实的意思表示,网络贩毒的毒品流通环节有两种完成方式,一是通过物流寄递的方式,二是同城物理空间的交易。正是因为毒品具有物理实体特征,网络涉毒行为呈现出现实空间的指向,与物理空间紧密相关。还应注意的是,电信网和互联网的结合使信息传递更为便捷,信息传递效率陡增,电信网的即时性特点使其在网

---

① 参见余梦月:《构建网络公共领域新秩序》,载《人民论坛》2019年第20期。

② 详见济南铁路运输中级人民法院刑事判决书,(2019)鲁71刑初4号。

③ 参见李伟、焦志超:《网络、物流寄递涉毒犯罪的特点及打防对策》,载《江西警察学院学报》2015年第2期。

络涉毒行为实施的全链条中发挥重要作用。当吸毒者决意在网络空间实施购买毒品、参与聚众吸食毒品、利用网络空间的散布涉毒信息等行为时,就一定会通过电信网与行为相关人员、组织进行沟通。同时,行为人也可以通过电信网获得互联网中的涉毒信息。随着电信网的普及和互联网的接通,即使是同城、同地区的毒品交易双方都更倾向于采取微信联系—放置毒品—取拿毒品的方式进行交易。网络涉毒行为的外观特征和交互特质降低了放毒、取毒的风险,也为警方的侦查带来阻碍。

第二章

网络涉毒行为刑法规制的实践困境

网络涉毒行为的外在征表与内在蕴含皆有异于传统毒品犯罪，这对此类犯罪的刑法规制提出了更高的要求。然而目前，我国相关司法解释不成体系、不尽完善，难以满足刑法规制网络涉毒行为的需求，进而导致网络涉毒行为的刑法规制面临实践困境。通过对网络涉毒案件的深入研究，笔者发现，解答流通类网络涉毒行为的规制难题需要探讨《刑法》第347条走私、贩卖、运输、制造毒品罪在网络空间的适用难题；刑法规制吸食类网络涉毒行为的实践困境主要体现为对网络组织吸毒行为的定性存在争议与网络空间中引诱、教唆、欺骗他人吸毒罪的适用难点；信息类网络涉毒行为项下的传授制毒技术行为和发布贩卖、运输毒品信息的行为亦存在罪名适用争议。

第一节　流通类网络涉毒行为规制难题

2015年4月，中央宣传部、中央网信办、最高人民法院、最高人民检察院、公安部、工业和信息化部、国家工商行政管理总局①、国家邮政局、国家禁毒委办公室联合出台的《关于加强互联网禁

① 现为国家市场监督管理总局。

毒工作的意见》规定,利用互联网贩卖毒品的,应当按照贩卖毒品罪进行定罪处罚。这一规定是对流通类网络涉毒行为司法认定的直接法律依据,然而这一规定属于原则性规定,难以对司法实践中的认定难题进行详细指导。本节结合网络贩运毒品行为的特征和已判决案例,指出在流通类网络涉毒案件中存在《刑法》第347条的适用难点。具体而言,该罪的适用难点表现在网络贩卖毒品犯罪既遂认定标准模糊、网络贩卖毒品共同犯罪难以证明和网络贩卖、运输毒品数量认定含混以及“互联网+寄递”贩运毒品行为认定粗疏这四个方面。

一、利用网络贩卖毒品犯罪既遂认定标准模糊

犯罪形态反映了刑法上行为的发展阶段,犯罪形态的判断要结合行为的过程性特征进行考察。[①] 利用网络贩卖、运输毒品的行为是否成立贩卖、运输毒品罪,以及哪一阶段行为或行为人实施到何种程度的行为时才能认定构成犯罪,是判断行为性质和归属刑事责任的前提。在传统的毒品犯罪中,贩卖毒品行为的犯罪形态问题争议主要集中在犯罪既遂的认定,网络因素的介入改变了毒品交易规则,拉长了毒品交易的过程,这就导致在司法实践中,网络贩卖毒品犯罪呈现出既遂认定模糊的问题。欲述明这一问题,应首先将“贩卖”的含义确定为基础揭示利用网络贩卖毒品行为的本质,这不仅为确定网络贩毒的既遂标准提供事实前提,同时也可以成为探寻该类行为刑法规制路径的理论依据。

(一)利用网络贩卖毒品行为的本质

我国《刑法》第347条以简单罪状的形式规定了走私、贩卖、运输、制造毒品罪。通常认为,简单罪状描述的犯罪行为无须在刑法中进行详述,因为该犯罪行为特征为众人所熟知。但对《刑法》第347条规定的四种犯罪行为含义的把握,即使是司法工作人员都难以做到“熟知”。故而,如何理解“贩卖”的含义对于此条文的适用而言至关重要,它关乎着贩卖毒品行为是否成立、何时既遂。2012年,《最高人民检察院、公安部关于公安机关管辖的刑事案件立案追诉标准的规定(三)》(以下简称《追诉标准(三)》)指出,贩卖毒品是指明知是毒品而非法销售或者以贩卖为目的而非法收买毒品的行为,且概括了实践中常见的贩卖毒品行为类型。这一规定明

---

① 参见黎宏:《日本刑法精义》(第2版),法律出版社2008年版,第228页。

确了“贩卖”的含义，但“贩卖”概念的内涵和外延在理论和实践中仍有争议，集中在“贩卖”的牟利性和流通性两个层面，行为人利用网络贩卖毒品行为的本质可以结合这两个层面进行描述。

第一，贩卖毒品具有牟利目的。利用网络贩卖毒品行为并没有脱离传统贩毒行为的基本模式，其目的都是追求不法利益。客观来说，网络的使用加速了毒品交易，使贩卖毒品行为所获的不法利益显著增加。贩卖毒品以牟利为根本目的，所以，牟利性是利用网络贩卖毒品行为的本质特征之一。首先，牟利性特征衍生于“贩卖”概念的自然含义。根据一般社会经验，贩卖是支付对价、获得货品或服务的行为，对于卖方来说，提供货品和服务的目的是赚取差价以获利。贩卖毒品通常以牟利或利益交换为目的。正如学者总结的那样，贩卖毒品罪中的“贩卖”是指以牟利为目的实施卖出或买入毒品的行为。[①] 其次，学界在阐述贩卖的含义时突出其牟利性特征。有学者指出，贩卖毒品罪中贩卖行为的本质是以毒品作为支付手段的对价交易。[②] 还有学者认为，“贩卖毒品，是指有偿转让毒品或者以卖出为目的而非法收购毒品的行为”。[③] 也有学者立足于贩毒的牟利性特征，认为贩卖毒品属于有偿转让的行为，除买入后又卖出的典型形式以外，将家中祖传的毒品卖出、自制自销毒品、以毒品换取其他货物或使用毒品支付相关劳务报酬或其他费用的，都属于贩卖毒品的行为。[④] 还有学者更细致地对“贩卖”的牟利本质进行说明，认为贩卖毒品不仅包括买卖双方通过货币支付达成的毒品交易，还包括以物易毒、以劳务易毒、以抵押、赊账的方式进行交易的行为。对于支付方式，包括但不限于以上，任何具有经济价值的物或行为都可以成为支付毒品的对价。[⑤] 以上观点可以总结为，贩卖毒品罪中的“贩卖”是指非法地有偿转让毒品，既包括买进再卖出毒品，也包括单纯出卖毒品的行为。最后，牟利性特征作为判断贩卖毒品行为的重要因素被司法机关承认。如 2008 年 12 月最高人民法院颁布的《全国部分法院审理毒品犯罪案件

---

① 参见赵秉志主编：《毒品犯罪研究》，中国人民大学出版社 1993 年版，第 120 页。

② 参见梁彦军、何荣功：《贩卖毒品罪认定中的几个争议问题》，载《武汉大学学报（哲学社会科学版）》2013 年第 5 期。

③ 高铭暄、马克昌主编：《刑法学》（第 10 版），北京大学出版社、高等教育出版社 2022 年版，第 604 页。

④ 参见王作富主编：《刑法分则实务研究》（第 4 版），中国方正出版社 2010 年版，第 1569 页。

⑤ 参见石魏：《贩卖、运输毒品罪疑难问题解析》，载《上海政法学院学报（法治论丛）》2013 年第 3 期。

工作座谈会议纪要》(以下简称《大连会议纪要》)和2015年最高人民法院印发的《全国法院毒品犯罪审判工作座谈会纪要》(以下简称《武汉会议纪要》)中都有规定,行为人单独为吸毒者代购毒品的应认定运输毒品罪,但收取"介绍费""劳务费",或以贩卖为目的收取部分毒品作为酬劳的,应视为从中牟利,以贩卖毒品罪定罪处罚。本书认为,在大多数传统贩卖毒品案件中,仅用牟利性特征判断是否存在刑法上的贩卖行为不存在误解,也不存在对犯罪形态认定的模糊之处。但是,网络贩毒通常采取"先付钱后交货"的交易模式,突破了"一手交钱一手交货"的交易规则,因此,在网络贩毒的场合,除了对贩卖毒品牟利性本质的考察外,还需要借由流通性特征对"贩卖"进行判断。

第二,毒品流通借助网络更为便利。从行为人的角度看,贩卖毒品是为了牟利,而贩卖行为在客观上推动了毒品的流通,形成了外观上的流通性特征。故此,也有学者指出,贩卖毒品罪中的贩卖应当以流通为目的,且行为人能按照自己的意志转让事实所有权且贩卖的成立不需具备牟利目的。[①] 这种观点否认了贩卖毒品行为牟利性的本质特征,强调以流通性目的作为判断"贩卖"行为是否存在的标准。本书认为,在网络贩卖毒品的认定中,这一观点可以起到一定的补充作用。如前所述,牟利性固然是贩毒案件无法忽视的重要特征,但是从刑法规范和法益保护的角度看,贩卖毒品行为的法益侵害性同时还体现在贩卖行为促进了毒品的流通,使其危害性扩散,危及公众健康。我国《刑法》将贩卖毒品和运输、制造、走私毒品的行为规制在同一刑法条文中,应当将此4种行为所侵害的法益做统一考量。毒品犯罪的危害性是通过吸毒直接彰显的,毒品的制造、运输、走私、贩卖环节都不会自动发生,需要行为人通过实施犯罪行为引发和助推。尤其是在网络贩毒案件中,行为人以互联网为工具,提高了毒品的流通效率,推进了毒品流通的进程。综上所述,在网络贩毒案件中判断行为人是否实施了贩卖毒品的行为,可以先判断其牟利性特征,对部分不具有牟利特征的行为考察是否符合非法持有或运输毒品行为的特征。在判断牟利性失效或得出明显不符合行为本质结论的场合,运用流通性特征进行检验。具体而言,可以通过判断某一行为是否存在"有偿"和"转让"的特征进而认定是否存在贩卖毒品行为。

---

① 参见高艳东:《贩卖毒品罪基本理论问题探析》,载《云南警官学院学报》2004年第1期。

(二)贩卖毒品罪既遂认定标准之争

目前,贩卖毒品罪的犯罪形态问题讨论是以物理空间毒品交易模型为基础展开的,贩卖毒品行为发生在物理空间时一般遵循“一手交钱一手交货”的交易规则,也即支付毒品价款的“有偿”和交付毒品的“转让”在发生时间上具有一致性,或者时间差较小。大宗毒品交易或者有“验货”需求的买家参与交易时,可能会在一定程度上突破这一交易规则,但支付价款和转让毒品行为仍可以总体看待。但是在网络贩毒的场合,贩毒行为人主要采取“线上线下结合”的方式,网络空间的贩卖毒品行为多发于网络群组(如微信、QQ 贩毒群),又以零包贩毒为通常样态,在交易中买家通常先通过微信、支付宝支付毒资,至少在数小时之后才对毒品进行交付。具体包括:第一,网络联系,见面交货,这也是司法实践中最为常见的方式。如 2020 年 4 月,内蒙古警方破获的李某涉毒团伙网络贩毒案中,毒资的转移均是通过微信支付完成,李某的上线崔某在每次完成毒品交易后,会与购买者当面交易。每次交易,崔某均会将毒资分出一半转给张某,且崔、张二人还下辖数名毒品分销人员。[①] 第二,网络联系,物流邮寄。2020 年 6 月,四川警方破获的一起网络贩毒案件即是采用这种方式,犯罪嫌疑人朱某伙同龚某、黄某等人在某网站以虚假用户名注册账号,发布有“猪肉出售”等隐晦暗语的涉毒信息,通过加 QQ、微信搭讪确定买家,谈成价格后,再通过微信、银行卡、支付宝转账等方式进行交易,交易成功后,朱某等人将毒品藏匿于油性笔中,通过快递分销寄往全国各地的 100 余名吸贩毒人员买家手中。[②] 通过总结实践中发生的案件,笔者认为,网络贩毒有偿支付价款的行为发生在先,转移毒品的行为发生在后,与单纯物理空间发生的贩卖毒品行为存在较大差异。网络因素对贩卖毒品过程性特征的改变主要体现在将交付毒品这一个“点”拉长成为一条“线”,也即,使原本可以一瞬间完成的交付行为变成一个阶段,贩卖毒品行为人的交付行为和购买人的接收行为存在时间差。通常来说,上述第一种情形的时间差较短,第二种情形的时间差较长。这一贩毒行为的过程性特征变化

---

① 参见《科右前旗公安局破获一起网络贩毒案》,载内蒙古自治区兴安盟公安局官网,https://baijiahao.baidu.com/s? id = 1681845376573758210&wfr = spider&for = pc,最后访问日期:2021 年 10 月 21 日。

② 参见《精准突破,多省联动,警方摧毁涉 18 省特大网上贩毒团伙》,载海淀公安官网,https://baijiahao.baidu.com/s? id = 1689914438224251724&wfr = spider&for = pc,最后访问日期:2021 年 10 月 21 日。

更直接引发了司法实践对网络贩卖毒品罪犯罪既遂标准的思考。此外，通过网络贩卖毒品的行为人多次零包进货，被抓获时部分毒品还未进行贩卖，尚处在未达成贩卖合意或未交付的状态，此时应当认定行为人的行为已经成立贩卖毒品罪的未遂还是其他犯罪？对这一问题的妥当解答，也以利用网络贩卖毒品的既遂标准清晰为前提。

我国刑法规定的具体犯罪绝大多数为故意犯罪，因而，犯罪既遂概念在犯罪形态理论中居于重要地位。① 针对实践中认定贩卖毒品罪既遂的困境，学界和实务界产生了开始出卖说、实际卖出说、进入交易环节说、交付既遂说等争鸣。② 有的学者甚至将贩卖毒品罪的既遂学说细分至16种之多。③ 其实，贩卖毒品罪的既遂认定之所以存在学说上的争论，一定程度上是因为学者对贩卖毒品的行为性质有不同理解。如果认为贩卖毒品罪是行为犯，那么判断既遂的关注重点应当是贩卖毒品行为的举动，而非结果。比如，有观点认为，开始出卖说符合我国严厉打击毒品犯罪的刑事政策，采用这一标准可以减轻检察机关的举证责任，在实践运用中具有实操性。于是主张，行为人只要开始出卖毒品，无论所贩卖毒品来源何处，只要行为人将毒品带至可能完成交易的地点，就认为贩卖毒品的构成要件齐备，即成立贩卖毒品罪既遂。④ 早期也有学者比较赞同将开始出卖说作为贩卖毒品罪的既遂标准，认为将开始出卖为标准认定毒品犯罪的既遂往往在实践中表现为人赃并获，既符合贩卖毒品罪行为犯的特点，也便于实践中贩卖毒品罪的认定。⑤ 又如，2000年上海市高级人民法院出台的《上海市高级人民法院关于审理毒品犯罪案件具体应用法律若干问题的意见》采进入交易环节说，规定“只要行为人将毒品现实地带入了交易环节的（即贩毒者已将毒品带到购买者面前着手交易的），无论是否完成交易

① 参见于阜民、夏弋舒：《犯罪既遂概念：困惑与重构》，载《中国法学》2005年第2期。

② 参见高巍：《贩卖毒品罪研究》，中国人民公安大学出版社2007年版，第168～169页。

③ 学者认为关于贩卖毒品罪的既遂标准，理论和实践中主要存在以下观点：(1)成交说或契约说；(2)卖出说或交易行为完成说；(3)实行行为说或出卖说；(4)卖出及交付说；(5)交付说或实际转移说；(6)出手及控制说；(7)买入说；(8)进入交易说；(9)持有既遂说；(10)行为说；(11)行为及出卖说；(12)持有加目的的行为说；(13)断绝的结果犯说；(14)修正的目的持有说；(15)交付说；(16)契约说。参见熊海燕：《毒品犯罪研究综述与评价》，知识产权出版社2019年版，第125～132页。

④ 参见金泽刚：《犯罪既遂的理论与实践》，人民法院出版社2001年版，第347页。

⑤ 参见黄祥青：《浅析贩卖、运输毒品罪的既遂和未遂》，载《政治与法律》1999年第3期。

行为,均应以贩卖毒品罪的既遂论处。如果有证据证明行为人以贩卖为目的而购买了毒品或正在向贩毒者购进毒品的,亦应认定为贩卖毒品罪的既遂”。“进入交易环节说”以毒品是否进入交易环节作为区分既遂、未遂的标准,不论毒品是否已经实际转移给了行为人或是否已经获得利益。交付既遂说则认为,贩卖以毒品实际上转移给买方为既遂,不论转移毒品后行为人是否已经获取了利益,都不影响犯罪既遂的成立。① 这些主张虽然在本质上都是以行为人实施贩卖毒品过程中的某一行为为犯罪既遂的标志,但选择作为既遂的时点存在明显相异,这在实践中导致了不同的既遂判断结果。如果认为贩卖毒品罪属于结果犯,那么判断该罪的既遂则应着重考察毒品交易的结果是否出现,也即贩卖毒品的结果是否已经出现。但将贩卖毒品的结果出现作为既遂的标准显然会导致贩卖毒品罪的既遂成立范围狭窄,过晚地打击了毒品犯罪,故而将贩卖毒品罪视为结果犯进而确定其既遂标准难以迎合实践需求。应当结合贩卖的流通性本质,通过考察网络贩卖毒品的过程性特征,确立网络贩毒的既遂标准。

二、网络贩卖毒品共同犯罪难以证明

一般而言,行为人实施的共同犯罪呈现出比单独犯罪更高的危害性。与其他类型的犯罪相比,毒品犯罪更容易以共同犯罪的形态实施。在某些地区,共同犯罪占到全部毒品犯罪案件的60%以上。② 相较于传统社会中共同犯罪的内、外结构的环状表现形态,具有网络特性的共同犯罪呈现出链状特征。具体而言,在传统共同犯罪中,犯罪的中心环节通常由正犯(包括间接正犯、共同正犯等)占据主导地位,犯罪的边缘则由共犯(包括帮助犯、教唆犯等)组成,共犯围绕着正犯,两者之间联系紧密。而网络共同犯罪则潜藏着庞大的参与者数目、细化的犯罪分工及高度产业化的结构特征,其在表现形式方面呈上游、中游、下游结构的链状形态,犯罪参与人分属于不同的产业链环节,不同环节之间的参与人相互独立,因此共犯与正犯之间的同盟性被极大程度地削弱。③ 这种网络共同犯罪特征亦呈现在网络涉毒案件

---

① 参见盛美军主编:《毒品犯罪办案精要》,法律出版社2014年版,第23页。

② 参见刘建宏主编:《新禁毒全书(第二卷):中国毒品犯罪及反制》,人民出版社2014年版,第271页。

③ 参加刘宪权:《网络黑产链犯罪中帮助行为的刑法评价》,载《法学》2022年第1期。

中，因为网络空间具有聚合性、共享性的特征，这导致了网络贩毒成为聚合犯罪的易发场域。在流通类网络涉毒案件中，各行为人依据其在毒品流通链条中的位置和地位参与不同的违法犯罪环节，通过共同犯罪意思的不断加强延伸网络毒品犯罪链条。由于流通类网络涉毒行为呈现环扣状特征，“上家”“下家”众多、行为人之间的联系松散，共同犯罪认定面临难以证明的境况。

（一）网络贩毒行为环扣状特征对共同犯罪行为认定不利

在流通类网络涉毒案件中，共同犯罪行为的判断受网络贩卖毒品行为的环扣状特征影响。通过对我国司法实践中网络贩毒行为的观察，本书发现，我国网络贩毒目前尚处于初级发展阶段。由于我国严防毒品犯罪，近年来也逐渐重视对网络毒品犯罪的打击，所以网络贩毒尚未呈现跨省、跨区域、跨境的网状结构。此外，网络贩毒虽然呈现共同犯罪的特征，但活跃在网络聊天群组中进行毒品销售的人员往往是团伙中的“下线”，通过和“上线”贩毒人员达成协议，成为“下线”后被“上线”拉入微信或QQ贩卖毒品的群组，以代理的身份在群里发布销售各类毒品的广告，待交易完成后，“下线”扣除提成后将收益转账给“上线”。与传统贩毒模式不同，网络贩毒“上下线”之间可以是现实世界中互不相识的人，仅通过互联网平台进行联系，所以互相联系的两个行为人如同“环扣”，实际上很容易“脱钩”。这一特点造成了单纯依靠普通证据难以抓获和认定网络贩毒案件中“上线”的司法实践困扰。具体而言，随着网络贩毒方式的流行和网络贩毒产业的成熟，出现了以网络贩毒为业的行为人雇佣、指示他人为其运毒，运毒人实际只实施了运输毒品的实行行为。例如，在一起案件中，李某多次贩卖毒品给不同的吸毒者，易某是吸毒者，因无钱购买毒品开始帮李某送毒品给购买毒品的人，以获取李某提供的免费食宿和毒品。李某通常先与买家谈好价格，再告知易某送货地点和买家的联系方式，易某通常在现场收取毒资，以微信转账的方式将赃款转给李某。某次，李某的买家刘某、周某在吸毒时被警方发现，后警方通过诱惑侦查的方式佯装再次购买毒品，李某仍指挥易某为其运毒，被警方抓获，搜获其携带的0.2克毒品。① 易某被抓获后，李某仍数次贩毒但4个月后被抓获。在这起案件中，李某因多次向他人贩卖毒品，情节

① 详见湖南省衡南县人民法院刑事判决书，(2021)湘0422刑初10号；湖南省衡南县人民法院刑事判决书，(2020)湘0422刑初141号。

严重,其行为构成贩卖毒品罪,判处有期徒刑 4 年,罚金 1 万元;法院认定易某为牟利帮助他人贩卖毒品给吸毒人员,其行为构成贩卖毒品罪;在共同犯罪中,被告人易某起到帮助作用,系从犯。[①] 在这类案件中,对被雇佣者的行为应当认定为贩卖毒品罪的帮助犯,以贩卖毒品罪进行定罪,还是认定其行为构成运输毒品罪也是实践中的一个难题。由于运输毒品罪的犯罪构成如何合理解释尚存在探讨空间,这就引发了实践中确立统一适用规则较为困难,即便司法解释或规范性文件已有较为明确的规定,针对诸如运输行为人自己所贩卖的毒品或者吸毒者外出购毒并运输返程的行为能否认定为运输毒品罪等问题在实务中仍旧存有不同意见。[②] 故而针对网络共同贩毒行为如何定罪是需要结合罪名的构成要件细化讨论的问题。

(二)网络贩毒中共同犯罪故意的认定障碍

在我国,毒品犯罪的主观方面被限定为故意,不存在毒品犯罪的过失犯,因此,关于毒品犯罪的故意问题,目前学界不存在太多争议。在 20 世纪 90 年代,曾有学者主张"毒品犯罪的主观方面,都表现为直接故意"。[③] 随着 1997 年《刑法》的出台和严厉打击毒品犯罪的需要,这种只肯定毒品犯罪直接故意的观点逐渐式微。2000 年,上海市高级人民法院出台的《关于审理毒品犯罪案件具体应用法律若干问题的意见》中明确了间接故意是毒品犯罪成立的主观因素之一。[④] 此后,2007 年最高人民法院、最高人民检察院和公安部联合印发的《办理毒品犯罪案件适用法律若干问题意见》、2008 年 12 月最高人民法院颁布的《大连会议纪要》以及 2012 年《追诉标准(三)》中分别规定了 8 种、10 种和 5 种情形可以推定行为人的"主观明知"。根据《大连会议纪要》对毒品共同犯罪的规定,没有实施毒品犯罪的共同犯罪故意,仅在客观上为相互关联的毒品犯罪上下家,不构成共同犯罪。可见,在司法实践中,共同犯罪故意对认定毒品共同犯罪起到了重要作用,故意的内容也是影响贩卖毒

---

① 详见湖南省衡南县人民法院刑事判决书,(2020)湘 0422 刑初 141 号。

② 参见包涵:《运输毒品罪的立法扩张与司法限制》,载《中国刑事法杂志》2021 年第 1 期。

③ 欧阳涛、陈泽宪主编:《毒品犯罪及对策》,群众出版社 1992 年版,第 41 页。

④ 《上海市高级人民法院关于审理毒品犯罪案件具体应用法律若干问题的意见》规定:"如果没有足够的证据证实行为人在主观上明知是毒品,但能够证实其对所承运物品的非法性具有概括性认识,行为人为了赚钱不计后果接受他人雇佣,事实上实施了运输毒品行为的,可以认定运输毒品罪,在量刑时酌情给予从轻处罚。如果确有证据证实行为人不知是毒品,而系受蒙骗实施运输毒品行为的,则不能认定为犯罪。"

品罪共同犯罪成立与否的重要判断因素，在网络空间贩卖毒品的案件中亦是如此，根据司法实践中的案发情况总结，贩卖毒品罪的共同犯罪故意认定在网络空间呈现出以下两方面阻碍。

第一，网络空间中贩卖毒品行为人的故意表示不明显或相对滞后。一种典型的情况是，实行网络贩毒行为共同犯罪人的主观方面从故意变为被胁迫，其主观方面的判定直接影响了共同犯罪故意的认定，进而影响量刑。针对这种情况，目前司法实践中的认定和处置是不细致的。实践中存在这样的案例，"下线"毒贩虽然积极参与贩毒，但一段时间之后，有意自愿退出网上贩毒活动。此时，遭受"上线"的威胁恐吓或阻碍，比如"上线"称其有黑社会背景，不准"下线"回家，若其想回家就从楼上跳下去，或称"要把你砍了"。[①] 在这样的案件中，尽管"下线"可能继续实施犯罪行为，但其主观方面发生了显著改变。在"上线"对"下线"发出威胁之后，"下线"的主观方面从直接故意过渡为间接故意，这种间接故意的程度直接影响到"下线"是否可以成为贩卖毒品罪的共犯。实践中的通常做法是认定"下线"与"上线"始终具有贩卖毒品罪的共同犯罪故意，并将其主观方面发生改变之后贩卖毒品的数量计算在贩卖毒品的数量之内。从前述李某、易某的案件中可引申思考的问题是，共同故意的主观方面在网络贩毒案件中可能难以完全展现，那么这类案件是否存在共犯脱离成立的可能性，"下线"应该满足哪些条件才可以认定共犯的脱离？另外，"下线"的行为是否存在被认定为贩卖毒品罪胁从犯的空间？

第二，在交易过程中买卖双方的意思联络程度弱化。在传统的毒品买卖过程中，买卖双方需要通过意思联络建立和巩固交易意图，特别是在贩卖毒品的过程中，行为人需要通过不断确认交易时间、地点、价格保证交易的顺利进行。而在网络空间，如果毒品购买者需要购买毒品，可以自寻毒源，相当于提前表达了购买毒品的意思表示，物理空间内的实际接触和过多的意思联络不再为交易之必要，因为互联网完全可以充当共享和传播信息的管道。贩卖毒品行为人对发货时间、发货方式等细节也可以通过默认方式完成，无须过多的沟通交流。[②] 比如，在陈某豪贩卖毒品案中，行为人在酒吧、酒店中出售的"蓝精灵"毒品常搭配酒精吸食，在娱乐

---

① 详见湖北省黄石市西塞山区人民法院刑事判决书，(2017)鄂0203刑初40号。

② 参见阴建峰、梁田：《互联网涉毒犯罪司法适用问题探析》，载《刑法论丛》2020年第1期。

场所颇为“流行”。购买毒品的年轻人只需微信下单，贩毒人直接送货到座位，无须过多沟通。[①] 确定网络贩毒案件中贩卖毒品行为人的主观故意将对网络贩毒共同犯罪的行为认定产生直接影响。

三、网络贩卖、运输毒品数量认定含混

毒品犯罪在我国《刑法》中被规定在“妨害社会管理秩序罪”一章，同时，毒品犯罪也属于典型的贪利型犯罪，涉案毒品数量直接量化了行为人实施毒品相关犯罪的不法收益，间接反映出行为人的主观恶性。因此，办理毒品案件，准确认定毒品数量是定罪量刑的基本前提。由于毒品犯罪上下线关系错综复杂，追根溯源、查清毒品数量本就属于实践中较为棘手的难题。[②] 我国《刑法》以海洛因和甲基苯丙胺作为毒品的主要计量样品，其他毒品通常采用折算法计算数量，这就意味着司法实践虽然面临毒品种类多、更新换代快的毒情，一般也只能依照《最高人民法院关于审理毒品案件定罪量刑标准有关问题的解释》、《最高人民法院、最高人民检察院、公安部办理毒品犯罪案件适用法律若干问题的意见》和《追诉标准（三）》等现有文件的规定以海洛因为毒品数量基准进行折算。折算法导致在司法实践中，法官虽然对毒品数量的计算方法趋同，但最终的计算结果因地域等因素差异极大，造成了法律适用的统一性折损和判罚结果的公平性打折的不良后果。[③] 在网络贩毒案件中，涉案毒品数量查处难度更大，案件的社会危害性更加难以确定，故而准确认定网络贩卖、运输毒品的数量尤为重要。通过对实践中的网络贩毒、运输毒品案件进行梳理，本书认为，该类案件中亟待解决的涉案毒品数量的认定问题主要集中在以下几个方面。

（一）网络贩毒中未查获或“已销未交付”的毒品数量难以认定

随着网络贩毒的兴起，零包贩毒找到了新的“出路”，即将网络贩卖毒品的行为和零包贩毒结合起来。具体而言，网络零包贩毒是借助互联网向不特定人群贩卖

---

① 参见江苏省苏州市姑苏区人民法院刑事判决书，(2020)苏0508刑初1165号。

② 参见《盐城市检察院依法办理一起大宗贩卖毒品案件》，载中国检察网，https://www.12309.gov.cn/12309/gj/js/sy/zdajxx/201906/t20190626_6474161.shtml，最后访问日期：2021年11月3日。

③ 参见张汝铮：《毒品犯罪认定研究》，大连海事大学2020年博士学位论文，第71页。

小克重的毒品，通过创建论坛、微信群聊的方式实现“互联网＋寄递”的网络贩毒形式。在长沙市中级人民法院公布的一起典型案例中，行为人通过创建百度贴吧、QQ群用于联系毒品买家，以移动终端支付的方式接收毒资，多次将少量毒品塞在毛绒玩具中隐藏，以逃避快递检验。该案涉毒网络群组人数众多，在短短数月内，其发送涉毒快递200余件，贩卖对象覆盖20余个省份的吸毒人员，这不仅反映了网络零包贩毒影响范围广、不受地域限制的特点，也体现出了零包贩毒搭载互联网后社会危害性大的特征。无独有偶，在江西省发布的2020年毒品犯罪典型案例中，也有张某江等人利用微信跨省线上向多人多次零包贩卖毒品的案件，案中的4名被告人虽然每次零包销售毒品的数量仅为1～2克，但多次向多人贩卖毒品，已经形成了比较完整的线上毒品交易链条，具有较大的社会危害性。① 可见，当前网络贩毒活动、物流寄递渠道贩毒活动较为活跃，增长较快，在全年查获的利用网络贩毒的案件中，网络零包贩毒案件占到总案件数的90%以上。② 其实，零包贩毒与网络贩毒的结合也是必然，通过网络贩卖毒品的行为虽然有着被查处的风险，但是为小宗毒品交易提供了更多的便利，极大地降低了犯罪成本。

以网络为媒介对买卖毒品的细节信息进行商讨更容易实现反复、多次的购销，买卖毒品双方无须重新议定价格、数量、支付渠道、运输等细节，甚至使用一个符号或简单的暗语即可完成交易。此外，实施网络零包贩毒的行为人通常是“惯犯”，其具备一定的技术基础，擅长使用更改IP地址、更换社交账号等方法进行反侦察。传统的零包贩毒以街边交易为主，在现实的物理空间会留下蛛丝马迹，然而在网络空间，买卖双方易形成固定的购销模式。由于毒品犯罪是典型的无被害人犯罪，网络贩毒案件又具有很强的隐蔽性，所以，对行为人定罪处罚的重要依据就是毒品和毒赃。在网络贩毒案件中，贩卖毒品的行为人可以通过网络完成毒品交易的沟通环节，再通过寄递等人货分离的方式完成整个交易，故而更容易出现公安机关未缴获毒品、毒赃或毒品、毒赃已灭失的情形。在网络贩卖毒品案件中，买卖双方通常使用即时聊天软件沟通交易细节、达成买卖合意，为规避被查处的风险和定期获取毒

---

① 参见《江西高院发布2020年度八大毒品犯罪典型案例》，载江西法院网，http://www.jxzfw.gov.cn/2020/0628/2020062823356.html? from = singlemessage，最后访问日期：2021年11月1日。

② 参见赵伟、包涵：《网络零包贩毒案件侦防对策》，载《云南警官学院学报》2021年第2期。

品，从网络贩卖毒品行为人的角度考察，就可能会形成规律性的零包贩毒。规律性的零包贩毒会出现一次支付数次价款，然后分时间分批次发货的情况。此时，应当如何认定零包贩卖毒品的数量，对已经洽谈价格但尚未寄出的规律性销售毒品是否应当作为贩卖毒品的数量计算是实践中需要明确的问题。此外，买家的付款状态和未交付的毒品所处状态将会不同程度地影响涉案毒品数量的认定。

（二）网络贩毒“代理”的贩卖数量难以确定

考察网络贩毒案件可以发现，线上“代理”贩毒是扩大毒品销售的重要渠道之一。这一现状引发的实践问题是，在网络贩卖毒品案件中，“代理”贩卖的毒品数量是否应当计入其“上线”的“销售额”之中？在这样的“代理”关系之中，“下线”收取的价款包含两个部分，一是要上交给其“上线”的毒品“成本价”，二是“提成”。其中，“提成”是“下线”的独立收入，一般占所有毒资总数的10%，[①]因此，单从收入结构进行分析，网络贩毒的主要收益和毒品供应来自“上线”自身的影响力和行为。“下线”的主要作用是拓宽销售渠道，对毒资收入的贡献相对较少，故其独立收入也占比较低，在网络贩毒中充当着“上线”贩卖毒品的工具角色。从销售的角度考察，纵然销售渠道和消费群体是贩卖毒品中的重要部分，但是毒品本身的特殊性和非法性决定了其无法公开广告、公开销售。尽管互联网和手机扩大了毒品的潜在销售圈，但实际上，微信、QQ的贩毒群组入群有较为严格的条件限制，甚至基于“毒友”间的“信任”组建，可以认为仍存在一定的“封闭性”，由于线上平台限制，入群人数存在上限且群组成员相对固定，没有大规模的人员流动。在这样的背景下，网络贩毒“代理”不能与贩卖普通商品的“代理”相类比，从“上下线”作用的强弱关系上考察，实际上可以认为“下线”在拓宽销售渠道这一方面的作用弱于普通商品的线上销售。

（三）网络贩毒与非法持有、窝藏毒品的数量难以甄别

随着贩卖毒品趋向零星化，行为人被查处时已经完成交易，或从贩毒者身上、家中查不到毒品的情况时常出现，这就导致了定罪的直接证据缺失，案件难以认定。[②] 为

---

① 详见湖北省黄石市西塞山区人民法院刑事判决书，(2017)鄂0203刑初40号。

② 参见齐文远、魏汉涛：《毒品犯罪治理的困境与出路》，载《河南大学学报(社会科学版)》2018年第1期。

解决这一实践难题,《武汉会议纪要》规定“贩毒人员被抓获后,对于从其住所、车辆等处查获的毒品,一般均应认定为其贩卖的毒品”。在网络贩卖、运输毒品案件中,我们应该思考如何合理地适用该条规定。网络贩卖毒品已告完成后,是否还应当将贩卖毒品人持有或窝藏的毒品认定为贩卖毒品的数量,实践中通常持肯定观点。例如,在一起案件中,邓某通过微信联系被告人李某要求购买300元的冰毒和麻古,并通过微信转账支付300元毒资给李某。李某放置好毒品后通过微信告知邓某放置毒品的地点,邓某到该处取毒品时被民警查获,经清点称量,一小包冰毒净重为0.16克,一颗红色麻古净重为0.10克。当日民警通过蹲守又将被告人李某抓获,并从其身上搜查出净重0.04克的冰毒一包。在李某家中客厅茶几抽屉内搜查到两个蓝色塑料袋,一袋内装有33包冰毒共计4.98克,另一袋内装有16包麻古共计41颗4.03克,共计毒品9.01克。经鉴定,查获毒品中均含有甲基苯丙胺成分。被告人李某对公诉机关指控其向邓某贩卖毒品0.26克及在其身上搜到的0.04克毒品的事实及罪名均无异议。对公诉机关指控的在其家中搜到的9.01克毒品的事实无异议,但主张不应认定为贩卖毒品的数量。又如,在另一起案件中,被告人况某接到吸毒人员周某要求购买500元毒品的微信,双方约定在指定地点进行交易。当晚9时许,况某来到指定地点与周某完成毒品交易,随后被公安机关抓获。公安机关从周某处查获况某卖给其的净重0.45克的冰毒一小袋以及净重0.19克的麻古两颗,从况某身上查获毒资500元以及净重0.28克的甲基苯丙胺片剂三颗。[①]

针对以上李某案件,法院最终在判决中认定,关于被告人及其辩护人提出的在被告人家中搜到的9.01克无法查实系属他人所有,对藏在被告人李某家中后被查获的毒品9.01克应认定为贩卖毒品数量为宜。[②] 同样,在另两起利用微信贩毒的案件中,法院也分别将在犯罪嫌疑人家中、车内搜获的毒品认定为贩卖毒品的数量。[③] 针对以上况某案件,网络贩卖毒品行为的具体体现是线上联系、线下交易,买卖双方达成的合意是对0.64克毒品(包括0.45克冰毒和0.19克麻古)以500元的价款进行交易,在案发时,双方按约定完成了交易,那么应当认为在这笔交易中贩

---

① 详见重庆市永川区人民法院刑事判决书,(2021)渝0118刑初85号。

② 详见重庆市永川区人民法院刑事判决书,(2021)渝0113刑初91号。

③ 详见四川省大竹县人民法院刑事判决书,(2021)川1724刑初18号;湖南省安仁县人民法院刑事判决书,(2021)湘1028刑初17号。

卖毒品的数量为0.64克。但是本案的处置是将况某身上查获的另外0.28克麻古也认定为贩卖毒品的数量,有失偏颇。在另一起情况相似的案件中,法院也作出了同样的判决,即认为案发后从行为人身上搜获的毒品数量应当计入贩毒的数量,即使毒品没有交付也没有约定交付。① 本书认为,将网络贩卖毒品案件中贩毒行为人持有或窝藏的毒品数量认定为贩卖毒品数量是不合理的。这主要是因为,借由微信提前商定好交易价格、数量甚至预先全数支付价款是当下网络贩毒的"行规",随着微信、支付宝等支付工具的普及,更多毒品的购买者愿意为高风险的贩毒、运毒行为提前买单,无论是采取当面交送、把毒品留在某个地方自取还是寄递的方式,至少双方已经就买卖毒品的数量达成了合意。质言之,在网络贩毒的场合,有聊天记录、转账记录等证据可以充分地证明贩卖毒品的数量,一定程度上破除了毒品犯罪中贩毒数量的认定障碍,难以甄别贩卖与持有、窝藏毒品数量的问题有所转圜,这对《武汉会议纪要》原则上将从行为人住所、车辆等处查获的毒品认定为贩卖毒品数量的规制逻辑提出了挑战。

四、"互联网+寄递"贩运毒品行为认定粗疏

网络涉毒行为的一个重要特点就是涉毒违法犯罪行为更容易突破地域限制。而与网络贩毒行为相配套的运输毒品行为有了互联网加持,也演变出"互联网+寄递"的新模式(详见图2-1)。针对这一严峻态势,2021年8月27日,公安部、国家邮政局、国家禁毒办联合召开会议,部署"寄递渠道百日攻坚行动",决定在2021年9月1日至12月10日,集中时间、集中力量、集中攻坚开展百日行动,形成合力肃清通过"互联网+寄递"方式贩运毒品的犯罪行为。② 深入考察"互联网+寄递"贩运毒品案件可以发现,毒品交易方式已从传统的"对交""打卡抛""埋地"③发展为通过快递物流"暗度陈仓"。快递物流的便利使毒品流通轻易

---

① 详见重庆市璧山区人民法院刑事判决书,(2021)渝0120刑初54号。

② 参见《公安部国家邮政局国家禁毒办召开会议　部署"寄递渠道百日攻坚行动"》,载中国禁毒网,http://www.nncc626.com/2021-08/29/c_1211348744.htm,最后访问日期:2021年11月10日。

③ 在打击贩毒的警务实践中,警方破获了一些利用银行储蓄网络进行贩毒的案件,其中,许多毒贩向吸毒人员打电话通知银行账号并吩咐其打款,在查收到入账金额后,再指令吸毒人员到埋毒地点收取毒品,这种贩毒方法俗称"埋地雷"或"埋地"。参见曾令德:《互联网涉毒犯罪探析》,载《云南警官学院学报》2015年第3期。

实现了跨省、跨境、伪装寄送。应当明确,并非所有通过物流寄递渠道实施的毒品犯罪都与网络涉毒犯罪相关,但是,大多数网络贩卖毒品案件的毒品仓储、运输都经由物流寄递渠道完成。[1] 通常认为,"物流"是指商品的流动,[2]是含义范畴非常广的概念,商品的流动方式包括海、陆、空运和仓储等。物流行业具备点多面广的基本特征,随着物流寄递业的深入发展,运用快递运毒发挥了寄递周期短和易于躲避侦查的"优势"。

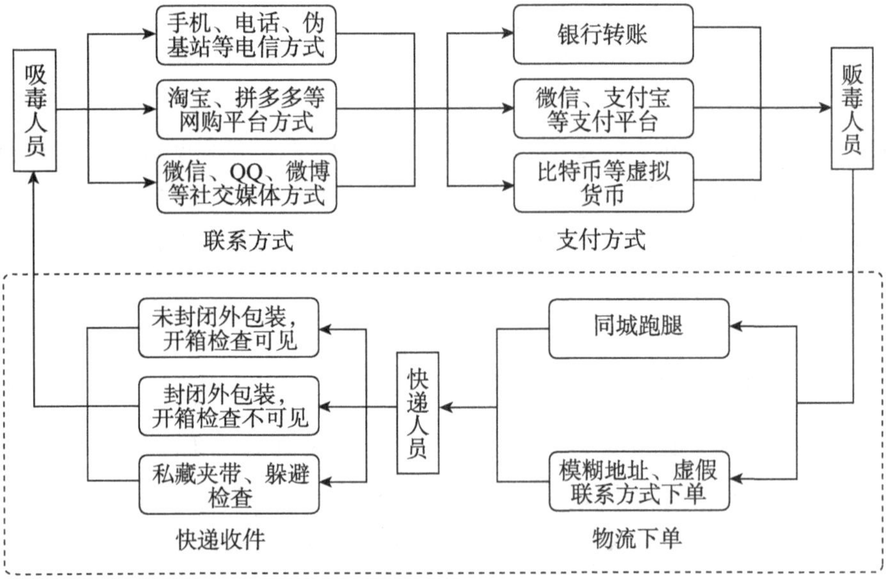

图2-1 "互联网+寄递"网络涉毒行为的常见流程

2002年,云南省司法机关承办的一起贩卖毒品案件是司法实践中最早出现的通过"互联网+寄递"贩毒的案件。随后,全国各地频发借助邮包藏毒、信函带毒、物流托运等渠道贩毒的案件。2014年1月,南昌市公安机关破获了一起利用快递运毒的案件,贩卖毒品行为人秦某某在茶饼快件中夹带毒品;同年8月,在云南、河南警方联合破获的一起案件中,贩毒行为人将毒品藏于邮寄的鞋子夹层中,进行毒

① 参见李尧:《毒品犯罪信息化趋势及其信息化侦查对策》,载《净月学刊》2015年第1期。

② 参见徐寿波:《大物流论》,载《中国流通经济》2005年第5期。

品的贩卖和运输。[①] 这些案件表明,物流运毒方式已经逐步发展为毒品贩运的主要方式,其在运毒方式中的地位日益稳固、上升。[②]《2019 年中国毒品形势报告》指出,报告年度共缴获利用物流寄递渠道运输的毒品达 4.9 吨,平均每起案件运输毒品 1938 克。[③] 自新冠疫情发生以来,不法分子因人流、车流受阻,更多地采取"互联网 + 寄递"方式进行非接触式贩毒。2019 年以来,全国破获该类案件共计 546 起。[④] 在经济发达的省份,利用互联网贩毒和物流寄递方式运毒的现象更为普遍,例如,浙江检察机关破获的重特大毒品犯罪案件中利用寄递行业运输的毒品占 2019 年全年的 44%。[⑤] 尽管如此,由于快递运毒的隐蔽性强,许多利用物流寄递实施的网络涉毒违法犯罪行为仍然由于证据不足、犯罪嫌疑人在逃等原因无法查证,所以,以上数据可能只是物流寄递运毒的冰山一角。[⑥] 故而,"互联网 + 寄递"贩运毒品行为认定的精准化是司法实践准确定罪量刑的必要环节,也是打击毒品犯罪的必然要求。

通过对网络贩运毒品案件的总结,本书发现,在利用"同城跑腿"业务、智能快递柜运输和接收毒品的案件中,第三人的责任认定较为复杂。此外,另一个需要讨论的问题是,行为人以吸食毒品为目的从境外购买毒品,是否构成走私毒品罪?

(一)"互联网 + 寄递"贩运毒品案件中第三方责任认定复杂

在"互联网 + 寄递"贩运毒品案件中,除了买家和卖家外,通常还会出现运输毒品的第三方,实践中常见的有同城跑腿服务提供者和智能快递柜服务供应商。

---

① 参见李伟、焦志超:《网络、物流寄递涉毒犯罪的特点及打防对策》,载《江西警察学院学报》2015 年第 2 期。

② 参见梅传强、王心一:《物流运毒犯罪的肇因检视与治理之策》,载《广西警察学院学报》2021 年第 1 期。

③ 参见《2019 年中国毒品形势报告》,载中华人民共和国中央人民政府,http://www.gov.cn/xinwen/2020-06/25/content_5521774.htm,最后访问日期:2021 年 10 月 1 日。

④ 参见《进一步加强寄递渠道禁毒工作》,载国家邮政局、国家禁毒委员会办公室,https://baijiahao.baidu.com/s?id=1670341996970115262&wfr=spider&for=pc,最后访问日期:2021 年 10 月 11 日。

⑤ 参见戴红霞、张提等:《涉网络毒品犯罪治理进路》,载《人民检察》2020 年第 22 期。

⑥ 参见郭瑞霞、董倩雯:《对快递运输毒品的调查与思考——基于 G 省 Z 市的实证分析》,载《山东警察学院学报》2015 年第 6 期。

跑腿服务[①]“一对一”的特点在一定程度上保证了物流服务内容的私密性。跑腿业务的私密性与运输毒品的隐秘性要求不谋而合，加之同城跑腿是物流领域的新兴行业，行业规范尚未构造健全，缺乏系统化监管。尽管物流行业的实名制、登记、验视等规定已逐渐步入规范化，但在实施效果上存在明显的阶梯化差异现象。[②]这就导致实践中出现了跑腿平台被涉毒违法犯罪人员利用，通过微信、QQ等方式联系好买家，接收到购买毒品的毒资后通过同城跑腿业务进行毒品运输的典型案例。[③] 利用同城跑腿服务贩运毒品的行为如何定性是该类网络涉毒行为刑法规制的核心难题，提供服务第三方的参与程度和主观方面在实践中显现出不同类型，应当针对具体情形细致讨论“互联网+寄递”贩运毒品案件中第三方的归责问题。

2017年，我国破获的利用“互联网+寄递”渠道实施的网络涉毒案件达1499起，抓获犯罪嫌疑人1789名，缴获毒品12.1吨；禁毒执法部门在2018年禁毒百日攻坚活动中，抓获网络违法犯罪嫌疑人2062名，缴获毒品247千克，其中上海、江苏等地还侦破了多起利用智能快递柜贩毒的案件。[④] 可见，除了同城跑腿服务外，在利用互联网贩毒配合短途物流运毒这类案件中，使用智能快递柜收发毒品的情况也需讨论。通过物流运输毒品均有快递作为掩护，智能快递柜无须当面签收的特点更是将物流寄递类运毒行为被查获的风险降到了最低。[⑤] 智能快递柜的设立和使用与寄递行业的智能化发展密不可分，寄递物接受者（取件人）可以通过接收短信获得快递柜的取件码，到快递柜处通过输入取件码或者扫描二维码的方式打开快递柜，从而提出柜中货品。在该类案件中，贩卖毒品的行为人给取件人邮寄毒品

① 同城跑腿是以城市为服务范围，通过手机平台对公司、个人提供货运和外卖服务。其服务内容通常与日常生活息息相关，生活中最常见的同城跑腿业务就是外卖服务，除此之外，还包括代买物品、代送文件、代为排队、代接孩子等业务。同城跑腿服务通常具有便捷性，在互联网终端可以直接下单，通常可以满足用户的实效要求。

② 参见梅传强、王心一：《物流运毒犯罪的肇因检视与治理之策》，载《广西警察学院学报》2021年第1期。

③ 例如，在一起案件中，被告人范某多次向司某、史某贩卖大麻，先通过微信联系，确定购买数量、价格，后通过微信或支付宝转账。交付时，范某会通过“UU跑腿”将大麻邮寄给买家，或者采取人货分离自取毒品。详见南京市栖霞区人民法院刑事判决书，(2020)苏0113刑初156号。

④ 参见李莉、熊俊：《“互联网+”背景下快递涉毒违法犯罪行为数据预警研究——以实名制快递数据为切入点》，载《江西警察学院学报》2020年第1期。

⑤ 参见梅传强、王心一：《物流运毒犯罪的肇因检视与治理之策》，载《广西警察学院学报》2021年第1期。

的行为，肯定可以认定为贩卖毒品罪的既遂，这不存在争议。那么，使用智能快递柜接收毒品的行为应当怎样认定？智能快递柜服务的供应商是否应当承担一定的刑事责任？这些都是值得探讨的问题。

（二）为自吸通过网络跨境购买毒品的定性争议

随着购买毒品的渠道拓宽，吸毒者可以通过网络（包括暗网）从境外购买毒品，再经由物流、快递将毒品运回国。我国《刑法》第347条对走私毒品行为进行了规制，走私毒品罪是指违反我国毒品管理法规及海关相关法规，逃避海关监管，非法运输、携带、邮寄国家禁止进出口的毒品进出国（边）境的行为。① 那么，行为人以吸食毒品为目的，在境外网站购买毒品并通过跨国物流运回国内，该行为应当如何定性，是认定为走私毒品罪还是认为该行为属于普通购买毒品行为，不成立走私毒品罪？

以上问题实质上可以归结为对吸毒者实施毒品犯罪行为的认定问题。《武汉会议纪要》对吸毒者实施的毒品犯罪行为如何认定进行了规定，其强调吸毒者在购买、存储毒品的过程中被查获，没有证据证明其是为了实施贩卖毒品等其他犯罪，毒品数量达到非法持有毒品罪最低数量标准的，以非法持有毒品罪定罪处罚。根据《刑法》第348条的规定，非法持有鸦片200克或海洛因、甲基苯丙胺10克即满足非法持有毒品罪的入罪门槛。从这些规定可以看到，虽然我国原则上并不处罚吸毒者购买和吸食毒品的行为，但是由于非法持有毒品罪的入罪门槛较低，且设置了最高为无期徒刑的法定刑，吸毒者实际很容易因其购买毒品的行为受到较重的刑事处罚。故而，在对持有型犯罪的立法反思中，也有学者批判非法持有毒品罪属于立法推定性规范，而实践中处罚吸毒者持有毒品的行为实际上是在变相处罚吸毒，这一做法有违罪刑法定原则的要求，所以应当严格限制吸毒者成立非法持有毒品罪的范围。② 从毒品来源的区域进行划分，毒品只能来自国内或国外。行为人为自吸通过网络跨境购买毒品并邮寄回国实际上只是利用了互联网的便捷，对毒品的来源地进行了选择，其购买毒品的行为本质没有改变，只是增添了毒品跨境的因

---

① 参见张洪成、黄瑛琦：《毒品犯罪法律适用问题研究》，中国政法大学出版社2013年版，第71页。

② 参见陈洪兵：《持有型犯罪的立法扩张与司法限缩——基于法益保护与人权保障的平衡》，载《北方法学》2017年第2期。

素。以吸毒者为主体实施的购买毒品、运输毒品、走私毒品行为从外观上看都伴有毒品流通的特性,在毒品流通的一些阶段上述行为也有重合。那么,甄别走私毒品罪所侵犯的法益成为区分购买、运输、走私毒品行为的关键之一,也是准确定性为自吸通过网络跨境购买毒品行为的重要前提。

第二节　吸食类网络涉毒行为规制之困

虽然在网络空间实施吸毒行为的本质是将物理空间吸毒的行为在网络空间展现,但也需从事实和法律两个层面认识到,吸食类网络涉毒行为的产生及其影响并非物理空间传统毒品违法犯罪与网络因素的简单叠加,应基于网络视角科学、全面地考察网络与吸食类涉毒行为的互动关系,以实现刑法的有效评价和实行有效的、系统的违法犯罪防控。[①] 吸食类网络涉毒行为的定性聚讼具体体现在网络组织吸毒行为的定性论争和在网络空间引诱他人吸毒行为的定性障碍两个方面。

一、网络组织吸毒行为的定性论争

网络组织吸毒在司法实践中通常表现为架设视频吸毒平台或开设虚拟房间,组织吸毒人员在线观看吸毒直播或录播视频,煽动参与人员吸毒的行为。2015 年,《刑法修正案(九)》对《刑法》第 287 条进行了修改,新增非法利用信息网络罪作为第 287 条之一,其中,设立用于实施诈骗、传授犯罪方法、制作或者销售违禁物品、管制物品等违法犯罪活动的网站、通讯群组,是该罪的行为方式之一。根据《毒品犯罪解释》的规定,设立用于组织他人吸食、注射毒品等违法犯罪活动的网络、通讯群组,构成非法利用信息网络罪。然而,以上规定并没有使网络组织吸毒行为的司法认定尘埃落定。比如,仍有观点认为网络组织吸毒行为应当认定为容留他人吸毒罪或引诱、教唆、欺骗他人吸毒罪等。对于网络组织吸毒行为的定性,主要有以下

---

① 参见莫洪宪、王肃之:《网络毒品滥用行为网络防控体系的多维建构》,载《政法论丛》2020 年第 1 期。

几种观点。

(一)定性为一般违法行为

有学者论证,网络吸毒的虚拟"房间"实际上是通过视频聚集到虚拟空间的镜像,其与容留他人吸毒罪中性质为物理场地的"场所"性质完全不同,网络聚集吸毒的行为实际发生在吸毒人员各自的场所之中,未体现物理空间的聚集,所以对"房主"在网络房间中聚集吸毒的行为应定性为一般违法行为,予以行政处罚即可。[①]也有学者认为,网络吸毒行为在性质上仍属于毒品的滥用,不应当以容留他人吸毒罪进行处理。此外,立法也无必要设立聚众吸毒罪或组织吸毒罪,主张用道德或行政手段对该类行为进行调整。[②]

本书认为,刑法处罚网络组织吸毒行为具有合理性,所以对上述观点并不认同。毒品犯罪保护公众健康法益,网络组织吸毒行为使毒品对吸毒者的健康侵害凸显的同时放大了吸毒行为的不良影响,还可能滋生吸毒相关的次生犯罪,进而为网络秩序带来潜在危机。从刑法规则变迁的实际情况考察,立法者和学界也尝试通过解释和适用非法信息网络罪对网络组织吸毒行为进行规制。从犯罪治理的角度看,欲强化网络吸毒行为的治理,应做到两点坚持,既不妨碍为有效打击犯罪必要的犯罪化,又要防止过于轻率的犯罪化。[③] 综上,将网络组织吸毒行为定性为一般违法行为缺乏合理依据。

(二)定性为容留他人吸毒罪

在新增非法利用信息网络罪之前,有学者认为,网络组织吸毒行为可以用容留他人吸毒罪进行规制。通俗地讲,容留他人吸毒行为就是开设地下烟馆,而在网络空间,亦有相应的开设"网络烟馆"的行为。我国《追诉标准(三)》第 11 条规定,容留他人吸毒是指提供场所,容留他人吸食、注射毒品,学者主张架设视频的吸毒平台或开设的虚拟房间可以被解释为容留他人吸毒罪中的"场所"。[④] 有观点认为,容

---

① 参见谢金金、陈羽:《网络吸毒案中"房主"行为的法律定性》,载《中国检察官》2011 年第 12 期。

② 莫洪宪、周天泓:《论开设网络"烟馆"聚众吸毒行为的定性》,载《云南大学学报法学版》2014 年第 6 期。

③ 参见刘仁文、刘瑞平:《"网络吸毒"行为的刑法学分析》,载《中国检察官》2011 年第 12 期。

④ 参见谢金金、陈羽:《网络吸毒案中"房主"行为的法律定性》,载《中国检察官》2011 年第 12 期。

留他人吸毒罪中的“场所”泛指一切可供吸毒的空间。[①] 通过对实践中案例的考察，学者进一步阐述到，吸毒者意欲参与网络吸毒虚拟房间或通讯群组需要通过权限认证，而权限认证的存在保证了虚拟房间一定的封闭性和隐蔽性，这就意味着房间的开设者和管理者对房间或通讯群组可以实施严格的掌控。从房间的经营手段、方法看，网络空间的虚拟房间与物理场所并无本质区别。[②] 在物理空间和网络空间交错融合的“双层社会”，可以比照《最高人民法院、最高人民检察院、公安部关于办理网络赌博犯罪案件适用法律若干问题的意见》（以下简称《网络赌博意见》）、《最高人民法院、最高人民检察院关于办理利用信息网络实施诽谤等刑事案件适用法律若干问题的解释》等司法解释文件中关于“场所”的认定，扩张解释“场所”的范围，不应使其外延停滞在物理空间。

（三）定性为非法利用信息网络罪

最高人民法院发布了 2019 年十大毒品（涉毒）犯罪典型案例，其中梁力元非法利用网络平台组织视频吸毒的案件是网络组织吸毒案件的判罚先例，也是《毒品犯罪解释》颁布后首例影响重大的网络组织吸毒典型案例。案中被告人梁力元加入“名流汇”“CF 中国”网络平台，以视频方式和他人共同吸食冰毒。后被告人梁力元主动联系网络技术员“OV”，重新架设“名流汇”视频网络平台，通过名流汇 QQ 群、名流汇 QQ 站务群对平台进行管理，交付网络维护费、服务器租赁费等，发展平台会员，对平台内的虚拟房间进行管理。经查，该平台在此期间以虚拟房间的形式组织大量吸毒人员在一起视频吸毒，吸毒人员在房间内发布“666”等聚众吸毒暗语。居住在苏州的陆某、梁某（已判刑）等人通过该平台达成毒品买卖合意并在线下交易毒品。法院认为，梁力元通过架设并管理维护视频网络平台，发展平台会员人数众多，以虚拟房间的形式组织大量吸毒人员一起视频吸毒，并间接促成线下毒品交易，其犯罪行为符合非法利用信息网络罪中的“情节严重”，故成立该罪。[③] 有学者主张，以非法利用信息网络罪对网络组织吸毒的行为进行规制不仅法律依据充分，

---

① 参见盛美军主编：《毒品犯罪办案精要》，法律出版社 2014 年版，第 40 页；张洪江、周智勇等：《人民法院审理毒品犯罪案件司法适用与定罪量刑》，中国法制出版社 2020 年版，第 273 页。

② 参见陈洪兵：《双层社会背景下的刑法解释》，载《法学论坛》2019 年第 2 期。

③ 详见江苏省苏州市吴中区人民法院刑事判决书，(2017)苏 0506 刑初 1050 号。

对有效打击该类犯罪也显示出了优越性。[①] 本书认为,将网络组织吸毒行为以非法利用信息网络罪论处,需要对行为的构成要件符合性进行详细讨论。其争议的焦点集中在,该行为是否符合非法利用信息网络罪的适用前提,也即网络组织吸毒行为是否属于《刑法》第 287 条之一中规定的“其他”违法犯罪。

二、网络空间引诱、教唆、欺骗他人吸毒罪的适用难题

针对在网络空间引诱、教唆、欺骗他人吸毒的行为,是否可以依据我国《刑法》第 353 条进行评价,需结合该类行为的特征和本罪的构成要件进行判断。由于引诱、教唆、欺骗他人吸毒罪的适用面临选择罪名内部界限不明的问题,因此,本书拟在厘清网络空间引诱、教唆、欺骗他人吸毒罪适用难题的基础上,再行讨论该罪的具体法律适用问题。

(一)引诱行为与教唆行为不易界分

我国《刑法》第 353 条并列规定了引诱、教唆、欺骗他人吸毒罪,实施三种行为中的任意一种,本罪成立,同时实施本罪中两种行为的,也只定一罪。在网络组织吸毒违法犯罪活动中,经常夹杂着引诱吸毒的行为。通常来说,在网络空间难以成立欺骗他人吸毒罪,因为欺骗他人吸毒需要向吸毒者隐瞒将要吸食的物品为毒品的事实,吸毒者基于错误认识而吸食毒品,其对所吸食的物品为毒品应当是不知情的。[②] 由于吸毒行为发生在物理空间,除非是引诱人欺骗其吸毒后又向其提供毒品的情况,大多数情况下,吸毒者对其吸食的物品是否为毒品有较为充分的认识,故欺骗吸毒罪不适用对该类行为的评价。

引诱行为与教唆行为确实存在一定程度的重合,在网络背景下对这两种行为进行界分是准确定罪的前提。在刑法中,“引诱”通常被解释为用特定利益进行勾引和诱惑。引诱他人吸毒罪通常有两种行为方式:一是宣扬吸毒能产生“减肥”“放

---

① 参见王锐园:《开设网络聊天室组织他人吸毒如何定罪处罚》,载《中国禁毒报》2020 年 11 月 27 日,第 6 版。

② 参见张洪江、周智勇等:《人民法院审理毒品犯罪案件司法适用与定罪量刑》,中国法制出版社 2020 年版,第 239 页。

松心情”等效果，或者通过宣扬吸毒是一种时尚潮流等进行引诱；[①]二是用金钱、物质或者其他利益对他人进行勾引、诱惑、拉拢，致使他人吸毒的行为。[②] 在网络吸毒案件中可以分别判断成立以上两种行为的可能性。通常，网络吸毒的参与者需要在加入吸毒平台前“验明正身”，未曾接触过毒品的人员很难通过验证，无法加入和参与后续的网络吸毒。所以，组织吸毒者可能通过言语怂恿、教唆等方式引诱、教唆新加入的成员吸毒。加入虚拟吸毒房间行为应当认定为引诱还是教唆他人吸毒罪应当详加讨论，其中，引诱行为与教唆行为的区分是厘清问题的关键。

（二）“他人”的意义指涉争议

作为网络吸毒情景中互动的两方，引诱者和被引诱者的主观状态判断实际上都处于相对模糊状态。发生在物理空间的引诱吸毒行为，引诱者常会通过语言表明其意欲引诱的内容，比如“吸一口吧，可以提神”等，引诱者的主观故意昭然若揭。而在网络空间，引诱人和被引诱人之间对吸毒沟通的双向互动性更加明显，被引诱的“他人”也一定袒露出意欲吸毒的意思，在这种情况下，已经具备吸毒意愿的人是否还能“被引诱”成为本罪成立需要讨论的前提问题之一。如何划定“他人”的范围，实践中亦有争论。有观点认为引诱他人吸毒罪中的“他人”是指从未吸毒的人，也包括曾经有过吸毒经历但是已经戒除毒瘾或者拒绝吸毒的人。[③] 也有观点认为，“他人”包括“实施引诱、教唆、欺骗他人吸食、注射毒品行为之外的其他任何人，包括没有吸毒经历的人、虽有吸毒经历但未成瘾的人、已经戒除毒瘾或正在戒毒的人以及吸毒人员。”[④]在吸食类网络涉毒案件中，如何认定“他人”，需要展开具体分析。

（三）网络空间本罪何时既遂

我国《刑法》第353条并未明确引诱、教唆、欺骗他人吸毒罪的入罪标准，故而

---

① 如在一起案件中，行为人引诱他人吸毒时强调吸毒可以对抗工作的劳累，起到提神的作用。详见河北省高碑店市人民法院刑事判决书，(2017)冀0684刑初289号。

② 如在某些案件中，行为人为了立功，以金钱为诱，许诺他人如果吸毒并被接受公安机关的处置可获取报酬。详见福建省福州市台江区人民法院刑事判决书，(2019)闽0103刑初476号；福建省福州市台江区人民法院刑事判决书，(2019)闽0103刑初586号。

③ 参见张洪江、周智勇等：《人民法院审理毒品犯罪案件司法适用与定罪量刑》，中国法制出版社2020年版，第235页。

④ 盛美军主编：《毒品犯罪办案精要》，法律出版社2014年版，第37页。

本罪的既遂与未遂的认定标准存在争议。有观点认为，引诱、教唆、欺骗他人吸毒罪属于行为犯，因此，行为人只要实施了引诱、教唆、欺骗他人吸毒的行为，就构成犯罪既遂，他人是否被引诱、教唆、欺骗导致吸毒或是否产生了吸毒的意图都不影响本罪的成立。① 也有观点将该罪视为结果犯，认为引诱、教唆、欺骗他人吸毒罪是否既遂，应当以他人实际是否因引诱、教唆、欺骗而吸毒作为标准。② 由于结果犯与行为犯的划分以法益理论为前提，对犯罪既遂标准的确定具有理论指导意义，③因此，应当立基于引诱、教唆、欺骗他人吸毒罪的保护法益确定这一罪名的既遂标准及其在涉网络引诱、教唆、欺骗他人吸毒案件中的适用。

第三节 信息类网络涉毒行为规制繁难

当下，几乎所有毒品犯罪案件都与网络密切相关。除了前文讨论的流通类和吸食类网络涉毒行为外，利用网络发布涉毒信息的行为属于高度网络化的涉毒行为，有学者认为应在犯罪学上将其划分为网络犯罪，借鉴网络犯罪的立法思路和刑事政策指导利用网络发布涉毒信息行为的刑法规制。④ 根据发布信息内容的不同，本书将利用网络发布涉毒信息行为分为利用网络传授制毒技术的行为和利用网络平台发布贩卖、运输毒品信息的行为。本节将对此二行为的刑法规制难题进行梳理。

一、利用网络传授制毒技术行为定性争议

利用网络传授制毒技术的行为包括在网上发布信息传授从药品中提炼、蒸馏、萃取制作毒品常用原材料的制备方法、教授制毒工具的使用方法和制造毒品的原

---

① 参见娄云生主编：《刑法新罪名集解》，中国检察出版社 1994 年版，第 261 页。

② 参见杨鸿：《毒品犯罪研究》，广东人民出版社 2002 年版，第 236 页。

③ 参见刘之雄：《刑罚根据完整化上的犯罪分类——侵害犯、危险犯、结果犯、行为犯的关系论纲》，载《中国法学》2005 年第 5 期。

④ 参见元明、肖先华：《涉网络毒品犯罪司法适用的几个问题》，载《做优刑事检察之网络犯罪治理的理论与实践——第十六届国家高级检察官论坛文集（2020）》2020 年 11 月 12 日。

料配比等行为。受巨大的不法利益诱惑,意欲学习制毒技术牟利和"以制养吸"的人员越来越多,制毒行为的隐秘性和技术性决定了制毒者应当对化学和药品知识有一定的了解。制造毒品以掌握制毒技术为前提,制毒技术的稳定性、更新频率、纯度指标等直接影响毒品的质量和价格,投入流动市场中的毒品数量也受制造毒品的体量影响。借助网络空间实现网络制毒技术的传播大幅降低了制造毒品行为的门槛,为扩大毒品市场规模增添了巨大隐患。① 为消除这一隐患,我国法律从源头禁止制毒技术的传播和交流,不仅将制造毒品行为入罪,在其他法律中也禁止制造毒品的相关行为。例如,我国《禁毒法》第 24 条规定,禁止非法传授麻醉药品、精神药品和易制毒化学品的制造方法。

利用网络传授制毒技术行为主要呈现两种样态。第一,在网络空间发布毒品制备方法的相关信息。由于网络违法犯罪行为的受众具有不可估量的特点,因此传授制毒技术行为在网络空间的危险性倍增。通过网络传授制毒技术不仅包括传授如何制造毒品,也包括通过录制视频、音频、分享笔记等方式散播、出卖制毒配方、传授操作步骤等行为。第二,在通讯群组中传授、交流制毒经验。此类行为多见于"毒群"之中,行为人可以通过加入 QQ 群等通讯群组学习毒品制备技术,并通过网络购买制毒工具及制毒原料,后自行制作毒品。② 当然,以上两种行为样态并非总是单独出现。在实践中,许多制毒行为人通过浏览、查阅网络空间发布的违法信息,搜寻"制毒师傅"学习制毒。在和"制毒师傅"达成合意并支付学习价款后,"制毒师傅"对其进行一对一的线上指导,有需要的还可以邀约当面教学。在实践中,将利用网络传授制毒技术行为定性为非法利用信息网络罪、传授犯罪方法罪、制造毒品罪或非法经营罪的判决皆有存在,对此定性争议,应结合具体行为类型详加分析。

(一)在开放空间中发布、传播制毒技术行为的定性争议

网络空间为信息汇集地,有的行为人在论坛、贴吧等平台用"隐语""黑话"通过层层套嵌网址的方式发布制毒信息、传播制毒技术以牟取暴利,为有心学习制造毒

---

① 参见李伟、焦志超:《网络、物流寄递涉毒犯罪的特点及打防对策》,载《江西警察学院学报》2015 年第 2 期。

② 详见四川省巴塘县人民法院刑事判决书,(2020)川 3335 刑初 19 号。

品的人提供可乘之机。例如,安徽省一高校副教授邱某利用自己掌握的生化知识意欲制造冰毒牟利,但是由于缺乏制毒原料和设备,便通过网络搜索冰毒的制造方法和需用设备,其在半年多时间内制造了数百克冰毒,后销出牟利。① 在网络空间中发布和传播制毒技术的行为具有受众范围不特定的基本特征,是行为人的单方行为,故而行为人较少直接与接收信息的人形成交流、合意。网络空间的无限外拓性决定了在网络空间中发布、传播制毒技术行为具有严重的法益侵害危险。在开放的网络空间发布、传播制毒技术的行为主要呈现以下两种样态,应分别对其定性争议进行梳理。

1. 利用网络平台发布制毒信息的行为

利用网络平台发布制毒信息可以分为设置制毒技术交流平台和发布制毒技术信息两个阶段先后实行。由于设置制毒技术交流平台的行为本身具有手段性,本质上属于为发布制毒信息行为提供前期帮助的行为,其行为本身需要一定的技术支撑和时间预留。在毒品种类翻新快、制毒技术更新频繁的网络毒品"畅销"的大背景下,发布、传播制毒技术需要更加迅捷的渠道,专设交流平台的时间成本更高,对于传授或交流制毒方法的行为人来说或许不是最优选择。此外,网络平台的维护和发展需要网络信息汇集达到一定的体量,否则其存续价值并不高。随着打击网络犯罪的持续深入,网络监管作为网络秩序维护的重要防线,已经凸显出其在预防网络涉毒违法犯罪行为中的重要作用。故而,专设制毒技术交流平台的行为会为行为人招致风险,更多的制毒技术信息是通过零散化、碎片化的模式在更为隐秘的通讯群组中传播。鉴于《刑法》第 287 条已设立非法利用信息网络罪,专设制毒技术交流平台的行为可能构成该罪,行为人从趋利避害的角度也会尽量避免使用设立交流平台的方法发布、传播制毒技术。在实践中,该类行为的认定不存在法律适用难题,直接依据《刑法》第 287 条之一第 1 款定罪处罚即可。但由于发布制毒技术信息的行为在实施的过程中还可能构成传授犯罪方法罪,此时应当如何对该行为进行定性需要讨论。

2. 发售承载制毒技术实体的行为

发售承载制毒技术实体行为主要发生在网络购物平台中,行为人通过贩卖介

① 参见王天:《我国网络毒品犯罪防控体系的构建》,载《人民检察》2017 年第 17 期。

绍制毒信息的书籍、光盘牟利的行为是发售承载技术实体行为的典型样态。制毒技术具有变动性特征，但是承载制毒技术的实体具有固定性特征。贩售承载制毒技术实体的行为降低了变动性技术流动的风险，行为人一旦掌握了制毒技术实体的获得渠道，其经营店铺、获得实体、寻找买家、贩卖实体的“流水线”就可以持续而稳定地盈利。在这一过程中，交易行为虽然是与特定买家展开的，但此行为仍发生在网络公共空间，甚至诸多店铺就隐藏在网购日常使用的平台之中，故而，该行为的受众范围仍具不可预测性。实体是技术信息的载体且便于复制，其流通扩大了制毒技术的潜在影响面。

在发售承载制毒技术实体的行为认定中，应当探讨此类行为是否触犯多个罪名。首先，行为人发售承载制毒技术实体客观上实施了发布有关制作毒品犯罪信息的行为，扰乱网络公共秩序，可以认定为非法利用信息网络罪。其次，由于制造毒品是刑法规制的犯罪行为，所以出售记录制毒技术内容的书籍、光盘客观上属于传授犯罪方法的行为。最后，根据我国《最高人民法院关于审理非法出版物刑事案件具体应用法律若干问题的解释》第 11 条之规定，卖家发售承载制毒技术实体的行为达到情节严重可能构成非法经营罪。具体而言，该解释第 12 条明确了经营数额、违法所得数额、经营报纸或期刊数额等“情节严重”的认定标准，[①]所以发售承载制毒技术实体行为的定性与以上数额认定标准直接相关。在实践中，对发售承载制毒技术实体行为的定性亦存在适用非法利用信息网络罪、传授犯罪方法罪或非法经营罪的争议，这类行为的定性争议应予厘清。

（二）在固定范围内传授、交流制毒技术行为的定性争议

传授和交流制毒技术的范围固定一方面限制了传授、交流对象的数量，私密性明显高于开放的网络空间，同时也降低了行为人发布制毒信息的风险，因此，该类行为在实践中更为常见。对在固定范围内传授、交流制毒技术行为的准确定性对

① 《最高人民检察院、公安部关于公安机关管辖的刑事案件立案追诉标准的规定(二)》第 71 条也作出了类似规定，同时补充规定，“虽未达到上述数额标准，但具有下列情形之一的：(1)二年内因出版、印刷、复制、发行非法出版物受过行政处罚二次以上的，又出版、印刷、复制、发行非法出版物的；(2)因出版、印刷、复制、发行非法出版物造成恶劣社会影响或者其他严重后果的。”应当认定为出版、印刷、复制、发行严重危害社会秩序和扰乱市场秩序的非法出版物情节严重，应当立案追诉。

于打击犯罪存在重大意义。我国刑法第356条规定了毒品犯罪的再犯，这一规定“是法定的从重处罚情节，在毒品犯罪的刑罚裁量中起着重要作用”。[①] 所以如果认定在固定范围内传授、交流制毒技术行为构成制造毒品罪，可能涉及毒品再犯的问题，进而影响行为人的量刑轻重。在固定范围内传授、交流制毒技术可细分为三种行为：其一，是该类行为的典型样态，即在QQ、微信等社交应用的聊天群、论坛等通讯群组中传授、交流技术。比如，在有的案件中，行为人通过加入网络涉毒通讯群组，与意欲学习制毒的人认识，进而对制毒技术进行传授和指导。[②] 其二，利用QQ、微信、电子邮箱等即时通讯工具直接向特定个人、群体发送制毒技术、制毒方法图片和视频等。比如，在有的案件中，行为人为非法获利，通过网络自行学习制造冰毒的方法后，采用微信和QQ直接发送的方式向他人传授、交流冰毒的制备方法。[③] 在某些案件中，行为人还附带推荐制毒设备和试剂的购买渠道。[④] 其三，在通讯应用或网络空间创设传播制毒信息的通讯群组、讨论群或者贴吧，属于为前两类行为创造网络违法犯罪场域的预备行为。与在网络空间中发布、传播制毒技术不同的是，在固定范围内传授、交流制毒技术的双方行为人对所实施的行为都有一定的主观认识，双方行为人之间的相互选择促使了网络传授、交流制毒技术行为的产生。

以上第三种行为是我国《刑法》第287条之一规制的非法利用信息网络罪的实行行为，应当在行为达到情节严重时认定该罪，这点不存在争议。对于前两种行为的认定，实践中的意见不统一，主张适用传授犯罪方法罪、制造毒品罪和非法利用信息网络罪的观点各执一词。其实，在无涉网因素的传授制毒技术案件中，本就存在制造毒品罪与传授犯罪方法罪的区分难题。这是因为，实践中多见以传授毒品制备方法为制造毒品行为提供帮助的情形，针对制造毒品罪与传授犯罪方法罪的认定难题，司法实践有两种处理路径：一是认定传授制毒技术和毒品制备方法的行为是制造毒品的帮助行为，按照制造毒品的共同犯罪处理，直接认定行为构成制造毒品罪。例如，被告人舒某强为非法获利，通过微信、QQ等社交软件将其掌握的制造冰毒方法传授给侯某等人，并帮助被传授人推荐部分制毒所用原料、工具的网上

① 李海滢：《毒品再犯之我见》，载《当代法学》2002年第2期。

② 详见山东省寿光市人民法院刑事判决书，(2018)鲁0783刑初1291号。

③ 详见浙江省高级人民法院刑事判决书，(2018)浙刑终457号。

④ 详见福建省南平市中级人民法院刑事判决书，(2016)闽07刑初31号。

购买链接等，持续指导侯某成功制出毒品。最终法院认为，被告人舒某强以传授制毒方法、帮助购买制毒设备等形式协助他人制造毒品，其行为已构成制造毒品罪。[①]二是认定被告人指导他人制毒，并通过电话、短信或亲自教导等方式指导他人进行毒品制造，应认为其成立传授犯罪方法罪。例如，被告人朱某铨明知江某要制造毒品，仍应其要求指导对方用淘宝账户购买制毒设备。之后，被告人朱某铨通过电话、短信等方式多次指导江某制造毒品。在制造毒品期间，被告人朱某铨应江某邀请到其住所内指导制造毒品。最终法院认定被告人犯传授犯罪方法罪。[②] 在固定范围内传授、交流制毒技术行为的定性争议除了关涉上述制造毒品罪与传授犯罪方法罪的认定难题外，还需讨论非法利用信息网络罪是否存在适用空间。

二、利用网络发布贩卖、运输毒品信息行为的认定问题

实践中常见的另一种信息类网络涉毒行为是利用网络平台发布贩卖、运输毒品信息的行为。例如，被告人孙某在微信、QQ 等即时通讯软件中售卖自己混合、配置的“迷药”并用快递邮寄送货，非法获利近 5 万元。[③] 孔某在 QQ 群中发布招募“员工”的广告信息，同时还实行与运输毒品相关的其他行为，如录制马仔吞食毒品的视频、管理马仔等。[④] 利用网络发布贩卖、运输毒品信息行为具有预备性，所以在实践中出现了罪名适用差异。比如，前述孙某的案件最终定非法利用信息网络罪，而孔某的案件最终定走私、运输毒品罪。本书认为，利用网络发布贩卖、运输毒品信息行为的认定应首先明确罪名适用问题，在此基础上，还应厘清行为人实施了发布贩运毒品信息同时又实施了贩卖、运输毒品行为的处罚规则。

我国《刑法》第 287 条之一第 1 款规定：“利用信息网络实施下列行为之一，情节严重的，处三年以下有期徒刑或者拘役，并处或者单处罚金：(一)设立用于实施诈骗、传授犯罪方法、制作或者销售违禁物品、管制物品等违法犯罪活动的网站、通讯群组的；(二)发布有关制作或者销售毒品、枪支、淫秽物品等违禁物品、管制物品

① 详见浙江省高级人民法院刑事判决书，(2018)浙刑终 457 号。

② 详见福建省福安市人民法院刑事判决书，(2019)闽 0981 刑初 276 号。

③ 详见江苏省苏州市姑苏区人民法院刑事判决书，(2019)苏 0508 刑初 1194 号。

④ 详见四川省西昌市人民法院刑事判决书，(2020)川 3401 刑初 507 号。

或者其他违法犯罪信息的；(三)为实施诈骗等违法犯罪活动发布信息的。"显然，利用网络平台发布贩卖、运输毒品行为主要涉及《刑法》第287条之一中(一)和(二)项的规定，行为人实施了在网络发布贩毒、运毒相关信息属于发布有关制作或者销售毒品或其他违法犯罪信息的行为，达到情节严重时，应当依照我国《刑法》第287条之一认定为非法利用信息网络罪。但是，根据对利用网络平台发布贩卖、运输毒品信息案件的检索，本书发现，虽然实践中该类案件的案情并不复杂，设立网络平台和发布贩卖、运输毒品信息的行为也比较明确，但最终以非法利用信息网络罪定罪的案件比较少。这是因为，最高人民法院、最高人民检察院于2019年10月出台的《关于办理非法利用信息网络、帮助信息网络犯罪活动等刑事案件适用法律若干问题的解释》(以下简称《非法利用信息网络罪解释》)第10条结合司法实践的具体情况，主要从设立网站、通讯群组、发布信息的数量，违法所得数额，前科情况等方面细化规定了情节严重的认定标准，从而确立了本罪的入罪标准。[①] 而在利用网络发布贩运毒品信息案件中，"情节严重"的标准往往难以达到。此外，《非法利用信息网络罪解释》第10条中实践指导意义较强的第2、3、4、5项均属于量化标准，在某些案情较为明晰的案件中不存在适用问题，例如，在前述孙某的案件中，被告人的违法所得明晰，容易判断是否达到"情节严重"。但该标准单纯适用量化标准判断"情节严重"，并未吸纳法益侵害结果、恶劣影响等其他合理判断要素，这导致在处理某些案件时，《非法利用信息网络罪解释》第10条的规定可能显得指导力不足。因此，司法实践更倾向于将利用网络发布贩运毒品信息行为视为贩卖、运输毒品的预备行为予以认定。

2016年《毒品犯罪解释》第14条规定，发布实施传授制造毒品、非法生产制毒物品方法、贩卖毒品、非法买卖制毒物品或组织他人吸食、注射毒品等违法犯罪活动信息的，情节严重者应当以非法利用信息网络罪定罪处罚。发布信息行为同时构成贩卖毒品罪、非法买卖制毒物品罪和传授犯罪方法罪等犯罪的，应当依照处罚较重的规定处罚。这是对《刑法》第287条之一第1款第3项规定的重复和强调。关于《毒品犯罪解释》第14条的理解，第一种观点认为，利用网络发布涉毒信息的

---

① 参见周加海、喻海松：《〈关于办理非法利用信息网络、帮助信息网络犯罪活动等刑事案件适用法律若干问题的解释〉的理解与适用》，载《人民司法·应用》2019年第31期。

行为具备手段行为的实质，按照牵连犯的处罚原则，应当“从一重”处罚。[①] 也即发布信息对应的目的行为，即发布涉毒信息的实际内容将直接影响发布信息行为本身的定性。第二种观点认为，“同时构成该罪和其他犯罪”在罪数理论上不仅可以成立牵连犯，也可能表现为想象竞合犯和吸收犯。[②] 还有观点认为，如果行为人利用信息网络发布犯罪信息，事后确实实施了相应犯罪行为的，不构成非法利用信息网络罪，仅以事后实施的相应犯罪判罚。[③] 以上针对利用网络平台发布涉毒信息行为处罚规则的观点存在分歧，在实践中，需对利用网络平台发布涉毒信息行为的处罚规则进行明确。

---

① 参见高铭暄、马克昌主编：《刑法学》（第10版），北京大学出版社、高等教育出版社2022年版，第194页。

② 参见陈志军：《非法利用信息网络罪研究》，载《公安学研究》2018年第5期。

③ 参见周光权：《刑法各论》（第3版），中国人民大学出版社2016年版，第355页；黎宏：《刑法学各论》（第2版），法律出版社2016年版，第369页。

第三章

网络涉毒行为刑法规制困境肇因检视

唯有深入分析网络涉毒行为刑法规制困境的肇因,才能更好地探寻化解实践困境的策略。由于传统刑法的法益保护设置立基于物理空间,而网络空间不仅扩展了犯罪行为的实施界域,同时也考验着法益的作用范围。因此,对为何传统刑法罪名在网络空间存在“不适应性”这一问题的探讨应深入肇因层分析。通过总结网络涉毒行为刑法规制的实践困境,本书发现,在网络涉毒案件中,多类网络涉毒行为常伴生出现,致使其法益侵害不明,进而引发了犯罪竞合与罪名认定难题。基于此,应当分析网络涉毒行为是否侵犯刑法的保护法益,具体回答不同网络涉毒行为是否侵害了不同保护法益的问题。此外,在毒品犯罪中,行为人的主观故意认定具有复杂性特征,是毒品犯罪刑法规制的固有之疾。而在网络涉毒案件中,行为人的主观故意认定面临诸多滞障的原因仍需结合网络特性进一步分析。

第一节　网络涉毒行为的法益侵害不明

刑法是一部“法益保护法”。[①] 法益原则肩负着批判立法和

① Vgl. H. Otto, Rechsgutsbegriff und Delikstatbestand, in: Muller-Dietz, Strafrechtsdogmatik und Kriminalpolitik, 1977, S. 1,转引自张明楷:《法益初论》(增订本),商务印书馆 2021 年版,第 3 页。

指导构成要件解释的双重功能。所以,无论是刑法理论问题的讨论,还是刑法教义学领域中具体问题的研究,都应当试图以方法论上的法益概念为基础,实现法益指导构成要件解释的功能。[①] 刑法理论通说借助法益的概念将刑法的任务阐述为法益保护,在某一行为没有表现出对值得保护法益之侵害时,该行为则不受刑罚之威胁。[②] 法益的概念和功能决定了其在指导刑法立法、司法中的基础地位。认定犯罪是往返于事实和法律之间的过程,网络涉毒行为的网络因素变更了传统涉毒行为的方式,进而导致其侵害法益发生变化,进而在司法实践中显现出罪名适用混乱的实践困境。为克服这一困境,要探讨网络因素是否变更法益侵害的实质,可以从网络空间法益与物理空间法益的关系审视入手。

一、网络空间法益与物理空间法益的关系审视

网络时代的到来昭示着各行各业随着网络技术的发展将迎来深刻变革,人们自觉或不自觉地身处双层社会之中。虽然有学者倾向于避免使用“双层社会”的概念,认为虽然这一概念承认了网络空间与物理空间的密切关系,但是似有将二者割裂开来的嫌疑,或可能引发扩大刑法打击范围或缩小刑法适用空间的问题。[③] 这样的担忧提示我们,在探讨涉网络犯罪的刑法规制问题时,应当从事实的层面认识到网络场域具有非完全独立性,不能与物理空间完全割裂。目前,我国毒品犯罪的保护法益基本建构于物理空间毒品犯罪的基础之上,应当认识到网络涉毒行为的法益侵害性不仅体现在网络空间,也对现实物理空间的法益产生影响。因此,在探究网络涉毒行为的法益侵害时可以考察侵害法益内容的空间属性。

(一)法益的“网络—物理”空间对应性

根据对网络涉毒行为的考察,本书认为,发生在网络空间的涉毒行为在一定程度上是物理空间涉毒行为的映射,故而刑法对网络涉毒行为处罚之正当性应当以物理空间法益的对应性作为事实基础,同时,应当确定网络涉毒行为在物理空间的对应性内容和程度。之所以强调网络空间与物理空间应有对应性,是试图从事实

---

① 参见高巍:《刑法教义学视野下法益原则的畛域》,载《法学》2018 年第 4 期。

② 参见赵书鸿:《犯罪化的正当性:法益保护?》,载《中国刑事法杂志》2019 年第 3 期。

③ 参见曲新久:《惩治网络犯罪的刑法思路》,载《人民检察》2020 年第 12 期。

层面考量网络违法犯罪行为是否可能被还原成物理空间的行为，适用刑法，这将有助于解决刑法规制网络涉毒行为的范围问题。

网络空间与物理空间的对应性不要求行为模式和内容达到完全的形式对应。总结现有网络行为的特点可以窥见，目前网络违法犯罪行为的构造有松动的迹象，比如，对传统刑法中的概念内涵做延伸理解，对刑法中的风险概念做结合网络空间的全新阐释。这一特点在刑法的适用上也有体现，也即在应对网络犯罪的司法实践中对刑法进行扩张解释。具体而言，体现在以下四个方面：第一，扩张认定网络犯罪的行为方式。比如，手机吸费行为被认定为盗窃行为，恶意刷单行为被认定为破坏生产经营行为。第二，扩张评价网络犯罪的行为对象。比如，虽然计算机信息系统中存储、处理的数据有别于网络流量，但在实践中，劫持网络流量行为多被评价为破坏计算机信息系统罪。第三，不严格区分网络犯罪与物理空间犯罪的行为场所。比如，传授犯罪方法行为可以在网络空间实施，也可以在物理空间实施，但该行为若发生在网络空间，其受众更广，若发生在物理空间，其受众有限，且场所私密。在对网络空间实施的传授犯罪方法行为进行定性时，未严格区分行为发生在物理空间和网络空间的差异，使网络空间多被解释为刑法中的“公共场所”。第四，对网络犯罪的行为情节进行主观化评价。比如，在侵犯公民个人信息罪的案件中，“情节严重”的认定依据被大量填入人身危险性、影响恶劣等主观要素，致使“情节严重”的涵括范围不断拓展。①

同时，网络与物理的空间巨大差异也决定了发生在二者中的同一或类似行为无法完全征表相同的形式外观。以吸食类网络涉毒行为为例，有观点认为，在网络空间通过开设网络聊天室进行聚众吸毒的行为在本质上属于技术行为，只是将物理空间的吸毒行为投射到网络空间，又因为这种技术行为有中性化色彩，房间的开设者或聚众吸毒的组织者通常并不实际参与毒品违法犯罪活动，故而，其行为缺乏网络空间与物理空间的对应，因此，缺乏刑法可罚性。② 本书认为，这种观点不够恰当。依照这样的逻辑，由于刑法不处罚吸毒行为，也未规制组织或聚众吸毒行为，

---

① 参见李谦：《互联网时代刑法解释的二元限度模式》，载《东南学术》2021 年第 1 期。

② 参见王锐园：《开设网络聊天室组织他人吸毒如何定罪处罚》，载《中国禁毒报》2020 年 11 月 27 日，第 6 版。

所以在物理空间无法找到对应行为，因此，在网络空间组织、聚众吸毒的行为缺乏法益侵害的可能性，故而不应对其进行处罚。这种对网络空间与物理空间行为对应性的判断方法和思路过于简单化和形式化，也不符合刑法惩罚犯罪的机能要求。网络涉毒行为刑法规制面临的诸多实践困境，亦可归因于以物理空间为基础设置的个罪保护法益难以适应网络空间，如难以立基于罪刑法定原则从行为层面探讨网络涉毒行为的法益侵害实质，而仅是横向寻找网络涉毒行为在网络空间的对应行为将使刑法规制的困境难以纾解。而网络特性的加持使传统毒品犯罪的法益侵害内容、形式发生变化，进而引发刑法规制的实践困境。

（二）法益的“网络—物理”空间依附性

现代社会中物理空间与网络空间互相依赖是可以观测的既成事实。一方面，随着网络技术的深入发展，社会事务的处理和某些社会职能的流程需要通过互联网实现，因此，网络空间正显现出常态扩张的态势，网络的普遍性、分散性特点凸显。另一方面，网络空间的发展依存物理空间而存在，网络技术的开发是网络空间生成和存续的支撑，发生于物理空间的行为样态也是网络空间相关行为脱胎的原型，也是可能存在新的法益类型的重要场合。同时，网络违法犯罪行为的行为后果和危害性也着落在物理空间，例如，盗窃虚拟财产的犯罪行为虽然直接作用于网络游戏等虚拟空间，但是，通过绑定或授权，虚拟财产与实体财产直接相关，故而大量盗窃虚拟财产直接对物理空间被害人的利益造成了损失。在此类案件中，处于虚拟世界的虚拟财产、装备对被害人造成的损失可能难以准确衡量，需要通过物理空间被害人的财产损失确定行为的危害性大小。具体到网络涉毒行为，可能某些行为实际仍旧发生在物理空间，比如在网络组织吸毒的场合，线上组织吸毒行为仍需配合可供人吸毒的物理空间才能真正完成吸毒行为，这就表现出网络空间对物理空间的高度依赖性。这种依赖性也是网络场域非完全独立性的重要表现。相应地，随着网络的日益发达，网络空间滋生出新的需要保护的法益类型，其中大多数法益的内涵及实现依附于物理空间。从本质上看，网络环境可能并未创制全新的法益，但是法益侵害的形式因网络因素被局部改造。法益的“网络—物理”空间依附性还源于网络空间与物理空间的互动，两者之间具有相互影响力。由于网络空间的违法犯罪行为具有感染特质，易引发相关行为同时发生，结合毒品犯罪灵活多变的行为方式，应当认为几乎所有物理空间的毒品犯罪行为都有可能被移植到网络空间，形成新的行为方式。网络空间和物理空间就像两座对峙的山峰，虽然距离甚远，但是互相之间可以接受和反响另一空间传来的声音，彼此依赖，互为反馈。在这一背景下，刑法应当如何以及多大程度保护被局部改造的法益是解决网络违法犯罪行为刑法规制的前提。以本书的论域而言，网络涉毒行为可能导致物理空间法益和网络空间法益的双重受损，其侵害法益亦可能存在内容上的交叉重叠，故而在立法完善和司法适用明确之前，网络涉毒行为在司法实践中自然会显现出诸多刑法规制困境。

二、网络涉毒行为法益侵害结果的不确定性

相较于传统犯罪，网络犯罪具有更为严重的社会危害性，透视网络犯罪的社会危害性，其在内容和形式方面都表现出与传统犯罪的差异。应当思考的是，社会危害性作为定罪量刑的决定性要素，其规范评价标准是否与现有的刑法原理和规定越来越格不相入。[①] 网络涉毒行为的危害结果是法益侵害的直接显现，也是判断法益侵害程度的直观陈述。

犯罪结果的判断可以分为直接结果和间接结果的判断，二者之间的区别在于危害行为和危害结果之间是否存在独立的另一现象作为联系的中介。[②] 其中，直接结果是指犯罪行为直接造成了法益侵害的事实，彰显其社会危害性，故而在定罪量刑时应当依照行为的社会危害性定罪处罚。而间接结果往往对量刑环节产生的影响更大，对行为造成间接的结果需要结合间接造成的社会危害性进行判断。具体到本书的论域，行为人实施不同种类的网络涉毒行为，其危害结果不同。在流通类网络涉毒案件中，网络贩毒和物流寄递类运输毒品行为的指向性较为明确，通过网络购买毒品的人和通过物流接收毒品的买家都对毒品有充分明确的认识，故而，该类行为的法益侵害性并没有因为涉网因素陡然增加。同时，流通类网络涉毒行为一般不会引起刑法上的间接结果，即使网络具有“一对多”的属性，但是网络贩毒、

---

① 参见孙道萃：《网络时代的中国刑法发展研究：回顾与展望》，载《华南师范大学学报（社会科学版）》2021 年第 1 期。

② 参见高铭暄、马克昌主编：《刑法学》（第 10 版），北京大学出版社、高等教育出版社 2022 年版，第 72 页。

物流运毒仍多是采取“点对点”的行为模式，未体现对网络秩序的侵害。故有学者认为，网络毒品犯罪侵犯的主要法益仍然是物理空间的秩序，[①]本书认为不能一概而论。当行为人实施吸食类和信息类网络涉毒行为时，仍可能引发妨害网络秩序的危险。吸食类网络涉毒行为与物理空间的吸毒同时发生，吸毒行为本身当然会对吸毒者的身体造成直接伤害，而物理空间的容留吸毒行为在网络空间演变成了“网络烟馆”或网络吸毒直播间，参与网络吸毒的人员范围、数量没有确定的边界，实行行为造成的间接结果具有难以预测的可能性。正如学者所论，网络空间具有无边界性特征，这导致了网络空间的监管和治理屡现滞障。[②] 在这一点上，信息类网络涉毒行为的法益侵害可能更甚。网络既是各类信息的集散空间，也是信息交流的重要平台，实施发布涉毒信息的行为可能导致更严重的法益侵害结果。

综上所述，网络因素对犯罪行为的社会危害性产生了深刻影响，这种影响体现为社会危害性的可复制性、边界的不确定性。具体到网络涉毒行为发生的场合，实行行为和危害结果通常不在同一时间、空间出现，故而两者之间呈现出较为松散、间接、遥远的关系，学者谓之为“刑法空间效力面临失灵虚置”。[③]

第二节　网络因素造成主观故意证明障碍

行为人主观故意证明障碍是刑法规制网络涉毒行为实践困境的另一肇因。毒品犯罪的主观故意之所以难以证明，是因为毒品犯罪行为具有复杂性特征。行为人实施的行为应当认定为何种犯罪，应当符合主客观相一致的要求，在此基础上才能做到准确地定罪量刑。而在网络涉毒案件中，行为人的主观故意表现不明显，致使在认定犯罪时行为人的认识要素、意志要素及共犯之间的共同犯意难以证明，导致传统理论的适用阻滞。比如，在流通类网络涉毒案件中，第三方主体参与网络贩运毒品所持的主观故意不同将导致该类案件的归责复杂，无法同物理空间的贩运

---

① 参见刘艳红：《Web3.0 时代网络犯罪的代际特征及刑法应对》，载《环球法律评论》2020 年第 5 期。

② 参见白佳玉、隋佳欣：《论人类命运共同体理念在网络空间治理中的影响与意义》，载《学习与探索》2021 年第 3 期。

③ 参见刘艳红：《网络犯罪的刑法解释空间向度研究》，载《中国法学》2019 年第 6 期。

毒品案件一概而论。此外，由于毒品犯罪属于无受害人犯罪，网络涉毒行为的参与各方对行为本身的违法性都存在一定程度的认识，可以说在一定情况下是参与各方的相互选择促成了网络涉毒行为的发生。此时，网络涉毒行为人的主观故意判断自当与传统共同犯罪的判断不同。除此之外，相较于其他犯罪，毒品犯罪本就具有证据难以获得的特点，而在司法实践中，行为人之间关系、联系复杂，办案过程中行为人主观故意的证据容易被忽略。

一、行为人犯意表露不明显

网络空间的基本属性体现在信息的互联，而无论实施哪种网络涉毒行为，在实施行为的当下，行为人的犯意表露都是不明显的。这是因为在网络空间购买毒品、参与吸食毒品、接收涉毒信息的受众和实施网络涉毒行为人之间具有互选性，这就意味着，行为人无须像在物理空间交易毒品那样表露出十分明显的犯意，即可完成相关行为。

在流通类网络涉毒案件中，行为人主观故意的外在表达主要是聊天记录、转账记录和物流记录，完整、真实的电子证据可以起到直接证明案件事实的作用，如短信、电子聊天记录中直接谈论与毒品交易相关的内容等。[①] 此时，行为人辩解的空间不大，因为这些电子证据直接反映了行为人的主观方面，转账记录和物流记录则可以证明行为人实施了相关网络涉毒行为。但从行为人的意志方面看，由于直接故意和间接故意都可以作为行为人实施犯罪的主观方面，但二者的判断在实践中也面临诸多情况。对直接故意的判断需要足够的证据，由于毒品犯罪行为人可能面临严峻的刑罚，故而对毒品、毒赃的藏匿通常极其隐蔽，判断难度较高。对间接故意的判断则可能需要借助故意的推定进行。在部分案件中，行为人的主观故意不明朗，比如贩卖毒品行为和运输毒品行为应当如何区分，随身携带毒品的行为人是持出卖还是运输的故意，有时确实难以通过外在行为进行认定。

在吸食类和信息类网络涉毒行为的实施中，行为人的主观故意判断更加无法依靠言词证据定性。这是因为，在网络空间中实施的组织、引诱吸毒行为、设立平

---

① 参见赵兴祥、陈欢欢等：《毒品犯罪辩护二十讲》，法律出版社 2020 年版，第 109 页。

台、创建吸毒房间和发布涉毒信息的行为受众不确定,行为人实施以上行为的具体时间、次数和身份完全查明的可能性非常小。因此,单纯依靠行为人的供述和辩解,难以对主观故意的认定起到实际作用。以信息类网络涉毒行为为例,网络平台使信息浏览人在短时间内可以浏览、搜索、获取海量信息。信息传播可以搭载微信、微博、论坛等常用网络平台发布和扩散,在类似平台发布的传授制毒技术的文字、配图、讲解视频等信息载体也夹杂其中悄然传播。同时,网络直播产业的兴起和普及也为网络涉毒行为发布和扩散开拓了新的渠道,这就意味着,对信息更新有着强烈依赖性的毒品制造业将不再受限于物理空间的学习、交流和实验,而是通过"上网课"的方式完成以上步骤。可见,制造毒品行为的前行为已经可以通过网络完成。不仅如此,制造毒品行为本就具有隐秘性要求,制毒配方的获取一般也较为困难,但借由互联网,许多制毒配方在"广告式"的网页上明码标价进行售卖,10 万~20 万元可以在该类网页中买到一套完整的毒品或一类易制毒化学品的制造技术,而且卖家承诺包教包会。① 在这一过程中,实施网络涉毒信息传播的行为人通常具有匿名性,其真实身份需要查证,同时,无论是制造毒品的原材料,还是已经制成或是交易的毒品都可以使用暗语、黑话来称呼。所以,实施网络涉毒的行为人可以通过类似的方式,仅向有意向接受涉毒信息或购买毒品的行为人展露犯意。这种行为模式为刑法理论和司法实践中行为人的犯意证明带来了障碍。

二、网络因素对"明知"认定形成遮蔽

在我国,毒品犯罪是故意犯罪,直接故意和间接故意都可以成立毒品犯罪。要判断故意的成立,应当考察行为人的认识要素和意志要素,其中,"明知"的认定是判断行为人认识要素的前提和基础。从客观角度看,毒品种类的丰富性决定了行为人难以辨清所持物品的确切种类。司法实践的观点认为,毒品犯罪行为人无须对所持毒品的种类、纯度等信息尽然知晓,只需明确物品为毒品即可,②也就是只需要行为人知道"是否",而不问"是何"。传统毒品违法犯罪活动借助网络发生或以

---

① 参见《揭秘网上涉毒活动:通过隐语、暗语、黑话传有害信息》,载法制日报官网,https://www.sohu.com/a/20210544_119744,最后访问日期:2021 年 10 月 1 日。

② 参见盛美军主编:《毒品犯罪办案精要》,法律出版社 2014 年版,第 21 页。

网络空间为场域发生,将伴随更多参与人对成立毒品犯罪认识因素的“遮蔽”,不利于该类案件中行为人主观故意的准确认定。

从方法论的角度观察,脱离毒品种类或其他性质认定对毒品种类的明知具有不合理性,这是对毒品形式化的理解。不要求认识到某种物质的名称、属性会导致对毒品的认知陷入“裸的事实”的误区之中,进而将认知内容困于“毒品即是白粉”等形式化层面。这样虽然便于认定犯罪故意,但是实质上则是遵循了从形式到形式,从一般到一般的事物认知路径,背离了认识的逻辑顺序路径,故而不具有指导实践的积极作用。[①] 所以,在毒品犯罪中,明知的认定内容应当包括毒品种类和数额等具体内容,这也应成为贩卖毒品罪成立的重要前提。借助方法论的论证视角,可以发现,在网络涉毒案件中,网络贩运毒品的参与人对毒品种类、数量的“明知”具有更强的模糊性。如前所述,涉网络的毒品交易具有隐蔽性特征,除去手持毒品货源的行为人对毒品的名称、纯度、数量等内容具有比较明确的认知外,其余参与贩卖的“下线”、运输毒品的“马仔”抑或是通过互联网购买毒品的买家可能难以知悉毒品的详细信息。在新型毒品层出不穷的当下,彩虹烟、小树枝等新型毒品又极具迷惑性,这对行为人“明知”的判断造成障碍。在网络涉毒案件中,参与贩卖毒品的行为人对其行为性质的认知比较明确,但是实际上碍于毒品的违禁品特性和网络涉毒的跨区域特性,其对毒品种类、数量的认知更多地源于以往的交易经验和对其他销售关系人的“信任”。可以说,在一定程度上,网络涉毒行为参与人对毒品的认识被“遮蔽”了。

在吸食类网络涉毒行为中,不同类型的参与人对毒品种类、数量认知的遮蔽程度不同。参与网络吸毒的人员,自然不存在这一问题。我国刑法并不处罚吸毒行为,所以无须对吸毒人员的行为进行认定。对于在网络空间组织吸毒的行为人而言,其能对毒品本身认知的内容非常模糊,大概只能限定于“吸了还是没吸”这一范围,难以确定参与者吸食毒品的具体种类、数量,但行为人对于自身是否明知是吸毒群组而组织吸毒的行为应有“明知”。信息类网络涉毒行为中对行为人明知的判断难点主要集中在行为人是否明知其发布信息的内容属于涉毒信息。对于信息的直接发布者而言,一般可以认定其明知涉毒信息的具体内容、发布时间、针对对象

① 参见高巍:《贩卖毒品罪研究》,中国人民公安大学出版社2007年版,第123~124页。

等;对于帮助发布信息的行为人,有时难以认定其“明知”,因为即使是发布于网络空间的涉毒信息,也有受众多寡之分,发布固定通讯群组的涉毒信息受众范围有限,涉毒信息的明确性和指向性较高,发布信息行为人对涉毒信息内容的认知较为明确,网络因素并未起到较大的“遮蔽”作用。而在开放网络空间发布涉毒信息的行为则大有不同,由于网络活动具有可追踪性,发布涉毒信息行为人亦需要隐蔽自保,所以这类案件中,发布涉毒信息的内容较为隐蔽,涉毒行为的其他参与人对毒品、涉毒行为的明知难以判断,进而给确定罪名带来困难。

从证据层面看,毒品犯罪的司法实践本身就存在无法及时、充分搜集证据的问题,对行为人的“明知”证明不利。在某些案件中,侦查人员的不规范操作和技术勘查人员的缺席会造成犯罪现场保存不完善,最终导致关键证据被排除的窘境。如重庆市某县人民检察院在办理汤某某贩卖毒品案时发现,侦查人员在同一地点先后两次进行搜查,第一次仅搜到了汤某某等人吸食的少量毒品,侦查人员第二次返回现场,在一件军大衣内搜到一包毒品。在整个搜查过程中,侦查人员只制作了一份搜查笔录,且汤某某否认第二次搜出的毒品系其所有,致使不能认定汤某某非法持有毒品的犯罪事实,只能作存疑不诉。在网络涉毒案件中,不重视客观证据的固定,导致关键证据缺失的情况也常有发生,这对行为人主观明知的证明十分不利。①

三、共同犯罪犯意联络松散

网络空间共同犯罪故意的判断因为行为人的分散和意思联络内容的模糊、不完整显得格外困难。② 在流通类网络涉毒行为的实施中,网络贩毒的上下线间共同犯罪故意的判断面临证据难以固定的难题。具体而言,网络贩毒行为高发于网络涉毒群体之中,“下线”与“上线”之间的意思联络有时并不紧密,对特定毒品交易的共同故意难以完全通过证据证实。在部分案件中,“下线”可能并未实施典型的贩卖毒品行为,只实施了发布广告等行为,有时也掺杂实施其他相关行为,其故意内容不易认定。行为人在实施物流寄递类网络涉毒行为时,从事寄递行业的人员和

---

① 参见黄常明、李毅磊、赵锐:《毒品案件的证据收集与证据规则完善——基于重庆市 S 分院辖区若干毒品犯罪疑难案件的分析》,载《中国检察官》2017 年第 12 期。

② 参见王志刚、高嘉品:《链条型网络犯罪中的“共同故意”证明》,载《法律适用》2020 年第 15 期。

贩卖、运输毒品行为人之间的共同犯罪故意判断也要区分为不同类型,不能一概而论。在吸食类网络涉毒行为的实施中,共同犯罪的判断难题虽不突出,但是实施组织吸毒、引诱吸毒的行为人主观方面的认定均受到参与吸毒行为人的主观方面的影响,存在判断难点。此外,网络涉毒平台的设立者、管理人员和积极参与人员之间是否存在犯罪的共同故意也需讨论。网络吸毒平台和房间看似只是为吸毒行为提供网络场所,但实际上欲通过这类网络平台和房间销售毒品的行为人一般不承担群主这一组织者的角色,而是隐匿于网络群组之中,这部分行为人与组织者是否存在以及存在何种犯罪的共同犯罪故意是罪名适用问题的一个肇因。在信息类网络涉毒行为的实施中,共同犯罪故意的判断难点主要集中在发布涉毒信息和设立网络涉毒平台的行为人和第三方平台之间的共同犯罪故意。

此外,物理空间的共同犯罪证明模式是"以言词证据为核心"的,通过行为人的供述和辩解对共同犯罪的行为和主观方面进行证明。[①] 由于毒品犯罪的证据难以固定,所以在司法实践中,毒品犯罪以言词证据为核心的证明惯例持续已久,这种做法的弊端在于忽视证据链的完整性,可能具有佐证能力的其他种类证据难以被及时搜集和固定。实施毒品犯罪的行为人在审理阶段也常出现翻供、改口供的情况,致使案件事实无法被揭示,不利于准确定罪量刑。而在网络共同犯罪的证明中,"以言词证据为核心"的弊端可能更为明显,难以完全发挥证明作用,这主要是因为:第一,网络犯罪中言词证据难以取得。实施网络犯罪的行为人具有分散性特征,在某些案件中,实施网络贩毒行为的主犯落网难度远高于从犯,其供述和辩解难以取得。此外,从犯对主犯实施的行为细节可能知之甚少,其提供的言词证据的有效性也明显低于主犯。第二,"以言词证据为核心"对网络共同犯罪行为人的主观故意证明力不高。行为是主观方面的外化,在物理空间内,行为人实施的行为和造成危害结果之间的因果关系通常较为明晰,在时间上呈现接续状态,对行为人主观故意的判断较为有利。行为人的供述和辩解通常围绕行为展开,司法机关工作人员可以通过案件事实和行为人提供的言词证据还原事实真相。然而在网络空间主观故意的判断中,行为和结果通常发生在不同场域,行为人可以辩解其不知道行为将会造成一定的法益侵害结果,一旦案件相关的电子证据被删除并无法恢复,言

---

① 参见王志刚、高嘉品:《链条型网络犯罪中的"共同故意"证明》,载《法律适用》2020 年第 15 期。

词证据便难以和其他证据相互印证。

第三节 网络涉毒行为交织形成犯罪竞合

网络涉毒行为作为毒品违法犯罪在网络空间的重现，显现了毒品犯罪的环节性特征。在我国，毒品的生产、流通、销售等主体环节及辅助环节，如非法持有毒品行为、包庇毒品犯罪分子的行为，均被规定为犯罪。同时，毒品犯罪又具有逐利性特征，许多滥用毒品成瘾的人也成为毒品犯罪的行为人。因此，毒品犯罪行为具有天然的交织特征，各类毒品犯罪易伴生出现，在网络涉毒案件中也是如此。网络空间不是法外之地，我国刑法重视网络犯罪的规制，网络的手段性特征决定了在网络涉毒行为案件中，行为人实施的毒品违法犯罪行为可能与网络犯罪形成交织。究其本因，一是因为网络涉毒行为并非类型化犯罪行为，具有类型化不足的特点，容易引起刑法适用的混乱；二是具体到信息类网络涉毒行为的刑法规制中，非法利用信息网络罪存在适用屏障，加剧了网络涉毒行为刑法规制的罪名适用困境。

一、网络涉毒行为类型化不足

在法学研究中，"类型"方法在具体化思考和法律发现及体系形成中起到了重要作用。具体到刑法学中，构成要件行为通过抽象的规定和一般性的价值评价，被具体地、类型地固化在刑法之中。[①] 有学者指出，"类型"的概念虽可以与个别事物、个别现象相区别，但此概念是开放的，可以适应复杂现实的"或多或少"。[②] 犯罪行为的类型是犯罪论体系中重要而又易于被忽视的问题，其重要地位源于任何犯罪模型的构建都离不开行为的类型化，然而由于类型化被贯穿于各个构成要件要素的判断中，因此，对犯罪行为类型的研究比较缺乏。[③] 犯罪行为的类型化不足会使

---

① 参见杜宇：《刑法学上"类型观"的生成与展开：以构成要件理论的发展为脉络》，载《复旦学报（社会科学版）》2010 年第 5 期。

② 参见张明楷：《刑事立法的发展方向》，载《中国法学》2006 年第 4 期。

③ 参见王肃之：《网络犯罪原理》，人民法院出版社 2019 年版，第 187 页。

行为的定性形成障碍。

正如学者强调的,犯罪学上出现的新的犯罪现象,并不当然属于刑法上新的犯罪类型。[①] 按照学者对网络犯罪类型的研究思路,可以将新兴于网络空间的犯罪行为分为两种基本类型:一是传统犯罪在网络空间中的变形;二是传统犯罪在网络空间中的变异。[②] 对于网络涉毒行为而言,利用互联网实施的贩运毒品及其相关行为的目的是交易毒品,对应本书中的流通类网络涉毒行为。此类网络涉毒行为以互联网为工具,网络具有明显的工具特征,可以视为传统毒品犯罪在网络空间中的变形。组织吸毒等行为和发布涉毒信息的行为,对应本书中的吸食类和信息类网络涉毒行为,可以视为传统毒品犯罪在网络空间中的变异。据此而言,无论是借助学者的划分方法,还是如本书借助"理想类型"理论模型,似乎都可以归纳实践中的网络涉毒行为类型。但是从规范层面考量,我国网络涉毒行为显示出类型化不足的特点,这是触发犯罪竞合问题的肇因之一。

其实,传统犯罪行为在网络空间中的实施未必导致行为样态发生变化。比如,在网络空间实施敲诈勒索犯罪,其行为与发生在物理空间的敲诈勒索行为本质无异,区别仅在于行为实施的场域不同。又如网络色情违法犯罪行为,与传统的色情违法犯罪行为的区别在于行为实施以互联网为工具。本书认为应当将传统犯罪在网络空间中变形的行为纳入现有刑法条文的规制范围,也即通过解释的路径解决现有刑法条文在网络空间中的适用难题,为司法机关惩罚犯罪提供理论依据。本书探讨的流通类网络涉毒行为属于传统毒品犯罪在网络空间的变形。网络贩卖毒品行为是以即时通讯软件为工具,作为联系买家、沟通交易、指挥毒品运输的方式,互联网并没有改变贩卖毒品行为本身的交易属性,也没有对网络秩序构成威胁。此外,毒品的实体性决定了其流通只能发生在物理空间,故而网络贩卖毒品和通过"互联网 + 寄递"运输毒品的行为最终都是指向物理空间。[③]

若只是将互联网作为违法犯罪行为的一种手段,认为互联网的运用只是提升了沟通的便捷性,而不承认网络特性对毒品违法犯罪行为存在特殊加持,则网络因

---

① 参见张明楷:《刑事立法的发展方向》,载《中国法学》2006 年第 4 期。

② 参见叶良芳:《科技发展、治理挑战与刑法变革》,载《法律科学(西北政法大学学报)》2018 年第 1 期。

③ 参见陈兴良:《网络犯罪的刑法应对》,载《中国法律评论》2020 年第 1 期。

素在涉毒违法犯罪中的作用并非不可替代。基于这一认识,从刑法应对的角度考虑,互联网在违法犯罪中的使用所造成的危害性加重仍旧可以在刑法适用的量刑阶段进行回应,也非刑法之不可及。但应当承认的是,传统犯罪行为在网络空间产生的某些变异亦可能是"质变",这类犯罪行为只能发生在网络空间,无法以相同的形态发生在物理空间。即使发生质变的传统犯罪行为可能来源于物理空间对应的某个或某些犯罪,网络空间和物理空间的行为样态可能也存在部分的重合,但不一定可以适用相同或相似的法律评价。这是传统犯罪网络空间变异的评价难题。

本书探讨的吸食类和信息类涉毒行为在网络空间发生了一定程度的变异。在网络涉毒行为频现的当下,吸食毒品这一极具物理空间依赖性的行为也开始以参与网络吸毒的方式在网络空间蔓延。我国《刑法》中针对吸食类毒品犯罪设置的罪名仅有容留他人吸毒罪。在网络空间,行为人通过开设吸毒房间等方式为吸毒者提供"享受"吸毒的虚拟空间。虽然我国刑法不处罚吸毒行为,但强化网络吸毒的治理已经成为毒品犯罪治理的重要共识。参与网络吸毒虽然不一定因其涉网因素的增加而增生新的需要刑法保护的法益,但在网络空间组织吸毒的行为是否具有刑法可罚性,以及需要采取何种路径实现刑法规制,都需要做进一步思考。正如有学者认为,网络吸毒的治理首当其冲要明确的是治理路径的选择问题,部分行为犯罪化、治安处罚等都是可供选择的刑法参与路径。① 信息类网络涉毒行为改变了制造、贩卖、运输毒品的信息传递方式,尽管其行为仍是以制造、贩卖、运输毒品为目的,但行为样态与传统的毒品犯罪仅有部分相同,在制毒信息获取、毒品交付方式等方面大有不同。我国《刑法》于 2015 年增设了非法利用信息网络罪和帮助信息网络犯罪活动罪规制相关行为。从刑法规范本身的变迁看,为制造、贩卖、运输毒品而在网络空间设立平台、在通讯群组发送涉毒信息的行为已经具备了独立保护的法益,故而立法也已对此作出了反应。

随着互联网的广泛使用,网络涉毒的行为类型仍会持续呈现扩张的状态,以上两种行为难以统一为一种行为类型,这导致无法适用统一的刑法罪名,甚至无法采用相同的思路应对网络涉毒行为的刑法规制难题。目前,司法实践倾向于将与毒品犯罪联系较为紧密,且用互联网作为毒品犯罪工具的流通类网络涉毒行为作为

---

① 参见刘仁文、刘瑞平:《"网络吸毒"行为的刑法学分析》,载《中国检察官》2011 年第 12 期。

毒品犯罪进行规制，认定为《刑法》第 347 条走私、贩卖、运输制造毒品罪；[①]将利用网络空间实施的毒品犯罪行为认定为网络犯罪相关犯罪，适用《刑法》第 287 条之一的非法利用信息网络罪进行规制。[②]

二、非法利用信息网络罪与毒品犯罪产生竞合

正如学者总结的，“利用信息网络发布违法信息的行为与其他具体实施的犯罪行为之间的犯罪竞合问题始终存在”。[③] 我国《刑法修正案（九）》增设非法利用信息网络罪的初衷是严密法网，作用机理在于在更严重的危害行为实施前实现刑法的预防效果，试图通过刑法提早介入的方式实现犯罪打击的及时性。[④] 为了限制打击面，《非法利用信息网络罪解释》第 10 条为利用非法信息罪确立了入罪标准。但是利用网络平台发布贩卖、运输毒品信息的案件实际上极少成立该罪。

通过对网络涉毒案件进行考察，本书发现，非法利用信息网络罪要么因未达到入罪门槛无法适用，要么因《刑法》第 287 条之一第 3 款之规定与相关毒品犯罪产生竞合，按毒品犯罪进行处罚。本书认为，非法利用信息网络罪在网络涉毒案件中存在适用屏障主要有两个原因：一是对于大多数利用网络平台发布贩卖、运输毒品信息的案件来说，“情节严重”的标准难以达到；二是即使对于涉案人数多、影响力广的大案、要案，行为虽可能已经达到“情节严重”的标准，但证明难度较高。基于上述原因，大多数实施非法利用信息罪的行为人以贩卖毒品罪或运输毒品罪被定罪，其中许多判决没有对设立平台和发布信息行为的细节进行详述，只突出了非法

---

① 《武汉会议纪要》规定：行为人利用信息网络贩卖毒品、在境内非法买卖用于制造毒品的原料或者配剂、传授制造毒品等犯罪的方法，构成贩卖毒品罪、非法买卖制毒物品罪、传授犯罪方法罪等犯罪的，依法定罪处罚。行为人开设网站、利用网络聊天室等组织他人共同吸毒，构成引诱、教唆、欺骗他人吸毒罪等犯罪的，依法定罪处罚。

② 《毒品犯罪解释》第 14 条规定：利用信息网络，设立用于实施传授制造毒品、非法生产制毒物品的方法，贩卖毒品，非法买卖制毒物品或者组织他人吸食、注射毒品等违法犯罪活动的网站、通讯群组，或者发布实施前述违法犯罪活动的信息，情节严重的，应当依照刑法第 287 条之一的规定，以非法利用信息网络罪定罪处罚。实施刑法第 287 条之一、第 287 条之二规定的行为，同时构成贩卖毒品罪、非法买卖制毒物品罪、传授犯罪方法罪等犯罪的，依照处罚较重的规定定罪处罚。

③ 孙道萃：《非法利用信息网络罪的适用疑难与教义学表述》，载《浙江工商大学学报》2018 年第 1 期。

④ 参见陈航、屈佳：《非法利用信息网络行为的刑法介入》，载《社科纵横》2020 年第 9 期。

利用信息网络行为的方式性特征。该类判决认为，行为人实施设立平台、发布信息的最终目的是贩卖、运输毒品，适宜将设立平台、发布信息的行为视为贩卖、运输毒品的手段行为，设立、发布行为与贩卖、运输行为之间形成牵连关系。根据学者的主张，在牵连犯的场合，即使手段行为和目的行为的处罚已据刑法规定和司法实践定型，仍应出于实现特殊预防与一般预防的考虑，在判断书中明确指出行为所触犯的数罪。① 由于判决书中显示的都是已经判决的案件，发布行为作为手段行为已经促进了目的行为的达成，故而，法院通常直接略去对非法利用信息网络罪的认定过程和结果，直接以相对应的毒品犯罪罪名进行定性。这一定程度上使牵连犯的明示机能丧失，也实际导致了刑法中虽然设置了非法利用信息网络罪规制发布涉毒信息的行为，但实际上仍需在发布行为显示出相应毒品犯罪的行为外观和一定危害后果的情形下再按照牵连犯进行评价。

在实践中，非法利用信息网络罪是否达到入罪门槛的判断具有一定弹性，形成了在无法认定为相关毒品犯罪时，以非法利用信息网络罪兜底的司法实践现状。例如，在孙某光非法利用信息网络案中，其实是由于行为人贩卖的物品属于迷药无法认定为毒品，所以无法构成贩卖毒品罪，最终才以非法利用信息网络罪进行判罚。② 网络涉毒行为的交织、复杂又决定了其刑法评价必然会面临犯罪竞合的现实状况，为司法实践中准确定罪量刑带来障碍。究其本源，正如学者概括的那样，非法利用信息网络罪具有罪状表述模糊和行为边界宽泛的立法缺陷，这也是导致司法实践中该罪“虚置化”，面临成为“口袋罪”的风险。③ 这一情形在司法实践中也有直接表现，据学者统计，在司法机关起诉该罪名的案件中，将批捕时为本罪罪名变更为其他罪名的现象十分常见，占该类案件的70%以上，并且在诉讼过程中变更罪名的情况都是将非法利用信息网络罪变更为其他犯罪，相反的情况并未出现。④ 这一定程度上反映出一种司法惯性，即将某一与非法利用网络信息行为具有行为样态符合性的行为认定涉嫌本罪，通过考察其行为具体情形和后续行为的实质、性

---

① 参见张明楷：《刑法学》（第6版），法律出版社2021年版，第652页。

② 详见江苏省苏州市姑苏区人民法院刑事判决书，(2019)苏0508刑初1194号。

③ 参见陈洪兵：《非法利用信息网络罪“活”而不“泛”的解释论思考》，载《青海社会科学》2021年第1期。

④ 参见崔晓：《非法利用信息网络行为规制的异化与归正》，载《上海法学研究》2020年第23卷，第128页。

质,再通过变更罪名的方式判处为其他犯罪。所以,在网络涉毒行为案件中,非法利用信息罪的特性一定程度上会引发罪名适用的混乱,需要结合罪数理论对该罪的规范属性进行探讨,进而规范实践中网络涉毒案件的刑法规制。

除却本章提及的以上三类肇因,形成网络涉毒行为刑法规制实践困境的因素还涉及程序法的面向,也即证据和证明难题频现于网络涉毒的刑法规制之中。具体而言,毒品犯罪的证据缺失或难认定体现在以下两个方面:第一,毒品犯罪的证据难以获得。通常来说,毒品犯罪的司法实践中会出现不能及时搜集证据的窘境。对于某些案件,侦查人员的不规范操作和技术勘查人员的缺席会导致犯罪现场保存不完善,特别是在制造毒品案件中,化学试剂繁多、不易辨别的现实导致搜证无效、证据难以固定的窘境。如前所述,行为人的主观故意需要充分的证据予以证明,而在现实的案件中,毒品犯罪多以共同犯罪的形式发生,行为人之间的关系、联系复杂,办案过程中行为人主观方面的证据容易被忽略。第二,毒品犯罪的证据难以固定。在司法实践中,毒品犯罪的认定依赖言辞证据的惯例持续已久,这种做法的弊端在于忽视证据链的完整性,可能具有证明能力的其他种类证据不能被及时搜集和固定。实施毒品犯罪的行为人对其可能承担的严重刑事责任有所认识,所以在审理阶段也常出现翻供的情况,致使相关案件事实无法揭示,不利于准确地定罪量刑。此外,毒品犯罪的证据难以固定也体现在证据保存环节,不当的保存方式可能会造成证据的毁损灭失等。

通过检视刑法规制网络涉毒行为困境的肇因,可以看到,无论从现实层面到理论层面,还是从实体面向到程序面向,造成刑法规制网络涉毒行为难题的肇因是复杂而多元的。但是刑法解释和适用具有弹性,不应囿于文字本身的含义,应当在尊重个案事实的基础上探寻合适的难题疏解路径。

第四章

网络涉毒行为刑法规制的理论确证

在透视网络涉毒行为刑法规制困境肇因的基础上，应当对我国刑法规制网络涉毒行为的相关刑法理论立场进行述明。网络涉毒行为刑法规制的理论确证之所以有必要展开论述：一是因为网络因素的介入改变了传统毒品犯罪的行为结构，进而启发刑法理论运用的结构性思考；二是实践中的棘手困境共同指向刑法理论，倒逼刑法理论的完善。通过实践困境归结及肇因分析，本书认为，网络涉毒行为刑法规制的完善需以明确其法益侵害为理论前提，这不仅能够为刑法规制网络涉毒行为的正当性、合理性奠定理论基础，也能够为刑法规制网络涉毒行为的路径展开提供理论依据。针对网络涉毒案件中行为人主观故意证明繁难的问题，本章主要从认识要素判断内容、意志要素的推定限制和共同犯罪中的联络要素三个层次进行主观故意问题的理论阐释。除此之外，本章还对网络涉毒行为中涉及的罪数问题做进一步理论说明，为解决网络涉毒行为交织形成的犯罪竞合问题提供理论基础。

第一节　网络涉毒行为的法益侵害

由于保护法益的手段多样存在，其中又以刑法为最严厉，加之刑法施行的社会成本高，因此，使用刑罚应该仅限于其他制裁手段不充分的场合。[①] 这是刑法谦抑原则的体现，也是法益保护原则的要求。根据法益保护原则的要求，刑法的适用应当在法律条文用语可能具有的含义内解释构成要件的具体内容，使之符合罪名所保护的法益，如此才能使刑法规定该犯罪、设立该条文的目的得以实现。[②] 构成要件符合性是犯罪成立之前提，故此，准确定位犯罪行为的法益侵害，才能对其构成要件符合性和刑事责任进行判断。确认网络涉毒行为的法益侵害是准确定罪、合理量刑的理论前提，也是选择网络涉毒行为刑法规制路径的理论依据。本节分析了网络涉毒行为涉及的毒品犯罪保护法益，同时又结合双层法益理论模型分析非法利用信息网络罪的保护法益，并以此为依据探讨法益视角下网络涉毒行为刑法规制的应循路径。

一、毒品犯罪的保护法益

毒品犯罪的保护法益在学界一直都有争议。其中，国家毒品管理制度说、公民个人健康说和公众健康说是比较有力的学说。本书认为，应当立足于毒品犯罪的实质危害性定位毒品犯罪之保护法益。[③]

（一）国家毒品管理制度说之否定

我国1997年《刑法》将毒品犯罪规制于“危害社会管理秩序罪”一章，体现了立法者对该类犯罪保护法益的倾向性认识，基于此，在毒品犯罪研究的早期，学者多主张毒品犯罪的保护法益是国家对毒品的管理制度。[④] 其中，“所谓国家对毒品的管理制度，是指国家颁布的一系列法律、法规，对麻醉药品、精神药品进行严格管理……国家通过这些法律和行政法规对麻醉药品、精神药品进行管理，便形成了国家对毒品的管理制度”。[⑤] 国家毒品管理制度说认为，任何制造、运输、贩卖、走私、

① 参见［日］佐伯仁志：《刑法总论的思之道·乐之道》，于佳佳译，中国政法大学出版社2017年版，第9页。

② 参见张明楷：《刑法学》，法律出版社2021年版，第85页。

③ 参见王钢：《运输毒品行为的限缩解释》，载《华东政法大学学报》2020年第1期。

④ 参见高铭暄、马克昌主编：《刑法学》（第10版），北京大学出版社、高等教育出版社2022年版，第604页。

⑤ 赵长青主编：《中国毒品问题研究——禁毒斗争的理论与实践》，中国大百科全书出版社1993年版，第262页。

非法持有毒品等行为,均构成对国家毒品管理制度的侵害。其中,“走私毒品罪直接侵害国家对毒品进出口的管制;贩卖毒品罪直接侵害国家对毒品购销活动的管制;运输毒品罪直接侵害国家对毒品运输活动的管制;制造毒品罪直接侵害国家对毒品制造活动的管制;非法提供毒品罪直接侵害国家对毒品供应活动的管制;等等”。[①] 国家毒品管理制度说的基本原理是,毒品犯罪行为的实施者因违反国家毒品管理制度,显现出较强的社会危害性,应予以刑事处罚。国家毒品管理制度说根植于我国饱受烟毒贻害的历史情结,并以保护国家关于毒品制造、流通、持有等活动的管理制度为出发点,在特定历史时期具有一定的合理性。但是,也应当承认,早期的研究对毒品的本质及其危害性知之甚少,致使这一观点忽略了对毒品犯罪保护法益的深挖,进而产生了对毒品犯罪保护法益的理解偏差。随着对毒品和毒品犯罪的研究深入及我国毒品犯罪刑法规制的逐渐完善,国家毒品管理制度说面临挑战。

首先,国家毒品管理制度说缺乏毒品犯罪保护法益表述的明确性,所以“缺乏指导司法实践的现实意义”。[②] 国家对毒品的管理制度是较为抽象和空洞的概念,尽管有学者对这一概念进行了细化阐述,但该类阐述不仅有循环论证之嫌,甚至会引发如何确定毒品犯罪保护法益标准的疑问。例如,有学者指出,“同样是麻醉药品和精神药品,如果经国家指定的单位或者部门按照规定的程序申请获批后,生产、运输和销售即为合法,而未经审批的即为非法。原因不在于麻醉药品和精神药品有损公众健康,出于医学目的的使用反而有利于病人的健康,而在于国家基于这类药品的滥用对公众健康的潜在威胁而加以严格管制。因此,本罪侵犯的直接客体只能是国家对毒品的管理制度”。[③] 这种观点以国家批准与否为标准判断是否形成了毒品管理制度,进而认定国家对毒品的管理制度就是毒品犯罪的保护法益。按照这一观点,经过合法批准而生产、运输麻醉药品与精神药品的行为不构成毒品犯罪。不难看出,这种观点的实质是根据行为是否阻却违法性的形式条件确定毒品犯罪的保护法益,缺乏合理性。[④]

---

① 欧阳涛、陈泽宪主编:《毒品犯罪及对策》,群众出版社 1992 年版,第 38 页。

② 张明楷:《代购毒品行为的刑法学分析》,载《华东政法大学学报》2020 年第 1 期。

③ 马克昌主编:《百罪通论》,北京大学出版社 2014 年版,第 1085 页。

④ 参见张明楷:《代购毒品行为的刑法学分析》,载《华东政法大学学报》2020 年第 1 期。

其次，侵害国家毒品管理制度说难以区分不同行为的法益侵害程度。例如，行为人非法持有相同数量的甲基苯丙胺和鸦片的行为均违反了国家对毒品的管理制度，但是这两个行为的法益侵害程度明显不同。[①] 根据本书对涉毒行为概念的考察，我国刑法语境下的毒品犯罪与其他法律、行政法规中对毒品相关违法行为的规定并不完全重合，如果刑法中毒品犯罪的保护法益是国家对毒品的管理制度，难以解释为何未被划入犯罪圈的毒品违法行为不具有刑法可罚性。而从刑法适用角度考量，由于制造、走私、贩卖、非法持有毒品等都是违反国家毒品管理制度的行为，所以这一标准在实践中难以为毒品犯罪设置刑罚提供标准，也难以起到区分此罪与彼罪的作用，进而导致刑法处罚范围模糊。

最后，采用国家毒品管理制度说可能引发处罚犯罪不当前置化的危机。根据国家毒品管理制度说的观点，毒品犯罪的违法实质在于对法律规范的违反，因此，在实践中，行为是否造成了实际侵害的判断将落后于法律规范违反的判断，逐渐形成毒品犯罪重刑化趋势，对行为人的正当权益形成潜在威胁，于根除毒品犯罪和实现司法公正不利。更何况，法律规范违反的判断难以一概而论，对于大多数行为人来说，“铤而走险”实施毒品犯罪的“初衷”并非违反毒品管理制度，而是为了牟利。故而，采用国家毒品管理制度说不符合法益设定的内在逻辑，同时也存在颠覆犯罪本质论的嫌疑，有碍毒品犯罪法益保护的实现。[②]

（二）公民个人健康说之辨驳

公民个人健康说和公众健康说均是基于人的立场阐述毒品犯罪的保护法益。其中，公民个人健康说主张毒品犯罪的保护法益只能诉诸个人法益，也就是说毒品犯罪侵犯的法益为吸毒者个人的生命、身体利益，而非不特定多数人的生命、身体利益。采用公民个人健康说的立场描述毒品犯罪保护的法益，不仅会得出毒品犯罪的危害性等同于吸毒危害性的不恰当结论，也意味着被害人的承诺可以成为毒品犯罪的违法阻却事由。实际上，大部分吸毒者在成瘾后的确是出于“自愿”主动购买毒品吸食的，这种情形可以视为吸毒者放弃了对自身健康利益的维护。那么

---

① 参见苏忻：《非法持有毒品罪认定研究——基于保护法益之公众健康说的展开》，载《社会科学战线》2021 年第 11 期。

② 参见高巍：《贩卖毒品罪研究》，中国人民公安大学出版社 2007 年版，第 51 ~ 53 页。

按照这一学说的主张,将会有大量的贩卖毒品行为因缺乏惩罚依据而不被刑法处罚,这显然会轻纵犯罪。此外,公民个人健康说也无法准确区分不同种类毒品犯罪行为的法益侵害程度。例如,虽然贩卖极少量毒品给吸毒者的行为会造成即时而明确的法益侵害,但相比之下运输大量毒品的行为反而难以显现出即时的法益侵害,如按照公民个人健康说的主张,通过毒品对个人的危害判断相关毒品犯罪的法益侵害程度,将会得出后者法益侵害程度更严重的不恰当结论。从实质上看,实施我国《刑法》规定的贩卖、制造毒品等行为并不会直接对特定人(吸毒者)的健康造成伤害,这类行为的危害源于其促进毒品在社会公众间的交易、流通,最终得以供给吸毒者吸食。对于实施毒品犯罪的人而言,贩卖或制造大量毒品的行为不总是以供给自吸为目的,同时,诸如非法持有毒品、窝藏、转移、隐瞒毒品、毒赃罪等犯罪也并非都具有吸食毒品的最终指向性。因此,也可以说,公民个人健康虽然是毒品犯罪保护法益的一部分,但却无法完全涵盖毒品犯罪保护法益的全部。而将个人健康作为毒品犯罪保护法益的观点之所以会出现这一缺陷,是因为"国家为了个人而存在"的法益理论基础在毒品犯罪中并不具有完全适切性,因此,坚守这一立场必然会导致毒品犯罪保护法益认知偏差。

(三)公众健康说之赞同

公众健康说也可称为"人民健康说""不特定公众健康说"等,这一理论认为毒品犯罪的保护法益应概括为不特定多数人的生命、健康。如有学者主张,毒品犯罪属于趋利型非暴力犯罪,侵犯的是社会法益而并非个人法益。[①] 德国刑法学者赖因哈特·毛拉赫等认为,刑法对毒品犯罪的惩罚从根源上都是为了保护不特定多数人的生命、身体健康不受损害。德国学者冯·韦伯在论述贩卖毒品罪保护法益时指出,刑法确定对贩卖毒品者处以刑罚,是将毒品危害的风险转移给贩卖者承担以避免由不认识或无法正确评估毒品危害的购买者承担。所以,在贩卖毒品行为的规制中,刑法所要保护的利益已经超出了纯粹个人的利益,而涉及对不特定多数人的利益。我国学者基于对以上观点的考察指出,毒品犯罪保护的公民健康法益源于个人健康的集合,却不依赖于特定个体的具体健康状况,因此,是一个超越个人

① 参见陈帅锋、姜宇:《毒品犯罪的法律规制:预防性立法与谦抑性原则的平行发展》,载《中国人民公安大学学报(社会科学版)》2018年第6期。

健康的特殊范畴。[①] 这一基本立场可以澄清公民个人健康说中毒品犯罪危害与滥用毒品危害之间的混淆,明确了由吸毒行为造成的特定个人生理或精神层面的权益受损与毒品犯罪造成的社会权益受损的作用机理不同。基于这一立场,吸毒者对自身健康利益的放弃不能成为毒品犯罪不予惩罚的理由,无论毒品犯罪行为是否直接对特定个体健康造成损害,实施《刑法》规定的走私、贩卖、制造、运输等毒品犯罪具有对不特定多数人的健康造成侵害的危险,对于这种危险,刑法有必要进行规制。

公众健康说中的"公众"一方面强调毒品犯罪保护主体的不特定性,表明毒品犯罪行为的危险或行为造成的危害结果随时可能扩大或增加,实际影响范围难以控制。[②] 也即毒品犯罪侵害的对象范围不限于特定的吸毒群体,在实践操作中无须根据毒品数量估计吸毒者的数量和身体损害程度。另一方面将公众健康作为毒品犯罪的保护法益,符合我国目前的发展格局。习近平总书记强调,"十四五"期间要坚持人民至上、生命至上,将健康作为幸福生活最重要的指标。[③] 可见,公众健康在我国国家发展中具有基础性地位,国家和社会由数以亿计的个体组成,公众健康是人类社会维系和发展的前提,保护公众健康作为超脱于个人法益保护的法价值目标在我国发展的新阶段具有重要意义。毒品犯罪具有严重的社会危害性,可谓是"社会毒瘤",毒品犯罪的法益保护不仅是为了使吸毒者远离毒害,更是意在使公众之躯体保持健康,将毒品的危害性降至最低。基于以上理由,本书认为,公众健康说更准确地揭示了毒品犯罪的保护法益的实质内涵。

二、非法利用信息网络罪的保护法益

对于网络涉毒行为而言,其毒品犯罪的法益侵害性不言自明,但网络因素的介入可能引发传统涉毒行为违法与犯罪边界重新勘定。其中,吸食类网络涉毒行为和信息类网络涉毒行为的认定涉及非法利用信息网络罪之适用。为实现网络涉毒

---

① 参见高巍:《贩卖毒品罪的本质》,载《云南大学学报(法学版)》2007 年第 1 期。

② 参见张明楷:《刑法分则的解释原理》,中国人民大学出版社 2004 年版,第 143 页。

③ 参见《习近平:健康是幸福生活最重要的指标》,载中国共产党新闻网,http://jhsjk.people.cn/article/32059377,最后访问日期:2022 年 1 月 15 日。

行为的刑法规制的精细化、准确化,有必要论明非法利用信息网络罪的保护法益。

(一)理论模型的选取:双层法益理论

非法利用信息网络罪兼具保护网络秩序法益和具体犯罪法益的属性,且网络秩序法益之创设目的即为保护具体犯罪法益。基于以上原因,本书认为可以借助双层法益理论模型论证非法利用信息网络罪的保护法益。从学者利用双层法益理论对个罪保护法益的分析过程可以考察双层法益理论模型之合理性。张明楷教授运用双层法益理论模型分析环境犯罪的保护法益时认为,刑法中大量存在为了保护 A 法益(背后层)而保护 B 法益(阻挡层)的"阻挡层法益构造",只要有效地保护阻挡层法益,背后层法益就能够得到保护。例如,要保护居民在住宅内部的各种利益,就必须对进入住宅的许诺权、管理权进行保护,于是刑法设立了侵入住宅罪。又如,要保护财物的所有权,就必须保护被害人对财物的占有。这一立法现象在世界各国的刑法中普遍存在。"阻挡层法益构造"对阻挡层法益的保护,不只是保护对应的背后层法益,还可能保护更多的法益。例如,对住宅不受侵犯权的保护,事实上能够有效保护住宅内成员的生命、身体、自由、财产、名誉。同样,对职务行为不可收买性的保护,可以保护职务行为的公正性、国家意志不被篡改、国民平等享受各种权利与自由,如此等等。据此,张明楷教授主张环境刑法的保护法益有两个方面:一是人的生命、身体机能与财产等相关的利益;二是与此相关联的生态系统的保持。① 此外,也有学者尝试运用双层法益理论模型论证抽象危险犯的规制路径。该研究认为,抽象危险犯保护的双层法益包括阻挡层的集体法益和背后层的个人法益。其中,阻挡层的集体法益一般为秩序型法益,刑法设置该类法益的基础是预防刑法观;背后层的个人法益一般为利益型法益,刑法设置该类法益的基础是自由刑法观。阻挡层法益与背后层法益之间的关系为手段与目的的关系而非择一或并列存在,体现了两种法益的一体化。② 双层法益理论观的优势在于,从理论层面确证了刑法在适度扩张规制范围以应对诸如网络毒品犯罪等新型犯罪带来风险的合理性,同时又确保了刑法不过分侵蚀自启蒙时期以来确立的刑法人本主义与自由主义根基。

---

① 参见张明楷:《污染环境罪的争议问题》,载《法学评论》2018 年第 2 期。

② 参见蓝学友:《规制抽象危险犯的新路径:双层法益与比例原则的融合》,载《法学研究》2019 年第 6 期。

双层法益理论模型亦能为非法利用信息网络罪的保护法益分析提供思路。一般认为，非法利用信息网络侵犯的是信息网络安全管理秩序。[①] 然而，将非法利用信息网络罪的保护法益定位为网络秩序不如称为“法条益”，盖因这一观点落成于分析该罪的构成要件基础之上，是学者以构成要件为蓝本抽象而来的“方法论”法益。“方法论”法益不具有体系批判能力，仅能在忽视循环论证问题的前提下指引构成要件与案件事实之合致过程。为避免陷入循环论证的泥淖，本书在分析过程中更加注重对网络秩序法益与背后层具体犯罪保护法益之讨论。

（二）阻挡层：网络秩序法益

“秩序是社会存在和发展的基础。”[②]在我国，法益的本源性价值在于保护个人自由，集体法益的核心则是维护秩序。[③] 在现代社会，人们选择政府与领导人、参与立法和行政，实际上就是将自由的原始意义运用于作为整体的人群，进而形成一种集体自由。[④] 这种集体自由尽管体现了一定范围内共同生活的人的共同价值观，但其具体实现仍需要有制度保障。在集体自由进入刑法的视野后，则可以探讨秩序是否可以成为刑法保护的对象。有学者主张，刑法对集体法益的保护以现有给定的法律秩序或社会秩序为先决条件，但刑法本身并不创设由其保护的秩序价值，只是通过设立举止规范来保护规范的有效性。[⑤] 但不可否认的是，从立法角度看，现代刑法中集体法益的扩张源自立法者的创设，特别是“在环境、公共健康、市场和有组织犯罪等领域，刑法的扩张亦即新型犯罪的创设，非常明显地表明犯罪化的刑事政策比去罪化的刑事政策用得更多”。[⑥] 在我国，积极创设集体法益保护社会秩序的趋势也相当明显。比如，我国《刑法修正案（九）》的内容尽管兼顾公民权利和社

---

① 参见皮勇：《论新型网络犯罪立法及其适用》，载《中国社会科学》2018 年第 10 期；孙道萃：《非法利用信息网络罪的适用疑难与教义学表述》，载《浙江工商大学学报》2018 年第 1 期；陈结淼、董杰：《论信息网络犯罪的适用——以〈刑法修正案（九）〉新增为例》，载《南华大学学报（社会科学版）》2017 年第 1 期。

② 冯建华：《中国网络秩序观念的生成逻辑与意涵演变》，载《南京社会科学》2020 年第 11 期。

③ 参见孙国祥：《集体法益的刑法保护及其边界》，载《法学研究》2018 年第 6 期。

④ 参见王缉思：《世界政治的五大目标》，载《国际政治研究》2016 年第 5 期。

⑤ 参见自赵书鸿：《犯罪化的正当性：法益保护？》，载《中国刑事法杂志》2019 年第 3 期。

⑥ “Mariela Machado，La Protección Penal de los Bienes Juridicos Collectivos y su Relacion con los Delitios de Peligro”，01Pensamiento penal9（2010），转引自王永茜：《论集体法益的刑法保护》，载《环球法律评论》2013 年第 4 期。

会秩序两种价值，但更多地倾向于优先选择秩序价值。① 可见，在现代刑法的发展历程中，秩序作为集体法益已经受到刑法理论和实践的重视。

随着科技的飞速发展，个人得以借助互联网突破时空桎梏参与社会活动，实现以自由创造信息、自由获取信息、自由认知信息、自由表达信息为基本内容的信息自由。② 自由的实现及网络空间的健康存续同样需要秩序的内在支撑。从刑法规制网络犯罪的角度考量，我国网络犯罪的一种典型形态就是妨害网络业务、网络秩序的犯罪。③ 这征表着，现阶段，我国刑事立法关注网络秩序的保障问题，故而，应将网络秩序视为刑法予以保护的法益内容。从事实层面看，网络作为物理空间衍生出的社会组成部分，秩序理应是支持其存续的内在价值。建构合法的网络秩序是维持网络空间正常运转的必要举措，也是法治社会的重要层面。根据学者的总结，网络秩序具有"显秩序"和"隐秩序"并存的双重结构，"显秩序"依靠权力和法规命令实现，从实质上看是政府和社会对网络行为的治理和控制；"隐秩序"则依靠自发适应性交往实现，实质上是虚拟空间运行主体的"自治行为"。④ 在法学视野中，网络秩序的研究价值主要集中在"显秩序"的层面，即秩序是互联网法治的"基础性价值"，应当将是否满足网络社会的秩序化要求视为衡量互联网法治建设的评价标准。⑤ 也有学者认为，"法律上的秩序并非对物理场所中人群聚集的描述，而是要看特定机构或场所的具体功能"。⑥ 这一论述揭示了秩序的本质，也彰显了秩序的功能。刑法作为国家治理社会的重要手段，在网络秩序的维护中应当如何平衡"安全"和"自由"两个价值则是刑事立法和司法应当解决的根本问题。

即使是在关注保障个体法益的传统刑法中，社会秩序保护也是我国刑法的重要关切。我国《刑法》第 13 条规定，破坏社会秩序的行为，属于依照法律应当受刑法处罚的犯罪行为。在风险社会背景下，立法者的目光逐渐移至集体法益，开始注

---

① 参见黄晓亮：《论我国刑法修正的秩序价值优先性——以〈刑法修正案（九）〉为视角》，载《法学杂志》2016 年第 3 期。

② 参见孙伟平、赵宝军：《信息社会的核心价值理念与信息社会的建构》，载《哲学研究》2016 年第 9 期。

③ 参见陈兴良：《网络犯罪的类型及其司法认定》，载《法治研究》2021 年第 3 期。

④ 参见冯建华：《中国网络秩序观念的生成逻辑与意涵演变》，载《南京社会科学》2020 年第 11 期。

⑤ 参见周恒：《互联网社会的自我秩序化：可能、形式及其意义》，载《新闻界》2020 年第 3 期。

⑥ 车浩：《刑事立法的法教义学反思——基于〈刑法修正案（九）〉的分析》，载《法学》2015 年第 10 期。

重对可能严重危及或破坏社会系统的犯罪进行规制。[①] 网络秩序是否以及多大层面应被包含在社会秩序或社会系统中，是网络秩序的刑法属性应展开探讨的基本问题。这一问题的回答决定了刑法分则个罪的适用范围，例如，《刑法》第 293 条规定的寻衅滋事罪中，"在公共场所起哄闹事"是否可以用以评价网络寻衅滋事的情形；"公共场所"是否可以解释为包括网络空间。再如，《刑法》第 290 条规定的组织、资助非法聚集罪中，"聚众扰乱社会秩序"中是否可以包括网络秩序。

根据我国刑法规定，毒品犯罪属于妨害社会管理秩序犯罪，网络秩序是否属于社会秩序，成为《刑法》规制的对象，决定了毒品犯罪的刑法规定是否可用以评价网络涉毒行为。应该认为，网络秩序是刑法应当保护的法益，是社会秩序的重要部分。以物流寄递网络涉毒行为为例，其行为通过互联网实现了"线上下单，线下邮寄"的互动模式，作为贩卖毒品的后续行为，轻易实现了物理空间和网络空间的跨越。因此，有必要认为，网络秩序作为网络空间健康存续的必要因素，应当作为刑法规制的重要方面。其实，我国《刑法》和相关司法解释已经通过立法和司法尝试明确网络秩序的刑法属性，即网络秩序应当作为社会秩序的重要部分予以保护。早在 2005 年，最高人民法院和最高人民检察院出台了《关于办理赌博刑事案件具体应用法律若干问题的解释》，其中规定利用互联网开设的"赌场"应当认定为《刑法》第 303 条赌博罪中的"赌场"，这间接回答了网络秩序是否属于社会秩序法益的问题。2013 年，最高人民法院和最高人民检察院出台的《关于办理利用信息网络实施诽谤等刑事案件适用法律若干问题的解释》中规定，利用信息网络辱骂、恐吓他人的和在信息网络上实施散布虚假信息相关行为的，属于破坏社会秩序的情形，可以按照寻衅滋事罪定罪处罚。可以认为，这一规定认同了"公共秩序"中包括网络秩序的观点。2015 年出台的《刑法修正案(九)》将非法利用信息网络罪和帮助信息网络犯罪活动罪规制在《刑法》"妨害社会秩序罪"一章，也是在立法上对网络秩序隶属于社会秩序含义的立法确认。基于此，应当明确网络秩序作为社会秩序法益的一部分，已经进入了刑法的保护视野。所以，具有网络秩序侵害性的网络涉毒犯罪可以适用毒品犯罪和非法利用信息网络罪、帮助信息网络犯罪活动罪进行规制。

---

① 参见劳东燕：《风险社会与功能主义的刑法立法观》，载《法学评论》2017 年第 6 期。

互联网技术的经年发展使得网络空间与现实空间正逐步走向交叉融合，“双层社会”逐步形成。[①] 在双层社会视域下，毒品犯罪以传统犯罪的形式发生于物理空间，毒品犯罪对网络信息的敏感和刚需决定了涉毒信息能以网络作为出口进行传播和发酵，使网络秩序面临危机。网络违法犯罪行为的治理是维护网络秩序的重要维度，网络涉毒行为作为新晋的网络违法犯罪类型，应当予以重点关注。网络涉毒行为对网络秩序的侵害体现在多个方面：第一，吸毒者在物理空间的吸毒行为向网络蔓延，形成以吸毒行为为纽带的网络空间吸毒团体。这类行为是物理空间的违法行为在网络空间的滋生，使得吸毒行为的群聚效应更为明显，即使是在较为封闭的网络空间中进行，也在一定程度上扩大了毒品的“感染力”，提高了未涉毒群体接触毒品的概率。刑法的法益保护并非仅针对孤立或静止状态的个人利益，还注重保护人们得以理性支配与运用这些个人利益的机会、条件和制度。[②] 由于网络空间是青少年活动的重要场域，而青少年心智尚未完全成熟，对毒品难以形成完全理性的认识，网络环境具有感染力和煽动性强的特质，毒品相关信息的非法传播对青少年的成长具有极其不利的影响，对于构建合法文明的网络秩序形成威胁。第二，贩毒者在吸毒群中贩卖毒品，同时为参与网络吸毒人员创建聊天群组、平台，使其通过文字、视频交流吸毒经验、感受，从源头上增强了毒品需求，引发毒品犯罪的可能，对网络秩序带来了间接侵害。第三，从某种程度上看，网络涉毒行为是对物理空间严格毒品管制的规避，是将对物理空间社会秩序的侵害“移植”到网络社会的行为。第四，从文化层面考量，随着毒品亚文化在网络空间的传播，与毒品相关的言论、行为可能会形成风气，于构建良善的网络空间秩序不利，对网民的上网环境形成威胁。

（三）背后层：具体犯罪的保护法益

从《刑法》第287条之一关于非法利用网络信息罪的规定可见，该罪并非单纯以网络秩序为保护法益，其保护法益具有双层性特征。非法利用信息网络罪的表层法益为网络秩序法益，而网络秩序法益需取得与具体犯罪保护法益之联系，才能

---

① 参见陈洪兵：《双层社会背景下的刑法解释》，载《法学论坛》2019年第2期。

② 王皇玉：《论贩卖毒品罪》，载《政大法学评论》2005年第84期，转引自高巍：《抽象危险犯的概念及正当性基础》，载《法律科学（西北政法学院学报）》2007年第1期。

证立其设立的正当性。

具体至本书的论域，由于毒品犯罪的保护法益为公众健康法益，因此，行为人在非法利用信息网络实施毒品犯罪的场合侵害了网络秩序法益，这一侵害之所以具备刑法当罚性，是因为该行为同时会对处于背后层的毒品犯罪保护的公众健康法益造成侵害或形成法益侵害之危险。质言之，处于背后层的公众健康法益亦是网络秩序法益的设立目的。从行为面考量，网络涉毒行为的实施目的是促成毒品的流通、吸食，网络具有手段性和工具性特征，网络使涉毒行为的实施更加便利，但该类行为具有侵害公众健康法益的最终指向性。对于流通类网络涉毒行为而言，网络为贩运毒品提供了联络手段，发挥了即时、高效的"优势"，使得毒品交易更加快捷，加剧了对公众健康法益的侵害。在吸食类和信息类网络涉毒行为中，行为人对网络的依赖更为严重，但同时对公众健康法益侵害的指向性又更为明显，吸食类网络涉毒行为的实施直接促使吸毒者滥用毒品，侵害了吸毒者的身体健康。而信息类网络涉毒行为的实施刺激了毒品的生产、流通，使得投入市场的毒品体量增加，也导致实施涉毒违法犯罪的人员扩张。以网络秩序为阻挡层法益，以公众健康为背后层法益的非法利用网络信息罪，便可以作为刑法规制信息类涉毒行为的一种路径选择。

只是上述观点必然面临如下质疑，即作为阻挡层法益的网络秩序法益保护是否有助于诸如公众健康等具体犯罪法益的保护？笔者认为，对这一问题的回答是肯定的。具体到本书的论域，流通类网络涉毒行为以网络为工具，其对网络秩序的侵害程度较低。但不可否认的是，去除网络因素将会使毒品犯罪更不易发。网络秩序包含了网络信息的传播和扩散秩序以及网络交易秩序，虽然流通类网络涉毒行为多发生在特定群体或范围，但利用网络交易毒品的行为一定程度上也使用了网络资源；同时，毒品犯罪的收益属于违法所得，利用线上支付平台收取毒资、转账行为对网络金融秩序造成侵害。因此，"切断网络"对于阻止毒品犯罪法益侵害后果的发生及其危害性蔓延有所帮助。在吸食类和信息类网络涉毒行为中，刑法以保护阻挡层法益作为手段将能更好地实现毒品犯罪保护法益的目标。网络秩序法益的维护目标是形成合法、有序的网络环境，使网络使用者得以理性、自由地参与网络活动。网络违法犯罪行为在网络空间的蔓延与这一目标背道而驰、水火难容。在网络空间创立毒群、聚集吸毒、唆使吸毒、发布涉毒信息等行为离开了网络空间便难以为继,“降级”为单纯发生在物理空间的毒品犯罪行为。所以,在网络涉毒行为的刑法规制中,以保护网络秩序为阻挡层法益,可以起到保护公众健康法益的效果。

三、法益保护视角下网络涉毒行为的刑法规制路径

我国已经成为当之无愧的网络大国,而科技发展又会将未知的、多变的情形带到现实世界中。囿于文字缺乏灵活性的“缺陷”,法律规则本身只能通过立法者的前瞻性应对彼时的问题和疑难,对未来世界的法律关系进行调整。① 目前,我国网络犯罪呈现出迅猛发展的态势,这不仅排挤了传统犯罪的主导地位,也间接冲击了传统刑法体系的“统治地位”。这场连锁性反应无疑使“传统刑法体系的网络化转型”成为中国刑法发展的最重要“旋律”。② 实现这一转型有两种路径可循:一是解释论的路径,即对现有刑法规范进行扩张解释,使之在网络犯罪的治理中发挥作用;二是立法论的路径,即新增立法对网络涉毒行为进行规制。

具体到网络涉毒行为的刑法规制,非法利用信息网络罪的设立是立法者对信息类网络涉毒行为之恰当回应。自该罪设立以来,利用网络发布制作、贩卖、运输毒品信息的行为理论上都可能招致非法利用信息网络罪的评价。因而,吸食类及流通类网络涉毒行为之刑法规制似乎可以此为参考,探寻可能路径。但因在流通类网络涉毒案件中,贩卖和运输毒品的行为未实际发生在网络空间,网络因素的增加对贩卖、运输、走私毒品行为没有产生本质影响,对网络秩序法益造成侵害程度较低,其主要法益侵害是由毒品犯罪属性产生的。故此,对流通类网络涉毒行为,宜遵循解释论路径进行规制。张明楷教授对刑法解释的必要性做出过经典论述:“为了使法律满足一个处在永久变动的社会的所有新的需要,解释者在面对崭新的生活事实时,总要不断地使法律的真实含义得以发现、得到阐扬。”③从这一论述可以解读,刑法的“生”源自刑事立法,而刑法的“活”则源自刑法解释。刑法解释是研

---

① 参见骆意中:《法理学如何应对自动驾驶的根本性挑战?》,载《华东政法大学学报》2020 年第 6 期。

② 参见孙道萃:《网络时代的中国刑法发展研究:回顾与展望》,载《华南师范大学学报(社会科学版)》2021 年第 1 期。

③ 张明楷:《刑法学》(第 5 版),法律出版社 2016 年版,第五版前言。

究刑事立法的需要,也是司法实践运用刑法之必需步骤,同时还具有检视立法有效性、前瞻性的作用。在网络违法犯罪兴起的大背景下,刑法作为社会规范的重要形式和保障社会、公民免受犯罪行为侵害的底线,能否在打击犯罪和保障人权的机能中保持最佳平衡,一定程度上也取决于刑法解释的立场和效果。本书赞同学者提出的刑法惩治网络犯罪的"一体化"思路,即主张刑法对网络犯罪的规制尽管需要考虑互联网的特殊性,但不应基于"双层社会"的观念将网络空间和物理空间人为割裂,因为,这样会导致刑法在惩治网络犯罪时不当地放大或缩小打击范围。应当科学、合理地看待网络空间和物理空间,以世界一体化认识为前提考察两者的关系和区别。在此基础上,刑法对网络犯罪的应对将会更加自如,能够通过刑法解释缩放刑法的"臂展",起到更好的打击网络犯罪的效果。①

吸食类网络涉毒行为的双层法益侵害性较为明显,公众健康与网络秩序法益的侵害性同等严重。虽然滥用毒品行为本身发生在物理空间,但是其影响力可以借助网络空间进行扩散,进而引发相关网络涉毒行为,扰乱网络秩序,阻碍毒品犯罪的治理。本书认为,网络组织吸毒行为具有法益侵害性,应当被纳入我国刑法规制的范畴。按照我国现行法律规定,虽然吸毒行为属于严重违法行为,但并不在刑法的规制范围之内,单纯参与网络吸毒的行为亦无法被认定为犯罪。从法益侵害层面剖析,网络组织吸毒行为不仅危害参与吸毒人的身体健康,也致使中性的网络空间增添了沦为吸毒聚集场的可能性。故而,本书主张遵循立法论的路径对网络组织吸毒行为进行规制。根据目前的刑事立法,网络组织吸毒行为的定性存在争议,但是仅从法益解释的角度来看,适用容留他人吸毒罪显然无法评价网络组织吸毒行为对网络秩序的法益侵害。适用非法利用信息网络罪进行评价似乎符合保护双层法益的要求,然而组织吸毒行为能否成为非法利用信息网络罪保护的背后层法益,按照目前的刑事立法又恐难以推出这样的结论。容留、组织吸毒的行为虽然在物理空间内时有发生,但是网络因素的加入使得参与该类行为的难度和风险都明显降低,与此对应的,则是对网络秩序破坏的潜在可能性。

网络秩序法益是信息类网络涉毒行为法益侵害的主要内容。在信息类网络涉毒案件中,网络因素对涉毒行为的改造更为明显,因为网络媒介不仅可以改变信息

---

① 参见曲新久:《惩治网络犯罪的刑法思路》,载《人民检察》2020 年第 12 期。

传播的方式,还可以影响信息传播的内容。网络媒介对涉毒信息的传播产生影响,同时,网络涉毒信息也对网络涉毒行为起到了一定的助推作用。加拿大著名传播理论家马歇尔·麦克卢汉曾著有《媒介即信息》一书,他强调计算机、电视等传播手段会对社会、科学、宗教等方面产生强烈影响。后"媒介即信息"被当作传播学中的警世名句,提醒世人传播媒介的改变不可逆转地改变着公众话语的内容和意义,信息传播媒介的变化为信息传播带来的影响也绝非只限于信息传播方式和便利性的增加,还可能涉及信息内容的方面。[①] 这一经典原理对于诠释网络信息的特质依旧适用。现代研究者基本上也都认可信息内容是信息传播最重要的三个因素之一。[②] 从表面上看,网络只是为违法犯罪信息的传播提供新的渠道,但分析网络涉毒信息的传播过程可以发现,网络媒介改变毒品违法犯罪的本质主要体现在网络涉毒行为的复合性,即网络的便捷使得贩毒、运毒、吸毒、制毒等信息在网络空间混杂传播,对网络秩序法益造成侵害。比如,传统的制毒技术可以通过网络转化为制毒信息进而传播交流,可以使行为人实现由物理空间的制贩毒牟利模式转变为兜售制毒技术和网络贩毒结合的牟利模式。为了实现对网络秩序法益的保护,我国《刑法》已通过增设非法利用信息网络罪的方式对信息类网络涉毒行为进行规制,且规定在同时触犯非法利用信息网络罪和毒品犯罪时从一重罪进行处罚。

目前,司法实践倾向于通过司法解释将网络涉毒行为的规制纳入当下刑法体系可以涵盖的范围。比如,《武汉会议纪要》指出,"行为人利用信息网络贩卖毒品、在境内非法买卖用于制造毒品的原料或者配剂、传授制造毒品等犯罪的方法,构成贩卖毒品罪、非法买卖制毒物品罪、传授犯罪方法罪等犯罪的,依法定罪处罚。行为人开设网站、利用网络聊天室等组织他人共同吸毒,构成引诱、教唆、欺骗他人吸毒罪等犯罪的,依法定罪处罚。"2015 年中共中央宣传部、最高人民法院、最高人民检察院、公安部等部门共同印发的《关于加强互联网禁毒工作的意见》中也明确,"对于利用互联网贩卖毒品,或者在境内非法买卖用于制造毒品的原料、配剂构成犯罪的,分别以贩卖毒品罪、非法买卖制毒物品罪定罪处罚;对于利用互联网发布、

---

① 参见[美]尼尔·波兹曼:《娱乐至死》,章艳译,中信出版社 2015 年版,第 9 页。

② 参见隋岩、谈和:《网络群体传播背景下的信息扩散——基于新浪微博数据的定性比较分析(QCA)》,载《新闻大学》2020 年第 5 期。

传播制造毒品等犯罪的方法、技术、工艺的，以传授犯罪方法罪定罪处罚，被传授者是否接受或者是否以此方法实施了制造毒品等犯罪不影响对本罪的认定；对于开设网站、利用网络通讯群组等形式组织他人共同吸毒，构成引诱、教唆、欺骗他人吸毒罪等犯罪的，依法定罪处罚。”2016 年《毒品犯罪解释》第 14 条第 1 款规定：“利用信息网络，设立用于实施传授制造毒品、非法生产制毒物品的方法，贩卖毒品，非法买卖制毒物品或者组织他人吸食、注射毒品等违法犯罪活动的网站、通讯群组，或者发布实施前述违法犯罪活动的信息，情节严重的，应当依照刑法第二百八十七条之一的规定，以非法利用信息网络罪定罪处罚。”由以上规定可以析出，实践遵循解释论的路径是刑法规制网络涉毒行为的首选。其实，实践中最为常见的网络涉毒行为是流通类网络涉毒行为，即通过网络实施贩卖、运输毒品行为，这类行为具有明确的毒品犯罪属性，网络的工具性特征较强。在这类型行为的法律适用中，传统的贩卖毒品行为没有出现明显的网络空间变异，对实践中定罪的影响不算太大，网络因素更多地影响着量刑。

总结而言，笔者基本赞同在不突破罪刑法定原则的基础上通过扩大解释的方法将网络涉毒行为的规制纳入当下刑法规制的范围。但针对吸食类网络涉毒行为的刑法规制，可以考虑新增立法路径。在总结吸食类网络涉毒行为的刑法规制难题时，本书结合学界和实践中对组织网络吸毒行为如何定性的学术观点认为，可以考虑增设组织吸毒罪规制包括网络组织吸毒在内的组织吸毒行为。对于信息类网络涉毒行为，我国《刑法修正案（九）》增设了非法利用信息网络罪，并出台了相关司法解释明确该罪的适用，可见，我国刑事立法已经开始关注具有预备性质的网络违法犯罪行为，且已经将部分行为纳入刑法规制圈。非法利用信息网络罪的保护法益包含网络秩序法益，结合我国刑事司法现状，信息类网络涉毒行为的刑法规制应围绕非法利用信息网络罪的适用具体展开。

第二节　网络涉毒行为人的主观故意

主观方面是我国刑法规定的、行为主体对其危害行为必然或者可能引起的危害社会的结果所持有的心理态度，它是一切犯罪都必须具备的要件，也是区分罪与非罪、界定此罪与彼罪、影响量刑的重要依据。① 在我国，毒品犯罪的主观方面为故意，所以，对行为人犯罪故意的界定是成立犯罪、科处刑罚的依据。犯罪故意是行为人明知自己的行为会造成危害社会的结果而希望或放任结果发生的主观心态。行为人的主观故意应当从认识要素、意志要素两个方面进行考量。同时，由于网络涉毒案件共同犯罪多发，还应特殊考虑网络涉毒案件中行为人共同故意的判断问题。

一、认识要素的判断内容

在网络涉毒案件中，网络因素对行为人的明知认定形成遮蔽，行为人的主观犯意表露不明显，致使证明或推定行为人的主观故意难度较大，加之毒品犯罪本身面临着证据难以固定、行为人易翻供等难题，准确认定网络涉毒行为的"明知"是解决实践困境的前提，也是完善毒品犯罪理论建构的需要。

对犯罪故意的认识因素探讨应当明确的要点是明知的内容。首先，犯罪故意中明知的内容应当包含事实性认识，这在学界基本达成了共识，而事实性认识应以某种构成要件事实为限。② 本书认为，事实性认识包括了行为人对行为本身、行为结果、行为与结果相联系的认识。其中，行为人对行为本身的认识一般包括对其实行行为的性质、作用等认识。在网络涉毒案件中，各类涉毒行为交织，行为人对其实施行为的性质、作用认识较为模糊。例如，行为人只知道吸毒并非犯罪，不会受到刑事处罚，但是可能难以认识到在网络空间组织吸毒的行为可能会构成犯罪，在网络组织吸毒时，如果其默许贩毒人员进入网络房间共同吸毒，还可能会构成贩卖毒品罪的共犯。面对这类情形，应当结合行为人在网络吸毒房间的活动频次、参与行为的具体类型、收益情况等因素判断其是否明确知晓实施行为的本质。此外，行为本身的犯罪主体与法益侵害不应也难以成为行为人的认识内容。犯罪主体是犯罪行为归责的对象，一般而言应由司法机关把握，行为人在网络空间实施犯罪行为的场合，其当然对自身的情况有所把握，但是在网络共同犯罪的场合，网络的遮蔽可能使行为人难以对其他行为人的刑事责任年龄、特殊身份等主体要素进行判断，

---

① 参见赵秉志主编：《刑法总论》，中国人民大学出版社 2007 年版，第 137 ~ 139 页。

② 参见姜伟：《罪过形式论》，北京大学出版社 2008 年版，第 88 页。

宜将犯罪主体排除行为人的明知内容之外。网络涉毒行为具有潜在受害人多、影响范围不特定的特点，行为人对法益侵害及其严重程度的认识难以全面，所以，行为人对参与的网络涉毒行为造成的法益侵害是否有正确认识不影响对其主观故意的判断。

其次，犯罪故意中明知的内容也应包含评价性认识。在毒品犯罪中，违法性认识既要求行为人明知行为对象为毒品或毒品相关物，又要求行为人明知其行为属于刑法规定的犯罪行为。行为人是否需要具备违法性认识是毒品犯罪明知认定的争点之一。有观点主张，“犯罪故意的认识因素表现为行为人‘明知自己的行为会发生危害社会的结果’，这显然是只要求行为人明知其行为及其行为结果的危害性，而没有再要求行为人明知其行为及结果的刑事违法性”。[①] 亦有观点认为，毒品犯罪的主观明知既包括对犯罪构成要件事实的明知，又包括对违法性的明知。[②] 本书赞同后一种观点，并认为在网络涉毒行为的明知认定中，违法性认识应当属于明知的内容。这是因为，第一，本书主张在判断毒品概念时，将违法性特征作为其重要方面，因为如果仅从事实层面认识毒品，则难以分辨毒品和药品，质言之，毒品概念本身就包含违法性判断。在毒品犯罪故意明知的判断中肯定违法性判断的必要性符合毒品的实质特征。第二，尽管毒品与毒品犯罪的内涵与外延处于动态变化的过程之中，新型毒品或实验室毒品的迭代可能会使毒品的违法性非难丧失前提，但是参与吸毒或毒品犯罪的行为人通常对毒品的危害性及涉毒行为的不法性知晓。第三，刑法本身具备预防犯罪的功能，制定毒品犯罪的刑法规范的目的不仅在于惩罚侵害毒品犯罪保护法益的行为人，还意在对潜在的犯罪人形成一般预防，进而阻却毒品犯罪的法益侵害危险。如果因“不知法犯法”被刑法惩戒，则意味着无论行为人是否具有对法律规范及其法律后果的预见可能性，都要受到惩罚。这无疑不利于刑法预防犯罪功能的实现。[③]

综上所述，网络涉毒案件中行为人的认识要素判断应着重于行为人对网络涉毒行为本身、行为结果、行为与结果相联系的认识以及违法性认识两个方面。

---

① 高铭暄、马克昌主编：《刑法学》（第 4 版），北京大学出版社、高等教育出版社 2022 年版，第 104 页。

② 参见张汝铮：《毒品犯罪“主观明知”的实质性研究》，载《广西社会科学》2019 年第 2 期。

③ 参见张汝铮：《毒品犯罪“主观明知”的实质性研究》，载《广西社会科学》2019 年第 2 期。

具言之，在流通类网络涉毒案件中，尽管行为人沟通交易的过程具有无实物特征，但参与网络贩运毒品的行为人至少对交易对象为毒品的事实有所认识。由于行为人采取的是较为隐蔽的沟通手段，一般应当认为行为人对交易毒品行为的违法性也有所认识。在吸食类和信息类网络涉毒行为中，虽然网络的遮蔽加剧了涉毒行为的直观危险性，但行为人对行为后果的危害性不可能全无认识，只是存在程度差别。

二、意志要素的推定限制

意志要素的认定应当确定各行为人具有实施网络毒品犯罪的意思表示。意志要素是认识要素的发展，故而意志要素的判断必须立足于认识要素的准确判断之上，但不能仅依据认识要素判断意志要素。例如，即使行为人对其行为可能被他人利用共同实施某个犯罪有所认识，也不能直接认定行为人的意志要素为“希望”或“放任”。本书认为，认识要素的判断强调行为人对以行为为核心的一系列客观因素是否有一定程度的认识，而意志要素本身判断的对象则是行为人的主观心态和主观心态支配下对特定可能构成犯罪行为所持的主观态度。

网络的交互性一定程度上决定了需要采取动态的视角观测认识要素的变化，相应地，意志要素本身是行为人对以行为为核心的一系列客观因素的主观反应，这就决定了在实际的判断中，意志要素也不是一成不变的。在网络环境中，行为人的意志要素具有模糊化的倾向，因为网络空间行为的碎片化和无序化造成了行为人心理活动版图拼凑的难度陡然升高。所以，“希望”和“放任”的界限不明，不易区分。与“希望”相对应的直接故意彰显了行为人更大的主观恶性和刑法可罚性，在实践中的证明标准应当更高，同时标准应相对明晰。而“放任”在网络空间的判断中可能会面临难题。因为“放任”这一意志要素的实质是对犯罪结果的既不追求，也不回避。在网络涉毒行为的判断中，行为人的犯意交流频繁，网络的虚拟性和匿名性特征使犯意交流的真实性、即时性和接受度同时降低，因此，在毒品犯罪意志要素的认定中，一般借助推定规则认定“放任”。然而推定规则的适用并非毫无限制，一般而言，推定规则不能对构建“罪责的关键因素”进行逻辑上的跨越。“构建罪责的关键因素至少应包括：行为、犯意、危害、危害与行为之间的因果关系。"[①]针对这些构建罪责的关键要素，推定规则的适用应当被严格设限，否则便是对广义责任原则的任意侵越。具体而言，流通类网络涉毒行为人的意志因素一般不涉及"放任"，因为行为人对于通过网络实施的贩卖、运输毒品行为多是有意为之，否则不会出现沟通交易、运输毒品细节的行为，应排除间接故意成立之可能。对于吸食类和信息类网络涉毒行为而言，行为人可能持间接故意，也即其意志因素可能存在"放任"。比如，某些行为人通过创建网络群组、平台为组织吸毒者提供便利，虽然难以确定群组一定用于吸食毒品，但是结合其行为实施方式、行为实施目的及该行为可能造成的危害结果推定其意志因素，进而应当认定其"明知且放任"，因此，行为人的主观方面应为间接故意。

三、共同犯罪中的联络要素

刑法理论认为，在传统的共同犯罪中，共同犯罪人之间必须具有共同的犯罪故意，即各共同犯罪人认识他们的共同犯罪行为和行为会发生的危害结果，并希望或放任这种结果的发生。[②] 在网络环境中，一般认为传统的共同犯罪会出现分化的现象。一部分共同犯罪仍符合传统共同犯罪特征，可以适用传统共同犯罪理论加以认定。对另一部分协作关系松散的行为，应当从理论层面审视共同犯罪认定的应然标准。[③] 考察网络涉毒共同犯罪的分化情况可以发现，相对于传统毒品共犯的认定，网络涉毒行为共同犯罪的认定难点应更集中于共同故意的认定，而共同故意的认定又以意志要素和联络要素的认定为重心。具体而言，在网络涉毒行为引发的共同犯罪中，共同故意的判断应当着重判断以下三个方面：第一，各行为人具有参与网络毒品犯罪的意思表示；第二，各行为人之间应就网络毒品犯罪达成基本合意；第三，参与网络毒品犯罪的意思表示对行为实施存在相互推动力。[④] 其中，意思表示可以被视为意志要素的展现，而达成基本合意与存在相互推动力的判断则属

---

① 劳东燕：《认真对待刑事推定》，载《法学研究》2007 年第 2 期。

② 参见刘宪权主编：《刑法学》（第 5 版），上海人民出版社 2020 年版，第 219 页。

③ 参见米铁男：《共犯理论在计算机网络犯罪中的困境及其解决方案》，载《暨南学报（哲学社会科学版）》2013 年第 10 期。

④ 参见梅传强、张嘉艺：《论毒品犯罪的共犯认定思路》，载《西南政法大学学报》2019 年第 3 期。

于联系要素的判断。

在网络涉毒案件中,行为人对行为性质、行为的社会危害性和可能造成法益侵害结果的认识是成立犯罪的前提。对于其他共犯的行为性质、社会危害性、结果等因素的认识应当达到何种程度仍需结合联络要素进行判断。故而,联络要素的判断是网络涉毒共同犯罪成立的必要一环,也是连接共同犯罪行为的纽带。在网络涉毒案件中,共同犯罪的联络要素判断应当重点关注两个问题。

第一,行为人之间应就网络涉毒行为的实施达成基本合意。这一判断存在的前提是各行为人对自身将要实施的网络涉毒行为具有认识。涉毒行为的发生通常具有"圈子"效应,无论是在物理空间还是在网络空间,吸贩毒人员加入固定的"毒友圈"是维持毒品供求、寻找安全庇护的有效方式。由于"毒友圈"显然具有非法性质,尽管不能推定所有涉毒人员都会实施犯罪行为,但可以肯定的是,"圈内人"对涉毒犯罪行为的存在和滋生至少具有概括的认识,同时对毒品犯罪的容忍度较高。在网络空间,由于意思交流具有数字化、信息化的特征,任何与毒品犯罪相关的内心活动都需要通过文本、数据的形式表达和传输,所以客观来讲,一旦证据保存或恢复得当,网络毒品犯罪人之间就共同犯罪达成的基本合意似不难证明。

第二,参与网络涉毒行为的意思表示对行为的实施存在相互推动力。本书认为,这一判断要点可以被视为一个辅助的判断要素。相互推动力的判断实际上是强调在行为人之间达成基本合意的基础上要求合意对实行行为实现"质"的推动、强化效果。网络涉毒行为的实施分为多个阶段,线上线下结合的特征也使得犯罪行为造成的法益侵害结果可能无法立即实现,在这一过程中,行为人的共同犯罪意思表示对共同实行行为的推动作用意义重大,可能会成为维系共同犯罪实行的重要因素,也可能会成为新的共同犯罪产生的原动力。在实践的判断中,可先对网络涉毒共同犯罪人之间的共同意思表示有无进行判断,再进一步进行合意与行为之间相互助推力的判断。

第三节　网络涉毒案件中的罪数问题

罪数形态是一罪与数罪中诸种复杂犯罪形态的总称,其字面含义强调根据有关法律规定或基本法理,对行为所触犯的犯罪“个数”进行系统清点和梳理。罪数作为一种客观存在的犯罪现象,已经逐渐发展成为一种理论形态。[①] 我国网络涉毒司法实践中出现了诸多罪数认定难题。其中,既有毒品犯罪罪名认定固有的传统问题,又有因网络因素介入而导致的新的罪数形态问题,后者是本书的研究重点。《毒品犯罪解释》第 14 条之规定即为解决毒品犯罪罪数认定新问题而生。但是,网络因素的介入使得涉毒行为的非类型化走向愈加明显,给罪数问题的分析带来难题。行为人的行为成立一罪还是数罪,应当依照何种处断原则惩处,都关涉定罪科学性与量刑准确性。由于非法利用信息网络罪具有预备性和手段性特征,其适用势必会涉及刑法理论中想象竞合犯、牵连犯等罪数形态间的辨析和处罚原则探讨。因此,在明确网络涉毒行为认定中牵涉的罪数问题理论立场之前,本书拟对罪数问题的基本理论前提进行交代,主要包括罪数的判断原则和判断标准。

一、罪数问题基本理论的前提交代

(一)罪数形态判断之基础原则

一般而言,罪数的判断应坚持完全评价原则与禁止重复评价原则。一方面,刑法的法益保护机能决定,在事实与规范的涵摄过程中,需要对一切主客观事实进行无遗漏的评价,进而最大限度地保护法益。另一方面,刑法的人权保障机能决定,对同一案件事实只得进行一次评价,在对法益已尽必要且充分保护的情况下,重复评价则会因违反比例原则而丧失正当性。[②]

完全评价原则也被称为充分评价原则。根据完全评价原则,“如果仅适用一个构成要件并无法把所有的不法构成要件要素完全包含,此时仅适用一个构成要件加以评价,就会有评价不足的问题”。[③] 因此,司法者应当判断行为人所实施的具体犯罪行为是否符合立法者在刑法法规中规定的犯罪构成,如果行为人实施的某行为齐备了某些犯罪的构成要件,那么理论上应当认为其行为成立相应犯罪。在这

---

① 参见刘宪权:《罪数形态理论正本清源》,载《法学研究》2009 年第 4 期。

② 参见李海滢、王延峰:《因受贿而渎职的罪数问题:处断原则与理论依据》,载《河南社会科学》2021 年第 10 期。

③ 陈志辉:《刑法上的法条竞合》,尚锋印刷联盟 1998 年版,第 131 页。

一过程中，司法者应当做到充分、全面、无遗漏地对犯罪行为进行评价。完全评价原则的逻辑基点是遵循立法者基于法益保护对某类行为的消极评价，质言之，立法者通过考量类型行为的法益侵害认定其应属于刑法保护范畴，进而设定犯罪，这就意味着某类行为具有惩罚的必要性，实施此行为的人也即应有刑法应谴责性。在司法过程中，完全评价行为的违法性符合立法初衷，有利于精准定位法益保护内容，也有利于发挥刑法的一般预防作用，即向普通国民宣示哪类行为在刑法上不可为，不被刑法所容许。当犯罪行为受到数个法益侵害时，如果对犯罪行为评价不足将会有损罪刑均衡，亦会有损判决的公开性和明确性。

禁止重复评价原则的价值根源于罪与刑的均衡、比例关系，是解决刑法竞合问题需遵循的原则之一。① 完全评价原则确保了行为人实施的数个具有法益侵害性质的行为被悉数评价，而禁止重复评价原则则是依据刑法人权保障机能、罪刑均衡原则及宽严相济的刑事政策对明显罪刑不均衡、刑罚过于严苛的评价结果进行的合理调整。禁止重复评价原则是宪法比例原则在刑法中的派生原则，它作用于保持定罪、量刑与行为社会危害性、行为人可谴责性之间的均衡。② 禁止重复评价原则在罪数判断中的适用，主要是避免将一罪评价为数罪。③ 在实践中，司法者应依次对行为人所实施的行为进行事实评价和法律评价，禁止重复评价原则对事实及法律评价的指导作用应当贯穿始终。具体而言，禁止重复评价原则包括两种情形：一是禁止将只能满足一个犯罪构成的事实又去满足另一个犯罪构成的事实进行重复评价；二是禁止将满足一个犯罪构成所应具备的事实又当成从重、加重处罚的量刑情节进行重复评价。④

（二）罪数判断标准的选择

罪数的判断标准在刑法学术界的讨论由来已久，其中，客观主义标准说中有行为标准说和法益标准说的分野：行为标准说认为，犯罪的本质是行为，罪数的个数

---

① 参见郭开元、韩燕：《论禁止重复评价原则与刑法竞合》，载《河北法学》2006 年第 10 期。

② 参见叶小琴：《禁止重复评价原则与黑社会性质组织存续时间起点的认定》，载《国家检察官学院学报》2018 年第 6 期。

③ 参见刘刚：《论罪数评价》，载《法律科学（西北政法大学学报）》2011 年第 3 期。

④ 参见刘刚：《论罪数评价》，载《法律科学（西北政法大学学报）》2011 年第 3 期。

应当以行为的个数为标准;法益标准说则认为,犯罪的本质是法益的侵害,所以法益的个数决定了犯罪的个数。罪数的判断标准还有主观主义标准说,进一步又可分为意思标准说和目的标准说,前者主张犯罪意思或犯意的单复数决定着犯罪的个数;后者认为意识支配下的目的数决定着犯罪个数。目前,学界的主流观点为构成要件标准说,即应以刑法各本条和其他刑法法规中规定的构成要件为标准确定犯罪的个数。[①] 然而,构成要件的构建应当以保护法益为目的,质言之,相较于法益标准说,构成要件标准说似乎隔靴搔痒。因而,本书主张在处理网络涉毒行为的刑法规制问题时,将法益侵害判断置于首要位置。因此,关于如何区分一罪与数罪、应采取怎样的判断标准,本书更赞同法益标准说的观点。

本书以法益为网络涉毒行为分析的支撑点与落脚点,所以,将法益作为区分一罪和数罪的标准是本书的一贯性观点。根据前文的探讨可以得知,信息类网络涉毒行为在"理想类型"的网络涉毒行为分类中最严重地侵害了网络秩序法益,因此,在实践中,信息类网络涉毒行为需要厘清的罪数问题最为凸显。立足于法益标准说的观点,以双层法益观为指引,本书着重判断行为人实施利用网络传授制毒技术行为和利用网络平台发布贩卖、运输毒品行为时,是否侵害网络秩序法益,进而确定网络涉毒行为罪数形态并选择相应的处断原则。这一问题的讨论主要结合罪数理论在规范层面展开,可以认为,网络涉毒行为中涉及的罪数形态认定问题主要是非法利用信息网络罪的适用所涉及的罪数形态问题。

二、网络涉毒行为中罪数形态的认定

我国《刑法》第 287 条之一规定了非法利用信息网络罪,其第 3 款规定:"有前两款行为,同时构成其他犯罪的,依照处罚较重的规定定罪处罚。"这一规定只明确了非法利用信息网络罪的处断规则,却未对该条款涉及的罪数原理进行明示。这一条款应当如何理解学界仍有争议。一种观点主张,如果行为人在利用信息网络发布了相关犯罪信息后确实实施了具体的犯罪行为,不构成非法利用信息网络罪,只构成具体犯罪。[②] 另一种观点主张,该罪实质上难以与具体犯罪形成竞合,因此,

---

① 参见吴振兴:《罪数形态论》(修订版),中国检察出版社 2006 年版,第 14 ~ 18 页。

② 参见周光权:《刑法各论》(第 3 版),中国人民大学出版社 2016 年版,第 355 页。

关于实践中频繁出现的犯罪竞合现象可能是伪命题。基于此,这一具有提示性规定性质的条款的作用只是为了限制处罚,应以非法利用信息网络罪作为适用的首选。[①] 还有观点认为,该款规定在罪数理论上可能表现为想象竞合犯、牵连犯或吸收犯三种类型。[②] 本书认为,前两种观点明显脱离非法利用信息网络罪的立法和司法现实,至于第三种观点的认识,还需结合想象竞合犯、牵连犯或吸收犯三种罪数形态能否成立进行讨论。

(一)罪数形态可能性之探讨

吸收犯、想象竞合犯与牵连犯拥有各自不同的学理依据与特殊机能。因而,有必要针对行为人在利用信息网络发布了相关犯罪信息后确实实施了具体的犯罪行为所产生的罪数形态问题进行辨析。

1. 吸收犯概念之否定

"刑法学通说上所认可的吸收犯,是指实施数个存在吸收关系的犯罪行为,仅以吸收之罪定罪的犯罪形态。即吸收犯原本存在数个犯罪行为,属于数罪,但因为存在吸收关系,所以不实行数罪并罚。"[③]依照这一定义不难发现,吸收犯成立需具备数个独立的犯罪行为,且以各犯罪行为之间存在吸收关系为必要。但若以此为标准,似乎难以划定吸收犯的成立范围。遵循逻辑学上"属 + 种差"的定义方法,应当在吸收犯定义中表明其与其他罪数形态之本质区别。从表面上看,吸收关系便是吸收犯概念区别于其他罪数形态的本质特征,然而,细细考量吸收关系的判断标准即可发现,吸收关系事实上难以与"手段—目的"的牵连关系区别开来,高度行为吸收低度行为与目的行为牵连手段行为完全可能是对同一案件事实发自不同角度的判断评价。为解决吸收关系与牵连关系难以辨别的问题,有学者主张,吸收犯成立条件除却数行为和吸收关系这两个要素之外,尚需增加一条"行为人主观上必须无牵连或连续犯意"。[④] 由此,吸收犯概念似乎应当表述为:以数行为及行为之间的

---

① 参见孙道萃:《非法利用信息网络罪的适用疑难与教义学表述》,载《浙江工商大学学报》2018 年第 1 期。

② 参见陈志军:《非法利用信息网络罪研究》,载《公安学研究》2018 年第 5 期。

③ 周光权:《法条竞合的特别关系研究——兼与张明楷教授商榷》,载《中国法学》2010 年第 3 期。

④ 林亚刚:《论吸收犯的若干问题》,载《政治与法律》2004 年第 2 期。

吸收关系为前提,且不是牵连犯或连续犯的罪数形态。然而,依据逻辑学上“属 + 种差”定义法基本规则,任何定义不能以否定方式存在,否定是建立在肯定之后的单纯区分,定义是为了探寻事物本质的规定性或特有内涵,而不是为了单纯地区分。若以否定式语句为吸收犯定义,虽实现了与其余罪数形态的区分,但无助于揭示吸收犯本质规定性或特有内涵,吸收犯也只能是非牵连犯、连续犯之个例的简单集合。上述吸收定义之窘境,从侧面反映出吸收犯概念的含混性。对此,周光权教授指出:“我国刑法学中所采用的吸收犯是似是而非的概念,应当取消。对于原来放在吸收犯中讨论的问题,基本可以放在不可罚的事前、事后行为中讨论……取消吸收犯的概念还意味着在存在吸收关系的场合,有的可以作为法条竞合之下的吸收类型加以考虑。”[①]本书以为,我国刑法学界长期以来就吸收犯定义及成立范围展开的争论难以止歇的根本原因在于,学者误将本不具有共同特质的法条竞合吸收关系、与罚的前后行为以及部分牵连犯适例合并讨论,试图从不具有共同特质的上述三者中抽象、提炼出吸收犯定义所必需的本质特征,无异于缘木求鱼。故而,与其浪费时间,沉溺于概念的确定与论证,不如索性将吸收犯概念弃之不用。

在行为人发布涉毒信息后又实施贩卖、运输毒品行为的案件中,如果将行为触及的非法利用信息网络罪与贩卖、运输毒品罪认定为存在吸收关系,则应依高度行为吸收低度行为这一处断原则,以贩卖、运输毒品罪论处,这实际上与通说肯定的牵连犯之处断原则并无二致,相较之下,舍弃牵连犯这一更为清晰的概念显然不甚合理。退一步讲,如果以牺牲概念的准确性与科学行为代价,肯定吸收犯概念的存在具有价值,那么吸收犯的成立范围也仅能以不成立牵连犯为前提补充适用。故而,在行为人发布涉毒信息后又实施贩卖、运输毒品行为的案件中,仍然应当优先肯定数行为之间存在牵连关系,吸收犯成立之可能仍应被否定。

2. 想象竞合犯成立可能性之排除

依通说,想象竞合犯是指单一行为符合多个犯罪构成,因而属于观念上的数罪,实质的一罪,应从一重罪处断。与此不同,我国台湾地区学者甘添贵认为,“所谓想象竞合犯,在犯罪认识上,为数罪;在犯罪评价上,亦为数罪,仅在犯罪科刑上,

---

① 周光权:《法条竞合的特别关系研究——兼与张明楷教授商榷》,载《中国法学》2010 年第 3 期。

从其一重处断”。[①] 此二观点虽将想象竞合犯在罪数种类之划分层面上置于不同体系定位,但本书认为,体系定位的不同只代表评价角度与划分标准的区别。事实上,无论是实质的一罪还是处断的一罪,都反映了想象竞合犯的本质特征,即只存在一行为,只不过实质的一罪这一名称似乎是对为何以一罪处断这一问题的简略回应。因而,判断想象竞合成立与否,关键就在于行为数的判断。若能得出一行为的结论,则符合想象竞合的成立前提,否则只能成立他种罪数形态。

“关于行为数的判断,我国与日本、德国的做法存在明显的差异。德国刑法理论中的行为单数包括自然意义的一行为与法律意义的一行为两种类型。相较德国而言,在我国与日本刑法中,一行为通常指的是自然意义或者社会意义上的一行为。”[②]本书从罪数论出发,认为在判断行为单复数这一问题上应主张自然、社会意义上的一行为。而在行为人专设网络平台、创建贩卖、运输毒品通讯群组后或发布涉毒信息后又实施贩卖、运输毒品行为的案件中,无论从自然意义上还是社会意义上观察,行为人都实施了数行为,而想象竞合的成立以只存在一个行为为前提,针对此种情形,自然排除了想象竞合犯成立的可能。

3. 牵连犯之成立

在网络涉毒案件中,非法利用信息网络行为可以作为贩卖、运输毒品的手段。在行为人设立网络平台、通讯群组或发布涉毒行为后又实施贩卖、运输毒品行为的案件中,适用非法利用信息网络罪可能涉及牵连犯问题。例如,在吴某等贩卖毒品案件中,被告人先通过网络平台与买毒人员联系,在商谈大麻类毒品交易的数量、品种及价格后进行了毒品交易。[③] 这类案件在实践中较为普遍,应在确定牵连犯成立范围、处断原则的基础上,从牵连关系判断类型说、法益解释等角度论证非法利用信息网络罪适用中涉及的牵连犯问题。

(二)牵连犯的成立范围及处断原则

“牵连犯是指行为人为实施某种犯罪,而其手段行为或者结果行为又触犯其他

---

① 甘添贵:《罪数理论之研究》,中国人民大学出版社 2008 年版,第 109 页。

② 李海滢、王延峰:《因受贿而渎职的罪数问题:处断原则与理论依据》,载《河南社会科学》2021 年第 10 期。

③ 详见湖北省大冶市人民法院刑事判决书,(2018)鄂 02 刑终 196 号。

罪名的情形。”[①]在信息类网络涉毒案件中确实面临犯罪竞合的问题，盖因行为人利用网络平台发布涉毒信息的行为具有外观上的“手段—目的”关系，因此，应当判断利用信息网络行为与具体实施的毒品犯罪行为之间是否存在牵连关系。我国《刑法》第287条之一第3款规定：“有前两款行为，同时构成其他犯罪的，依照处罚较重的规定定罪处罚。”这一规定确立了非法利用信息网络罪与其他罪名“从一重”处断原则，然而，刑法理论和实践对行为人利用网络平台发布涉毒信息的行为是否为典型的牵连犯这一问题尚有争议。由此引出的前设性问题是，对于牵连犯应当适用何种处断原则？本书认为，应从理论层面阐明相关依据。

1.牵连犯成立范围的确定

牵连关系的存在是成立牵连犯的前提，牵连关系的判断较为复杂。刑法理论界对于牵连关系的判断兼存主观说、客观说、折中说与类型说。主观说认为，数个行为之间的牵连关系判断应以行为人的主观认识为标准；客观说则强调数行为之间的牵连关系判断应以客观事实为标准，客观上存在手段与日的、原因与结果的联系即可认定牵连关系，其中，根据对牵连关系的理解不同，又可分为包容为一说、不可分离说、通常性质说及形成一部说；折中说认为，数行为之间的牵连关系判断必须从主客观两个方面进行考察；[②]类型说的观点是，只有当某种手段依据刑法规定和司法实践通常被认定为用于实施某种犯罪，或某种原因行为通常导致某种结果行为时，才宜确定两行为间存在牵连关系。[③] 以上主观说和客观说虽然分别从两个方面对牵连关系的判断进行了考察，但是难免偏颇，折中说虽然力戒偏执一端之缺陷，但其具体构造仍面临难以精确和细化的弊端。[④] 本书赞同类型说，类型说实际是强调数行为的经常伴生性，是否可以肯定行为之间的伴生性，则应以法益为实质判断标准。

牵连犯以存在数个符合构成要件的行为为成立前提，而以一罪论处则是出于构成要件符合性之外的价值考量。在刑法教义学视域下，一切价值位阶的考量皆需自刑法目的——法益保护——出发。数行为伴生性之判断亦不能例外。具体而

① 陈兴良：《刑法的知识转型（学术史）》，中国人民大学出版社2012年版，第605页。

② 参见高铭暄、叶良芳：《再论牵连犯》，载《现代法学》2005年第2期。

③ 参见张明楷：《刑法学》，法律出版社2021年版，第651页。

④ 参见吴振兴：《罪数形态论》（修订版），中国检察出版社2006年版，第294页。

言,立法上的行为伴生性根源于法益的重叠保护,而法益的重叠保护必然导致构成要件要素的重复设置。以欺诈类犯罪与伪造文书罪为例,通说认为"虚伪的意思表示"是该类犯罪所共有的构成要件要素,而伪造文书本就是一种虚伪的语言表达或动作举止所并立的虚伪意思表示。[①] 以刑事法网的严密为追求,以法益之间的重叠保护为代价,刑法分则各罪的构成要件要素重叠设置的现象十分普遍,表现在法条间的逻辑关系上便是法条的交叉关系。仍以诈骗罪与伪造文书罪为例,当行为人实施的数行为能够同时满足诈骗罪与伪造文书罪的构成要件时,必然导致对"虚伪的意思表示"这一构成要件要素的重复使用,亦即必然涉及对该部分案件事实的重复评价。以法益保护为根本追求的法条重叠现象不能成为罔顾刑法人权保障机能的当然理由,兼顾人权保障与法益保护的科学处断与准确量刑,必然要求对禁止重复评价原则与充分评价原则的双重满足。因而,笔者认为,牵连犯的成立范围应当以法条之间是否存在交叉关系为形式标准,以法益是否被重叠保护为实质依据。依据上述判断准则,并非所有手段与目的、原因与结果的关系都是刑法意义上的牵连犯关系,如果行为间没有特定的类型化关系,也即法条之间并不存在交叉关系,亦即各罪之间并不存在法益的重叠保护设置者,不宜认定为牵连犯。

2. 牵连犯处断原则的选择

根据罪数形态在刑法体系中的定位,应当认为罪数问题的讨论包括刑罚论的内容,刑法中罪数论的主要任务是就一定的犯罪事实,决定以何罪名加以评价,而评价的目的在于使刑罚使用的范围与程度趋于明确。[②] 所以,在厘清了牵连犯的认定标准后,应当对牵连犯的处断原则进行讨论。

我国对牵连犯的处断呈现出从不并罚到并罚的发展趋势。[③] 传统刑法理论认为,牵连犯不应实行数罪并罚,而应当"从一重"处断或"从一重从重"处断,[④]这就强调了应当按照牵连犯数罪中最重的罪定罪处罚,或以此为基础在法定刑内酌情从重处罚。刑法与司法解释中规定了某些并罚的牵连犯后,理论上和司法实践中

① 参见张梓弦:《牵连犯的概念保留与范围确定——以〈刑法〉第229条第2款之修正为契机》,载《法学》2021年第11期。

② 参见刘宪权:《罪数形态理论正本清源》,载《法学研究》2009年第4期。

③ 参见陈兴良:《刑法的知识转型(学术史)》,中国人民大学出版社2012年版,第605页。

④ 参见高铭暄:《刑法问题研究》,法律出版社1994年版,第226页。

也出现了主张牵连犯并罚的观点。还有观点认为,对牵连犯的处断应当具有灵活性,既不能一律采"从一重"处断的原则,也不能均适用数罪并罚,应依据一定的标准决定究竟采取何种原则予以处罚。[①] 与之类似的观点认为,在刑法没有特别规定的情况下,应当"从一重"处断,如果刑法规定了数罪并罚,则实行数罪并罚。[②] 我国《刑法》对牵连犯的处断也有不同的规定,第一种是在分则中规定牵连犯应数罪并罚。例如,《刑法》第157条第2款规定:"以暴力、威胁方法抗拒缉私的,以走私罪和本法第二百七十七条规定的阻碍国家机关工作人员依法执行职务罪,依照数罪并罚的规定处罚。"第二种是在分则中规定牵连犯"从一重"处断。例如,《刑法》第399条第4款规定:"司法工作人员收受贿赂,有前三款行为的,同时又构成本法第三百八十五条规定之罪的,依照处罚较重的规定定罪处罚。"第三种是在分则中规定牵连犯"从一重从重"处断。例如,《刑法》第307条之一第3款规定:"有第一款行为,非法占有他人财产或者逃避合法债务,又构成其他犯罪的,依照处罚较重的规定定罪从重处罚。"

本书认为,"从一重"处断原则应当坚持,因为牵连犯的概念创设之初就是为了限制数罪并罚的适用范围,"从一重"处断原则符合牵连犯的本性,因此,研究牵连犯这一犯罪形态的目的很大程度上就是在为不实行数罪并罚找寻依据。[③] 除此之外,牵连犯中的手段行为与目的行为之间具有经常伴生性,刑法之所以运用牵连犯的概念解决定罪量刑的问题,是因为这类犯罪形态与典型的数罪有所差别,牵连犯"为达目的不择手段"的特性决定了其行为目的和犯意直指目的行为,法益侵害危险性较低,采取数罪并罚难以符合罪刑相适应原则的要求。此外,本书亦难以赞同牵连犯应适用"从一重从重"处断原则。其实,学者主张"从一重"与"从一重从重"处断牵连犯的基本逻辑相同,只不过考虑以"从一重"处断犯罪未免对犯罪有所轻纵,而"从一重从重"是介于"从一重"和数罪并罚之间的刑度,较为适中。所以,适用"从一重从重"原则才能真正体现罪刑相适应的刑法基本原则。[④] 但是本书认为,在大部分牵连犯的处断中,"从一重"处断已经能够恰当、适度地评价犯罪行为的法

---

① 参见刘宪权:《罪数形态理论正本清源》,载《法学研究》2009年第4期。

② 参见包健、于英君:《试论牵连犯定罪量刑的价值取向》,载《法学》1998年第4期。

③ 参见刘宪权:《罪数形态理论正本清源》,载《法学研究》2009年第4期。

④ 高铭暄、马克昌主编:《刑法学》(第10版),北京大学出版社、高等教育出版社2022年版,第194~195页。

益侵害程度，如果统统适用“从一重从重”处断牵连犯，将可能放任重刑主义思想在司法实践中的强化，不利于保障犯罪人的合法权益。[①]

（三）非法利用信息网络罪适用中涉及的牵连犯问题

根据牵连关系判断类型说的观点，可以判断在非法利用信息网络发布的贩卖、运输毒品信息行为与贩卖、运输毒品行为之间形成经常伴生关系，进而成立牵连犯。首先，发布信息行为为贩卖、运输毒品行为提供预备，此二行为之间存在刑法意义上的手段与目的关系。我国《刑法》第 22 条第 1 款规定：“为了犯罪，准备工具、制造条件的，是犯罪预备。”“而所谓预备行为，是指为犯罪的实行创造便利条件，以便犯罪顺利完成的行为。”[②]非法利用信息网络罪具有预备行为实行化的规范属性，将“为了犯罪，准备工具、制造条件”这一抽象行为具化为设立平台或发布信息等行为。立法者制定非法利用信息网络罪的初衷是为了惩罚设立平台、发布信息等行为本身。因此，从立法旨趣上考察，该罪的设置旨在“解决信息网络犯罪中带有预备性质的行为如何处理的问题”。[③] 在毒品犯罪日益依赖网络的背景之下，利用网络发布涉毒信息这一具有预备性质的手段行为可被视为贩卖、运输毒品的前序行为，在发布信息后又实施毒品犯罪的场合，适宜认定成立牵连犯。其次，发布涉毒信息行为与贩卖、运输毒品行为具有特定的类型化关系。我国《刑法》第 287 条之一第 1 款第 2 项已经明确将发布有关制作或者销售毒品、枪支、淫秽物品、管制或者其他违法犯罪信息的行为认定为非法利用信息网络的行为。从规范层面考量，我国《刑法》已经承认了这种类型化的牵连关系，因此，依照牵连关系判断类型说的观点确认此二行为间存在牵连关系具有合理性。最后，从法益解释的角度考量，利用网络发布贩卖、运输毒品信息的行为造成了网络秩序法益侵害，非法利用信息网络罪的设立又旨在规制非法利用信息网络实施的具体犯罪行为，禁止利用网络传播法律所禁止传播的内容，防止网络管理失控和网络空间失序。[④] 根据本书

---

① 参见冯野光、闫莉：《论牵连犯的内涵、特征及处罚原则》，载《法学杂志》2012 年第 3 期。

② 陈兴良主编：《刑法总论精释》（第 3 版），人民法院出版社 2016 年版，第 425 页。

③ 雷建斌主编：《〈中华人民共和国刑法修正案（九）〉解释与适用》，人民法院出版社 2015 年版，第 157 ~ 158 页。

④ 参见胡莎：《非法利用信息网络罪的适用问题研究——“被虚置”与“口袋化”》，载《法治社会》2019 年第 3 期。

前述主张的双层法益理论观点，侵害阻挡层法益与背后层法益的行为之间通常具有手段与目的的关系。基于以上理由，亦能在学理上主张实施非法利用信息网络罪后又实施后续犯罪行为符合牵连犯的构造。[1]

为合理解决网络涉毒案件中涉及的牵连犯问题，还应明确非法利用信息网络罪的规范属性。从司法实践角度考量，在设立本罪之前，针对作为贩卖、运输毒品预备行为的设立平台或发布毒品犯罪信息的行为，只能结合《刑法》第22条和第347条的规定认定为预备犯。检察机关需要对行为人设立平台、发布信息时的主观方面进行考察，需证明行为人在实施发布行为、设立行为时已具有实施毒品犯罪的故意。这一证明难度较高，不易把握，大大增加了检察机关起诉犯罪的工作量。非法利用信息网络罪的设置降低了目的行为触犯具体罪名的证明难度，这意味着设立平台和发布信息行为的定罪依据不再是毒品犯罪的实行行为，而是预备行为本身，省去了上述的证明环节。对此，有学者认为，非法利用网络信息罪的设立提升了信息类网络涉毒行为的打击效率，但有悖于我国刑法固有的以"实行行为"作为定罪依据的做法。[2] 本书认为，学者仅从诉讼效率的角度断定预备行为实行化存在侵蚀处罚实行行为的处罚原则不甚严谨。即使承认预备行为实行化实际上变相降低了实行行为的证明难度，也应当看到，被提升为实行行为的设立平台、发布信息等非法利用信息网络的行为也非一旦实施即构成犯罪，且需要检察机关充分举证。两相比较，证明效率孰高孰低其实难以一概而论。本书认为，非法利用信息网络罪具有预备行为实行化的规范属性，也是立法者迎合处罚网络空间一系列犯罪行为的必要规范依据，本罪的设立符合严厉打击网络犯罪的刑事政策要求，具有积极意义。[3] 那么，基于这一立场，在认定网络涉毒行为时应当肯定设立平台和发布信息行为具有刑法处罚之必要性，并以此为基础认定该罪涉及的罪数问题。

---

① 参见姜金良：《法益解释论下非法利用信息网络罪的司法适用——基于〈刑法修正案（九）〉以来裁判文书样本的分析》，载《法律适用》2019年第15期。

② 参见郭思宇、李文君：《网络涉毒现象的司法认定——以〈刑法修正案（九）〉为视角》，载《广西警察学院学报》2017年第3期。

③ 参见车浩：《刑事立法的法教义学反思——基于〈刑法修正案（九）〉的分析》，载《法学》2015年第10期。

第五章

刑法规制网络涉毒行为的总体思路

网络涉毒违法犯罪并不属于典型的“网络犯罪”,我国立法和相关司法解释对该类行为的规定也未成体系。但毋庸置疑的是,网络涉毒行为本身兼具毒品犯罪和网络犯罪的特点,故而,以网络犯罪的视角审视网络涉毒行为具有必要性和可行性。目前,我国立法和司法已经沿着这一思路进行了探索,这一方面体现在我国毒品犯罪相关司法解释、规范性文件中已对部分网络涉毒犯罪的定罪量刑进行了规定,将某些网络涉毒行为认定为网络犯罪;另一方面,由于我国毒品违法犯罪行为受互联网技术影响,呈现出涉毒信息、沟通联络、支付方式、运送方式、犯罪场所网络化的典型特征。[①] 网络涉毒行为的刑法规制难题在司法实践中显现,参考网络犯罪的刑法规制思路有助于改善网络涉毒行为刑法体系性规制阙如的缺憾,通过梳理传统刑法规制网络犯罪的难题,也可以启发网络涉毒行为的刑法规制思路。[②] 在这样的背景下,本书展开对刑法规制网络涉毒行为总体思路的探讨具有基设性意义。然而,在探讨该问题之前,还需结合我国毒品犯罪的治理

---

① 参见胡江:《毒品犯罪网络化的刑事治理》,载《西南政法大学学报》2020 年第 5 期。

② 参见元明、肖先华:《涉网络毒品犯罪司法适用的几个问题》,载《做优刑事检察之网络犯罪治理的理论与实践——第十六届国家高级检察官论坛文集(2020 年)》,第 1 页。

概况,反思我国毒品犯罪的治理效果,以此为依据阐明刑法治理毒品犯罪的基本问题。

第一节　刑法治理毒品犯罪的基本问题

面对国内外持续紧张的毒品犯罪发案趋势,毒品犯罪的治理一直是我国政府重点关注和强力支持的领域。而毒品犯罪的治理路径从来都并非单一,综合治理是毒品犯罪治理的有效措施。毒品犯罪的刑法规制属于刑法学讨论的范畴,然而毒品、吸毒问题则是成因复杂的社会问题,如果单纯强调刑法在治理某一社会问题中的作用,则会引发偏倚刑法的不良后果,且刑法治理效果也会因为边际效应而大打折扣。为了达到更好的效果,在犯罪治理中应跳出单纯的控制思维,注重权益保障,以刑法保障法益为出发点论证刑法治理犯罪的基本问题。具体到毒品犯罪,应立足于我国毒品犯罪治理的概况,以刑法保护法益为导向,在整合权利保障思维的基础上,对毒品犯罪的治理进行全面的、综合性的利益衡量,进而形成我国刑法规制网络涉毒行为的理念和路径。

一、我国毒品犯罪治理概况及反思

(一)暂时向缓,吸毒人数可能上升

近年来,我国毒品犯罪的治理取得了卓越成就,毒品犯罪蔓延的势头得到有效遏制,全国法院毒品案件数量在达到峰值后持续回落。最高人民法院的官方数据显示,2012～2021年,全国法院一审审结毒品犯罪案件共计95.7万件,判决生效犯罪分子102.9万人。10年间毒品犯罪案件数量呈抛物线型变化趋势。一审结案数从2012年的7.6万件增至2015年的13.9万件,此后开始持续回落,2021年一审结案数降至5.6万件,回到2012年以前的水平。据悉,我国末端毒品犯罪数量明显下降。近5年,随着我国吸毒人员数量的逐年下降以及戒毒管控措施的不断加强,毒品消费市场持续萎缩,“零包”贩卖毒品、非法持有毒品、容留他人吸毒等犯罪呈下降趋势。2021年全国法院一审审结非法持有毒品案件1595件、容留他人吸毒案件

11,203件,较2015年高峰时期的10,875件和35,867件分别下降了85.33%和68.77%。[①] 公安部2022年发布的《2021年中国毒情形势报告》显示,截至2021年底,全国现有吸毒人员148.6万名,同比下降17.5%;新发现吸毒人员12.1万名,同比下降21.7%。现有吸毒人数和新发现吸毒人数连续5年下降,毒品滥用治理成效持续显现。

然而,受国际、国内多种因素影响,我国毒品犯罪治理节奏却不容放缓。联合国毒品和犯罪问题办公室于2020年6月25日发布《2020年世界毒品报告》,报告指出,关于戒毒治疗覆盖面的最初数据显示,许多国家提供的治疗服务很少。报告显示,根据来自30个国家的早期数据分析,这些成员国为吸毒者提供的治疗和干预措施差别较大。2015~2018年,吸毒者接受治疗和干预的比例因毒品类型、国家地区等差异显现出从1%~86%的巨大差异,可以推定的是,许多国家的戒毒治疗覆盖率仍然很低,具体的综合治理手段进展难以量化估计,面临2020年的特殊国际情势,部分国家可能进一步减少许多人获得戒毒治疗的机会。[②] 可见,在新冠疫情流行的大背景下,仍有众多吸毒人员饱受毒品荼毒且无法及时戒断。随着后疫情时代的到来,管控的松懈可能致使原本难以运输的毒品反弹,造成不良后果。由于我国《刑法》不惩罚吸毒行为,而吸毒又与贩卖毒品、容留他人吸食毒品紧密关涉,所以,即使我国目前毒品犯罪治理情势向缓,还是应当严防吸毒滋生其他毒品犯罪的危险趋势。此外,处于新旧种类毒品交替、毒品更新换代快的当下,合成毒品相较于传统毒品有着更强的传播力。这进一步提示我们,毒品犯罪的治理时刻不能放松,应当严防由吸食合成毒品引发的违法犯罪,抑制新增吸毒人员,防止吸毒人群范围扩大,遏制吸毒人员交叉感染和复吸,从需求侧抑制毒品消费将是行之有效的对策。

(二)合成毒品及混吸引发的毒品犯罪趋重

根据学者的调查,以海洛因为代表的阿片类毒品滥用在我国21个省内均呈现

---

① 参见《全国毒品案件数量回落到十年前水平》,载光明网,https://m.gmw.cn/baijia/2022-06/26/1303016191.html,最后访问时间:2022年9月1日。

② 参见《2020年世界毒品报告》第7页,载联合国官网,https://news.un.org/zh/story/2020/06/1060732,最后访问时间:2021年12月15日。

不同程度的遏制态势，合成毒品滥用却处于快速流行或广泛蔓延阶段。[①] 合成毒品（也称新型毒品、新精神活性物质等）通常是不法分子为逃避法律管制，修改被管制毒品的化学结构而得到的毒品类似物，具有与管制毒品相似或更强的兴奋、致幻、麻醉等效果，被联合国毒品与犯罪问题办公室确定为继海洛因、甲基苯丙胺之后的第三代毒品。当前，基于联合国管理精神活性物质的体系，国际和国家毒品管控法律的基础是一份有约300个精神活性物质的名录。这些物质根据其被打击的程度被分为特定的类别。为了防止精神活性物质的滥用，除了医疗用途或科学研究外，它们的种植、制作、生产、出口、进口、销售、持有和消费都是被禁止的。[②] 我国目前处于第二代和第三代毒品并存的趋势之中，根据最高人民法院发布的信息，甲基苯丙胺已取代海洛因，成为我国滥用人数最多的毒品种类。[③] 甲基苯丙胺作为第二代毒品的代表，其在世界范围内的盛行实际上标志着实验室毒品的到来。第二代毒品和第三代毒品的制造大幅降低了对传统毒品原材料的依赖，实质上属于实验室毒品，具有难以禁绝的特点。在我国东南沿海和部分西南省份，制造甲基苯丙胺的毒品犯罪形势十分严峻。

合成毒品通常是第二代毒品的变种，外观样式呈现出不同的形态，在实践中具有难以甄别的特征。合成毒品流行于娱乐场所中，其受众主要是年轻群体。由于合成毒品还具有更新换代快的特征，通常具有一定的迷惑性，被误以为毒性不大或不会成瘾。但实际上，由于合成毒品的“制造工艺”并不稳定，吸食合成毒品的致幻性、对人类机体的危害性可能超越传统毒品，因此，因吸食合成毒品而引发的毒品犯罪也可能更为严重。除此之外，吸毒成瘾者对合成毒品的接纳度更高，容易发生混吸。对于吸毒成瘾者而言，吸食单一毒品可能缺乏刺激，不断迭代的合成毒品显然容易成为其追求刺激的选择。由于毒品在人体内的作用机制不同，不同种类的毒品和有毒物质之间的相互作用可能会使吸毒后的不良反应成倍增加，也可能增加对毒品的需求量，间接促成毒品犯罪。

---

① 参见贾振军、贾忠伟、鲍彦平：《全国二十一省、自治区、直辖市毒品滥用人群基数调查评估报告》，载《中国药物依赖性杂志》2020年第5期。

② 毒品政策全球委员会2019年度报告：《精神活性物质附表：当科学被遗忘》，第3页。

③ 参见《2019年十大毒品（涉毒）犯罪典型案例》，载中华人民共和国最高人民法院官网，www.court.gov.cn/zixun-xiangqing-166442.html，最后访问日期：2020年12月3日。

（三）我国毒品犯罪治理效果反思

我国持续扎实推进毒品犯罪的综合治理，积极构建共建共治共享的毒品治理格局。从短期效果看，我国现阶段毒品犯罪治理虽然显现成效，但是毒品犯罪作为严重的社会问题，仍不容小觑。由于毒品犯罪与药品成瘾性研究及戒断研究勾连甚密，综合治理体系的建成需要充分的科学依据和完善的服务链条，对专业人员的需求也比较高，然而，无论从戒断投入还是资金支持等方面考量，目前我们距离综合治理目标还存在距离。可以说，毒品犯罪治理的“综”未能很好地完善，毒品犯罪治理的“合”才刚起步。

目前，我国以刑法为核心的毒品犯罪治理体系注重对毒品供给侧的打击。刑法的运行需要动用高昂的社会成本，所以从理论上讲，应当期待“以刑治毒”具有良好的治理效果。然而，分析毒品市场的供求关系能够发现，过分依赖刑法治理毒品犯罪将导致毒品犯罪恶性反弹的长期效果。具体而言，一般市场上的商品都会达到供需均衡，毒品所具有的非法性和成瘾性决定了其市场的特殊性，即供给基本上不可能满足毒品消费市场的需求，因此，从长期看，毒品市场会呈现供不应求的局面。所以，从严治理毒品市场和毒品犯罪，尤其着重在毒品的生产、交易环节对毒品犯罪进行打击，会使毒品价格在短期内有所升高，阻滞一部分毒品消费，达到减少吸毒的效果。但是这种效果的持续时间会随着替代性产品的出现而减轻，也会随着市场的变化而消弭，故而缺乏长期有效性。结合我国毒品犯罪的治理现状，应当反思，坚持以刑法为核心的毒品犯罪治理体系可能难以取得长效的综合治理效果。现阶段，没有毒品的社会只是一种幻想，相伴而生的毒品犯罪即使在刑法最严厉的、法治体系最健全的国家也不会完全遁形，我们要认清并接纳这个事实，必须在科学实证的基础上为合法管制毒品、治理毒品犯罪做准备。

二、刑法在治理毒品犯罪中的应然定位

根据我国毒品犯罪的治理概况及其反思可以看到，毒品犯罪的禁绝目标客观难以达成。我国对待犯罪一直主张“除恶务尽”，而这种长期占据上风的理想主义目标要求国家和社会不计一切代价遏制犯罪，特别是对毒品犯罪、黑社会性质组织犯罪等社会危害性大的犯罪，这就导致实践中对待这些犯罪的惩治往往从严从重。

然而,犯罪作为一种普遍存在于社会各国的社会现象,实属一种必要的"社会代谢"机制,有其存在的必然性,应更务实地、更客观准确地看待犯罪现象。① 应当承认,在一段时间内,国家和社会舆论期望"重刑治毒"可以起到良好的毒品犯罪治理效果,但正如学者的批评那样,也许我们还怀念新中国成立之初三年即消除毒患的惊人成就,甚至还寄希望于重复当时的疾风骤雨和群众运动式的模式来解决当代中国的毒品问题,这是一种美好而又危险的幻想。② 故而,为了取得更好的刑法治理效果,可以尝试走出单纯的控制思维,以保障权利的思维为指导,对犯罪治理进行全面综合性的利益衡量。具体而言,毒品犯罪的治理应当警惕刑法泛化的不良影响,重视其他社会控制手段对毒品犯罪发挥的积极作用,擅用综合治理思维。客观定位刑法在治理包括网络涉毒在内的毒品犯罪相关行为中应当彰显的作用,这亦是探讨网络涉毒行为刑法规制应当遵循的总体思路的前提。

(一)警惕刑法泛化的不良影响

在世界范围内,毒品犯罪是面目可憎的恶魔,国家和公民都希望通过严苛的手段和方法战胜毒品与毒品犯罪。为了达到这一目的,刑法被视为合法且尖锐的利剑,与毒品犯罪抗衡。在与之相似的逻辑之下,面对许多严重的、新生的犯罪现象,人们都试图通过新增或修改刑法的方式予以对抗,以期在短时间内有效、快速地解决犯罪带来的危害。此时,刑法看似一剂猛药,总能针对"疑难杂症"药到病除,而不在乎"药效"是否稳定、是否适宜长期"服用"。尽管实现社会控制的手段多样,比如舆论、法律、信仰、社会暗示、社会宗教、个人理想、礼仪、艺术、人格、启蒙、幻象、社会价值观和伦理法则等,但法律仍然被视为社会秩序大厦的基石。③ 在诸多法律中,又以刑法为最严苛,以剥夺行为人的财产、自由甚至是生命为适用结果,它在维护社会秩序的众多部门法中是地位极为特殊的法律,它的臂展左右着公民与国家机器的"权利—权力"边界,也深刻影响着刑法与其他部门法之间的"管辖"范围。因此,刑法规制的犯罪行为宽泛一定程度上会压缩公民自由行动的空间,但是刑法规制范围过窄亦有可能造成疏漏,致使公民的合法权益受到侵害。故而,过宽或过

---

① 参见卢建平、姜瀛:《论犯罪治理的理念革新》,载《中南大学学报(社会科学版)》2015 年第 1 期。

② 参见姚建龙主编:《禁毒刑法学》,中国人民公安大学出版社 2016 年版,总序第 2 页。

③ 参见[美]爱德华·罗斯:《社会控制》,秦志勇、毛永政等译,华夏出版社 1989 年版,第 46 页。

窄的刑法规制范围都不适宜。目前,我国刑事法律的修改较为活跃,刑法的适用也面临着泛化的风险。从刑事立法看,我国《刑法》用 12 个条文对毒品犯罪进行规制,可谓是“浓墨重彩”;从刑事政策上看,我国一贯对毒品犯罪秉承“零容忍”的态度,这无疑征表了我国重刑治毒的决心,但也可能造成实践中从严从重的司法惯性。为了追求毒品犯罪治理的长期效果,应当防止刑法泛化在毒品犯罪治理中产生的不良影响。

我国刑法理论对于刑法泛化问题的讨论较少,但围绕刑法的发展应采取积极刑法观还是消极刑法观的争论似乎从未停歇。刑法泛化的问题在英美法系国家引起了学者的兴趣,尤其在美国,过多的刑事案件、过于拥挤的监狱使得美国学者开始反思刑法的立法和适用是否存在过度化趋势。美国学者通过研究其国内刑事司法现状总结为,“很多公民处于这样的错误印象之下:缓刑和假释是刑罚的宽恕替代方法,而不是刑罚模式或刑罚种类。但无论怎样,处于刑事司法系统的控制和监管之下的人数,在 20 世纪的最后 25 年中迅速增长,并且在 21 世纪的前几年持续增长”。[①] 这就是美国刑法泛化的直接表现。刑法泛化也被称为刑法过度化、过度刑法化等。“‘过度刑法化’是一种社会政治现象,可以从原因、后果和矫正的角度进行综合评价。”[②]牛津大学的 Andrew Ashworth 教授指出,刑法泛化是指刑法没有遵循与其他法律、社会规范的界限,超出了其合理功能的情况。[③] 在我国,学者总结,“过度犯罪化,就是指国家用刑法去管了那些不该用刑法管理的事务,也就是说,立法者把从一般法社会情感来看本来不应该规定为犯罪的行为,却通过刑法立法将其规定为犯罪,而这样做,立法者就是要通过过度犯罪化来达到严格管控社会的特定功利目的”。[④] 本书认为,刑法只有在保护社会利益和保护个人利益上取得平衡,才能发挥其理想的功能。但是,这种“平衡”又常常是相对的。在具体的司法运作中,刑法的社会功能与个人权利保障功能之间难以寻求绝对平衡,立法者和司法部

---

① [美]道格拉斯·胡萨克著:《过罪化及其刑法的限制》,姜敏译,中国法制出版社 2015 年版,第 4 页。

② Erik Luna, *The Overcriminalization Phenomenon*, Amarican university law review volume 54, issue 3, Page 711.

③ See Andrew Ashworth, *Conceptions of Overcriminalization*, Ohio State Journal of Criminal Law 2008 (Vol 5), Page 407.

④ 谢望原:《谨防刑法过分工具主义化》,载《法学家》2019 年第 1 期。

门时刻面临两种观念的侧重面选择。在这一点上,存在两种模式:一是选择以个人自由权利为主导,即个人本位或民法本位的价值观模式,这种模式下的刑事立法和司法,关注对个人权利、自由的全面保护,注重对社会生活的适度干预,合理地划定犯罪圈、刑罚圈,以保障公民的权利、自由不受刑法的过度干预,从而使刑法对社会生活的干预界定在维护公共安全秩序所绝对必需的限制之内,强调其他法律手段在社会生活中的调控作用,即强调刑法对社会生活的最低限制干预;二是选择以社会保护功能为主导的模式,即社会本位的立法价值观模式,这一模式下的刑事立法和司法,侧重于社会利益的保护,强调刑法对社会生活的全面干预,刑法广泛地涉足公民个人的生活领域,过分强调刑法在调控社会生活中的作用。刑事立法和司法的上述两种模式,实质上是两种不同的犯罪观的现实外化。前一种模式所体现的如果是一种适度犯罪化思想的话,那么,后一种模式可以称为过度犯罪化。刑法泛化有不同的面向,比如,扩大严格责任在商业领域和行政管理领域刑事犯罪认定中的适用、将原本应当由政府行政法或者民法调整的行为划入刑法的管辖范围等,我国有学者主张,设置多余、无必要的犯罪类型设定应当被视为“过度刑法化”的立法表现。①

刑法泛化的危险主要体现在四个方面:第一,司法资源的低效配置。一般而言,国家无论出于何种善意都必须意识到动用刑法治理犯罪都将付出必要的代价,要尽一切可能将刑罚产生的副作用控制在最小范围内。② 如果犯罪化的范围过广、速度过快,必然意味着国家要投入更多的刑罚资源,而资源的投入需求超过社会财富所能承担的比例限额时,反而会给社会带来沉重的负担,从而阻碍社会的发展。③ 第二,刑法的威慑效应缩减。在刑法泛化较为严重的英美国家,学者已经敏锐地察觉到,刑法过度所引起的罪名的增设和犯罪数量的增加导致了法院和监狱的过度拥挤,并造成了刑罚的谴责功能大大退化。④ 这就意味着,如果公民习惯了刑法轻易、频繁地被动用,那么刑法对于社会大众的威慑力将可能打折,进而使刑法的一

① 参见吴亚可:《刑法目的理性视域下我国犯罪类型设定“过度刑法化”论纲》,载《刑法论丛》2017 年第 2 卷,第 201 页。

② 参见何荣功:《“重刑”反腐与刑法理性》,载《法学》2014 年第 12 期。

③ 参见游伟、谢锡美:《犯罪化原则与我国的“严打”政策》,载《政治与法律》2003 年第 1 期。

④ 参见何荣功:《社会治理“过度刑法化”的法哲学批判》,载《中外法学》2015 年第 2 期。

般预防功能折损。第三,刑法的人权保障机能受损。刑法泛化会导致国家刑罚权的膨胀,侵占个人权利领地,使公民权利和自由面临萎缩的危机。以美国为例,著名的“禁毒战争”(drug wars)曾一度被视为打击毒品犯罪的有力战略性举措,但事实是,禁止主义在公共卫生方面导致了种族歧视和监禁人数暴增,监狱人满为患,加剧了交叉感染的风险;同时,涉毒犯罪组织力量壮大、相关暴力腐败增加,同时致使某些关键药物的可及性缺乏。[①] 要改变这一现状,应当实施更有效的、更尊重人权的政策。第四,疏于探寻犯罪生成机理。如果国家和公民过分倚重刑法,那么这样一种逻辑便容易盛行:某一行为的犯罪化昭示着我们在制度层面和社会治理层面解决此种行为的能力短缺,而这种短缺,刑法可以高效地补足。于是,在犯罪治理中,更容易陷入愈加依赖刑法的恶性循环,而疏于对犯罪产生原因、犯罪预防对策的深入探究,这于建立打击犯罪的长效机制十分不利。

毋庸置疑的是,“近年来多个刑法修正案的出台,不仅昭示着我国的刑事立法活动再度进入了活跃期,而且明显呈现出刑事处罚范围积极扩张的态势”。[②] 1997年《刑法》制定至今,仅仅20余年的时间中,我国出台了11部刑法修正案,毋庸讳言,刑法的立法和修改已成为我国立法活动中最积极的参与者,这种积极的立法参与表现为刑事立法活动的频繁,也表现为立法的范围扩大。目前,我国刑法修正案主要通过三种方式扩张刑法,以实现其参与社会治理的目的:第一,通过扩张刑法的处罚对象划大犯罪圈,主要表现为增设罪名;第二,通过前伸刑法处罚时间,实现刑事处罚的早期化,主要表现为处罚预备行为、准备行为;第三,刑事处罚标准降低,主要表现为入罪数额或情节标准降低。[③] 具体来说,在我国历次刑法的修改中,增加罪名和加重对某些犯罪的刑罚成为修法的主流。[④]

那么,在我国,刑法泛化是否在毒品犯罪的治理中有所体现呢?本书认为,尽管在毒品犯罪领域该问题不明显存在,且“重刑治毒”的理念在我国有一定的存在必要,但是在积极刑法观主导的当下,还是应当防止刑法泛化对毒品犯罪刑法治理带来的不良影响。本书认为,可以从毒品犯罪的刑事立法和司法适用两个层面详

---

① 毒品政策全球委员会2019年度报告:《精神活性物质附表:当科学被遗忘》,第4页。

② 陈璇:《法益概念与刑事立法正当性检验》,载《比较法研究》2020年第3期。

③ 参见王强军:《社会治理过度刑法化的隐忧》,载《当代法学》2019年第2期。

④ 参见刘艳红:《我国应该停止犯罪化的刑事立法》,载《法学》2011年第11期。

细分析。首先,目前我国《刑法》和司法解释对毒品犯罪的规制相对于其他犯罪而言已然较为详尽,部分相对于制造毒品、贩卖毒品而言的预备行为被划入刑法的规制圈,比如,设立非法种植毒品原植物罪,非法买卖、运输、携带、持有毒品原植物种子、幼苗罪等。可以说,我国现行刑法中规定的毒品犯罪罪名涵盖了从非法种植毒品原植物等源头型行为到制造、走私、贩卖、运输毒品的核心型行为,再到与吸食毒品相关密切的容留型行为,是全链条式的规制模式。[①] 其实,全链条打击是从源头遏制毒品犯罪的理想举措,但是,这种规制的有效性在“后疫情时代”面临着新的挑战。2020 年 3 月,从东亚进口的甲基苯丙胺前体短缺促使墨西哥和美国的甲基苯丙胺价格上涨,联合国毒品和犯罪问题办公室认为,这是由于旨在阻止新冠肺炎传播的限制性措施很可能使依赖前体化学品的制毒者受到进一步挤压,导致甲基苯丙胺价格的上涨。打击前体物质不仅会带来毒品价格的上涨,在《2020 世界毒品报告》中,联合国毒品和犯罪问题办公室还提出了这样的观点:对前体化学品的管制迫使制毒者进行创新。最常作为前体用来合成苯丙胺、甲基苯丙胺和“摇头丸”等毒品的许多化学品已被置于国际管制之下,这就迫使全球范围内制贩毒品者去寻找法律管制较松的新型物质或者研发专为规避管制而设计的其他化学物质,即所谓的“特制前体”。[②] 按照这种观点,将制造毒品的预备行为作为犯罪进行规制实际上的效果如何,其实面临质疑。其次,我国刑法中毒品犯罪“定量”要素规定的缺失模糊了刑法的适用边界。从立法模式的角度观察,我国刑法对犯罪采取的是立法既定性又定量的规定模式,只有具有严重社会危害性、应当受刑法处罚的行为才是犯罪。但是我国刑法在规制毒品犯罪时没有对走私、贩卖、运输、制造毒品罪设置“定量”要素,这种“无下限”和“无上限”的特征,在立法这一步就省略了对该类行为危害性程度的判断,无形中扩大了入罪范围。从《刑法》体系性的角度观察,第 437 条和第 13 条但书规定的也形成了冲突。从司法角度观察,在毒品犯罪案件中,行为人的主观故意不明确时通常采用推定的方式进行判断;同时,毒品犯罪的重刑率较高,这已经成为不容忽视的事实。从全国的整体情况看,“在重刑率方面,2015

---

① 参见利子平:《我国毒品犯罪刑事立法的反思——以类型化思维为视角》,载《南昌大学学报(人文社会科学版)》2014 年第 5 期。

② 《2020 年世界毒品报告》,载 https://news.un.org/zh/story/2020/06/1060732。

年至 2019 年，毒品犯罪案件中判处五年有期徒刑以上刑罚的年均重刑率为 22.37%，各年度的重刑率均明显高于同期全部刑事案件重刑率"。[①] "判处五年以上有期徒刑直至死刑的被告人 1544 人，重刑率 20.82%，高出全部刑事案件重刑率 11.37 个百分点。"[②]另外，由于立法中并未设立毒品犯罪的入罪门槛，司法就承担起了调节立法入罪的实际功能，且司法解释在调节立法中的作用受刑事政策的影响大，法官又有较大的自由裁量权，容易造成同案不同判的现象。综上，我国毒品犯罪的刑事立法和司法至少存在泛化的倾向和风险，在毒品犯罪的刑法规制中，应当谨防这种风险的严重化趋势，防止因过度依赖刑法而造成其他毒品犯罪治理手段的偏废。

（二）毒品犯罪中的秩序法益保护之限度

刑法遵循法益保护主义，所谓法益保护主义，是指刑法将某种行为规定为犯罪并对其赋予刑罚后果的目的，在于保护各种法益。[③] 上一章已经论述了非法利用信息网络罪的保护法益包含网络秩序法益，但是并不赞同毒品犯罪的保护法益为国家毒品管理制度的观点。在我国，由于毒品犯罪被规制在刑法妨害社会管理秩序罪一章，主张毒品犯罪保护法益为国家毒品管理制度的观点自然是认同将社会管理秩序作为刑法保护法益的立场，如有学者具体论述，毒品犯罪所侵害的社会管理秩序具体是指"国家对麻醉药品和精神药品的管理秩序"。[④] 有观点认为，我国刑法中所规制的犯罪包含一些法益不明的犯罪，这些犯罪主要集中在《刑法》分则第六章"妨害社会管理秩序罪"一章。[⑤] 其实，我国刑法将毒品犯罪归于"妨害社会管理秩序罪"一章并未揭示毒品犯罪具体归属于何种法益，也未说明该行为所干涉的对

---

① 最高人民法院：《对罪行极其严重毒品犯罪分子坚决依法判处死刑》，载光明网，https://legal.gmw.cn/2020-06/23/content_33934691.html。

② 《江西高院发布 2020 年度八大毒品犯罪典型案例》，载 http://jxfy.chinacourt.gov.cn/article/detail/2020/06/id/5320509.shtml。

③ 参见贾学胜：《非犯罪化与中国刑法》，载陈兴良主编：《刑事法评论》第 21 卷，北京大学出版社 2007 年版，第 509 页。

④ 姚建龙主编：《禁毒刑法学》，中国人民公安大学出版社 2016 年版，第 8 页。

⑤ 参见贾学胜：《非犯罪化与中国刑法》，载《刑事法评论》2007 年第 2 期。

象及由此可以推导出的法益侵害。[①] 这也是毒品犯罪保护法益在理论上饱受争议的原因之一。对于秩序类法益保护限度的讨论是支撑毒品犯罪保护法益观点的重要补充,也是厘清刑法规制侵犯社会秩序行为边界的必要理论前提。

正如前文所论,笔者当然认同刑法应当以保护秩序法益为目标,但是,作为刑法保护对象的秩序法益应当有一定的限度,而非拥有无限丰富的内含和无限拓展的外延。如果刑法对秩序的性质和内容不加区分,一概保护,则难以符合犯罪的本质和刑法的基本立场,造成刑法处罚范围的扩大。所以,刑事立法应当规制可能造成具体事实性法益损害与内含事实性法益损害的行为,不能以违反抽象秩序为由将某一行为犯罪化。[②] 如果将秩序法益视为一个无所不包的概念团体,那么刑法的机能将难以实现,但是强调对特定秩序保护又是刑法需要实现的目标,这一保护不仅关乎立法层面,也应体现在刑法解释之中。

究竟哪种秩序法益值得动用刑法保护?有学者指出,包括秩序法益在内的公法益只有和个人法益具有同质性,该法益是促进人类发展的条件且具有重要价值时才值得被刑法保护,而不能分解成或者还原为个人法益的所谓公法益不是刑法保护的法益。[③] 英美法系受自由主义刑法观的影响亦主张限制刑法对秩序法益的保护范围,主张"只有当个人的行为危害到他人利益时,个人才应当接受社会的或法律的惩罚。社会只有在这个时候,才对个人的行为有裁判权,也才能对个人施加强制力量"。[④] 应当说,有限度地保护秩序法益可以有效防止刑法陷入工具主义浪潮。刑法工具主义思想使得刑事立法、司法过度地回应刑事政策。刑事司法的本质决定了其与一般行政法律、社会管理法律存在价值差异。在漫长的法治化建设过程中,必然会经历前期的法律强势阶段,国家积极推行包括刑法在内的法律作为解决社会问题的手段,一定程度上,我们无法否认法律(刑法)工具主义主张的必然性,但是需要认清的是,刑法作为一种惩罚工具,其正当性与合理性是刑法工具化无法回避的前提性拷问。在这个意义上,过分的工具主义化会对法治带来不可估量的正当性风险,正如谢望原教授指出的:"刑法过分工具主义化在立法上表现为

---

① 参见高巍:《贩卖毒品罪的本质》,载《云南大学学报法学版》2007 年第 1 期。

② 参见何荣功:《自由秩序与自由刑法理论》,北京大学出版社 2013 年版,第 169 页。

③ 参见张明楷:《避免将行政违法认定为刑事犯罪:理念、方法与路径》,载《中国法学》2017 年第 4 期。

④ [英]约翰·穆勒:《论自由》,孟凡礼译,上海三联书店 2019 年版,第 113 页。

过度犯罪化，在刑事司法上则表现为司法裁量权与解释权的过度扩张。”[①]针对毒品犯罪而言，联合国毒品政策全球委员会将打击毒品犯罪的终极目标视为“所有人的生命、健康与安全”。[②] 强调打击毒品犯罪的最终目的始终应当是与人相关的，而非维持秩序。因此，有限度地保护社会法益是毒品犯罪刑法规范制定与修改需要重申的前设条件，亦是制定和执行毒品犯罪刑事政策需要考虑的理论前提。

（三）毒品犯罪严打刑事政策的调试

针对刑法和社会治理之间的关系，李斯特曾作出经典的论述：最好的社会政策是最好的刑事政策。为达到治理犯罪的目标，国家通过刑事政策指导刑事立法和司法，高效地打击、预防犯罪，但这种方法无疑体现了刑法“治标”的本性；从根本上看，社会政策的涵盖面远宽于刑事政策，因此，某个犯罪的治理、预防并不是刑法可以单独解决的，应当兼顾刑法与其他社会手段的关系，依靠社会政策“治本”。[③] 理想的社会治理效果应当是标本兼治，既注重高效，又注重长效。具体到毒品犯罪的治理而言，严打的刑事政策可以在短期内降低毒品犯罪的犯罪率、减少吸毒现象，但是，能否从源头遏制毒品犯罪的滋生尚需考证。正如学者所言，刑罚的目的是预防犯罪，如果将行为人视为犯罪不利于一般预防与特殊预防，反而导致更多或者更严重的犯罪发生时，就要通过刑法外的其他合法路径处理。[④] 美国毒品战争的失败或许可以警示我们，如果不调试过严的毒品犯罪刑事政策，将可能面临打击毒品犯罪后续发力不足的窘境。

要调试严打毒品犯罪的刑事政策，首先，认识到单纯倚重刑法无法有效地打击毒品犯罪，因为毒品犯罪的形成背后有着复杂的社会因素。正如学者的主张，应当从法社会学层面寻求对毒品犯罪的整体理解，将其作为一种社会现象探讨成因。[⑤]其次，长效打击毒品犯罪要求平衡刑法惩罚犯罪和保障人权机能，而不能单独倚重任何一方。刑法作为规定犯罪与刑罚的制度性创造物，尽管要承担解决特定历史

---

① 谢望原：《谨防刑法过分工具主义化》，载《法学家》2019 年第 1 期。

② 联合国毒品政策全球委员会 2019 年度报告：《精神活性物质附表：当科学被遗忘》，第 4 页。

③ 参见王强军：《社会治理过度刑法化的隐忧》，载《当代法学》2019 年第 2 期。

④ 参见张明楷：《避免将行政违法认定为刑事犯罪：理念、方法与路径》，载《中国法学》2017 年第 4 期。

⑤ 参见何荣功：《我国“重刑治毒”刑事政策之法社会学思考》，载《法商研究》2015 年第 5 期。

时期、特定民族、地域的民众面临的种种纠纷和困惑，以满足人们的现实需求和愿望为归宿。但刑法最需要被考量的前提是其追求刑事正义、保障人权的“终极之善”。[①] 不能只站在刑法工具主义立场期望刑法发挥立竿见影的惩罚犯罪机能，而忽略了刑法保障人权的机能。再次，扭转毒品犯罪的重罪观念。其中首要的是应当涤除吸毒的污名化。只要污名化仍然普遍存在，那么对吸毒潜在的、更复杂的认识就不可能作为一种信息和常识在政策的制定中占有一席之地。[②] 毒品犯罪一直是政府打击的重罪，而舆论的宣传始终在培植民众恐毒的心理，在这样的社会氛围中，吸毒者被扣上“道德沦落者”的帽子，客观上加重了其边缘化的不利社会地位。但是吸毒者污名化的涤除是社会容纳和接受吸毒人员重返社会的第一前提，因此，官方应当倡导大众理性、全面地看待吸毒行为，为吸毒人员戒毒和回归社会创造有利的条件和宽松的环境，进而从源头减少毒品的需求。还需要注意的是，相较于其他犯罪，毒品犯罪的形成机理并无特殊性。正如本书所论，毒品本身并不具有天然的非法性，正是由于其被定义成为非法，决定了毒品只能由非法市场供应，而非法市场的隐蔽性、稀缺性、不良竞争性，使其价格不受政府管控，存在暴利性的特征。重赏之下，必有“勇夫”，更多的人会被丰厚的暴利刺激，铤而走险。当然，毒品的危害性毋庸置疑，毒品犯罪的严峻形势也值得社会深刻反思，但是当前公共卫生安全问题、贪腐问题、环境污染问题等问题也亟须解决。吸毒行为本属个人事务，而全链条式地打击毒品犯罪分散了有限的司法资源。目前，我国仍处于社会主义法治社会的建设阶段，面临着司法资源缺乏、分布不均的基本情况。有学者主张，可以将我国刑法中在立法阶段应罚程度较低、法定最高刑为三年以下有期徒刑的犯罪认定为真正的轻微犯罪，为了贯彻刑法谦抑主义，可以考虑对其进行非犯罪化，在毒品犯罪中，非法买卖、运输、携带、持有毒品原植物种子、幼苗罪和容留他人吸毒罪可以被视为真正的轻微犯罪。[③] 最后，毒品犯罪的严格入罪和克制量刑还有一个

---

① 参见吴亚可：《刑法目的的理性视阈下我国犯罪类型设定“过度刑法化”论纲》，载《刑法论丛》2017 年第 2 卷，第 198 页。

② See valentine kylie, Persson A., Newman C. E., Hamilton M., Bryant J., Wallace J., *Experience as Evidence: The Prospects for Biographical Narratives in Drug Policy*, Contemporary Drug Problems. 2020;47(3): 191–209. doi:10.1177/0091450920916244.

③ 参见贾学胜：《非犯罪化与中国刑法》，载《刑事法评论》2007 年第 2 期。

事实性前提需要明晰：毒品作为毒品犯罪的犯罪对象，其危害性必须作为定罪量刑的重要依据。同时，由于新型毒品与传统毒品的危害性差异较大，且缺乏可评估的科学转化标准，对涉传统毒品犯罪与涉非传统毒品的犯罪行为的量刑区分显得十分必要，这是避免过重量刑的有效手段。具体而言，对毒品犯罪的量刑应当破除“唯数量论”，此外，处理毒品犯罪死刑案件应当慎之又慎，适宜全面落实毒品纯度鉴定制度。

第二节 网络涉毒行为刑法规制的理念明晰

基于我国毒品犯罪治理概况的反思，本书认识到，目前我国毒品犯罪治理虽卓有成效，但仍要警惕包括网络涉毒在内的毒品违法犯罪新形态，不宜过分倚重刑法在毒品犯罪中的强效，应当建立和完善毒品犯罪综合治理的长效机制。从刑法内部看，应当警惕刑法泛化带来的不良影响，刑法参与秩序法益保护应有一定限度，谨防毒品犯罪立法和司法适用的不当扩张。此外，毒品犯罪的立法与司法适用受刑事政策影响较大，应当调试从严治毒的刑事政策，以罪刑法定原则为基石，切实贯彻宽严相济的刑事政策。在厘清以上刑法治理毒品犯罪的基本问题后，应以此结论为依据阐明网络涉毒行为刑法规制的理念并探讨其规制路径。

一、罪刑法定原则的坚守

（一）罪刑法定原则的内涵

“当人们被赋予权力时，他们就会倾向于专横。”[①]刑法是一个国家法律体系中最为严厉的法律，国家动用刑法权需要充分的缘由。早在1215年英王约翰签署的大宪章中就初现罪刑法定原则的雏形，其第39条规定：“对于任何自由人，不依同一身份的适当的裁判或国家的法律，不得逮捕、监禁、剥夺领地、剥夺法的保护或放逐出境，不得采取任何方法使之破产，不得施加暴力，不得使其入狱。”[②]这一规定表

① ［美］罗斯科·庞德：《通过法律的社会控制》，沈宗灵译，商务印书馆2017年版，第60页。

② ［英］戴雪：《英宪精义》，雷宾南译，中国法制出版社2001年版，第232页。

明了适当的裁判或国家的法律是对自由人进行任何限制的前提条件，也就是说，裁判或法律是限制人身自由或刑罚的依据。虽然这一规定与现代刑法遵循的罪刑法定原则实质不同，但这一规定体现出限制君主权力、保障公民权利的思想内核。

我国《刑法》第 3 条规定："法律明文规定为犯罪行为的，依照法律定罪处刑；法律没有明文规定为犯罪行为的，不得定罪处刑。"这一条款的后半段是对罪刑法定原则的直接表述。在我国，罪刑法定原则一般可以概括为"法无明文规定不为罪""法无明文规定不处罚"。罪刑法定原则的内涵又体现在以下几点：第一，罪刑法定原则需要遵循法律主义，要求规定犯罪及其后果的法律必须是成文的法律。也就是说，只有立法机关制定的、规定犯罪与刑罚的法律能够作为刑罚的依据，而行政机关制定的行政法、充分体现民意的习惯法、集中体现司法智慧的判例皆不能作为刑法的渊源。第二，罪刑法定原则要求禁止溯及既往。这就是说，刑法的适用不能要求国民遵守行为时并不存在的法律，其实，从法律自身的沿革来看，禁止溯及既往是保证法律稳定性的要求，并且法律规范实际上也难以在其生效前指引和警戒国民的行为。所以，对行为时并未禁止的行为不得科处刑罚，不得在事后减少犯罪成立条件或者降低犯罪成立条件从而增加犯罪的可能性，也不应事后提高法定刑或加重刑罚内容。第三，罪刑法定原则禁止类推解释。类推解释是指需要判断的具体事实与法律规定的构成要件基本相似时，将后者的法律效果适用于前者。类推解释的风险在于，如果将普通国民无法预想或推知的含义解释为与刑法规定符合的含义，那么刑法的适用范围实则超过了其本身的含义，这在无形中扩大了刑法的处罚范围，进而造成国民在不能预见的情形下遭受刑法处罚，不符合刑法追求正义的目标。第四，罪刑法定原则要求刑法处罚范围与程度明确。具体而言，规定于刑法中的犯罪构成要件及法定刑应当明确，轻微的违反刑法行为应当与犯罪行为有所区别。对法定刑的规定应当尽量明确，要限制法官过大的自由裁量权。第五，罪刑法定原则禁止处罚不当罚的行为，禁止处罚不均衡的、残虐的行为。①

（二）网络涉毒行为的刑法规制应遵守罪刑法定原则

根据目前的刑法规定和司法解释，我国网络涉毒行为的刑法适用主要集中在

---

① 参见张明楷：《刑法学（上）》，法律出版社 2021 年版，第 59 ~ 70 页。

毒品犯罪的相关罪名中，然而，毒品犯罪作为传统犯罪具有较为鲜明的实体化属性，贩卖、运输、制造、走私毒品、容留吸毒等行为只能真实地发生在物理空间，因此，网络涉毒案件中毒品犯罪的适用出现了解释难题。这种现象在传统犯罪网络化的过程中不可避免，但应当明确，适用刑法对网络犯罪进行规制，罪刑法定原则仍是不可逾越的藩篱。[①] 在我国，罪刑法定的基本之意是法无明文规定不为罪，也即，要将一个人的行为认定为犯罪必须要有法律的规定。法律规定是入罪的唯一依据，要坚持以法入罪。[②] 应当以刑法定原则为前提，结合网络犯罪的行为方式、行为对象、危害结果、主体等要素，按照实质等价的规范评价要求作出最符合网络犯罪属性与特征的规范评价。[③] 如果选择解释论的路径，也应注意通过扩大刑法解释的方法对网络犯罪行为进行规制时，不能为了适配网络犯罪行为的惩治，在刑法未作明文规定的场合超出法律条文字面含义对刑法规定进行解释。详言之，为应对网络犯罪而进行的刑法扩张化解释与规范评价不能明显超出现行规范的“容量空间”。对这一趋势，立法和司法实践应当格外注意，这是因为：第一，我国司法实践历来立足于从严立场惩治网络空间的违法犯罪行为。例如，《网络赌博意见》增加规定了《刑法》第 303 条中与网络赌博有关的“情节严重”情形。2019 年 10 月，《最高人民法院、最高人民检察院、公安部、司法部关于办理利用信息网络实施黑恶势力犯罪刑事案件若干问题的意见》，强调依法严厉惩处利用信息网络实施的黑恶势力犯罪。[④] 第二，刑法规制毒品犯罪的严厉性。其一，我国现行《刑法》对毒品犯罪采取全链条式的规制模式并配置了较重的法定刑，可谓“又严又厉”。其二，《刑法》第 347 条不顾与《刑法》第 13 条的体系性冲突，采用“无门槛”的入罪模式规制走私、贩卖、运输、制造毒品罪，在立法上省去了对走私、制造、贩卖、运输毒品行为危害性的认定，“无下限”地将该类行为一律入罪。其三，我国《刑法》为毒品犯罪配备了死刑和毒品再犯制度，使得毒品犯罪的刑罚保持严苛状态。

---

① 参见陈兴良：《网络犯罪的刑法应对》，载《中国法律评论》2020 年第 1 期。

② 参见陈兴良：《刑事一体化：刑事政策与研究方法视角的思考》，载《中国检察官》2018 年第 1 期。

③ 参见孙道萃：《网络时代的中国刑法发展研究：回顾与展望》，载《华南师范大学学报（社会科学版）》2021 年第 1 期。

④ 参见莫洪宪、王肃之：《网络空间智慧“扫黑除恶”机制的理论探索》，载《河南社会科学》2020 年第 10 期。

我国对毒品犯罪的严厉打击是出于历史因素和现代社会毒品危害性的双重考虑,刑法规制毒品犯罪的严厉性征表着我国对毒品犯罪治理的决心。不可否认的是,网络涉毒行为与网络犯罪、毒品犯罪紧密关涉,这就决定了该类行为在适用刑法条文时,刑法解释容易偏离其最初的文义范围。[①] 在网络涉毒案件适用法律时应当坚守罪刑法定的刑法基本原则,同时兼顾网络的开放性特征,[②]司法实践中要严防网络涉毒犯罪的刑法适用“严上加严”,避免将本不应认定为毒品犯罪的网络涉毒违法行为认定为犯罪。

二、宽严相济刑事政策的贯彻

宽严相济刑事政策是我国治理犯罪的基本刑事政策,具有指导具体刑事政策的策略作用,[③]应当在立法和司法活动中一以贯之。我国历来奉行“重刑治毒”的具体刑事政策,主张在打击毒品犯罪中发挥刑法的预防功能,对毒品犯罪的潜在犯罪人进行威慑。在我国,禁毒已经被上升为国家犯罪治理的重要目标,“习近平强调,要依法严厉打击毒品违法犯罪,坚持关口前移、预防为先”。[④] 在这样的大背景下,网络涉毒行为的惩治应当强调何种刑事政策的指导作用,直接关乎现行法律规范能否起到对网络涉毒行为全部予以恰当评价的作用。本书认为,在网络涉毒行为的惩治之中,宽严相济的刑事政策仍应得到贯彻。

首先,网络涉毒行为的涉网络特征决定了“升维打击”的合理性。有学者总结,长期以来刑法理论和司法实践中对网络犯罪的惩治都出现了“降维打击”的趋势,即降低网络犯罪的认定标准,使性质相同的行为更易在网络空间成立犯罪。这一方面体现在《刑法》中新增的网络犯罪相关罪名扩大了处罚范围,另一方面体现在司法上积极适用“口袋罪”思维扩大了网络犯罪相关罪名的适用。[⑤] 在网络深度渗

---

① 参见李兰英:《“以刑制罪”在网络经济犯罪认定中的适用》,载《厦门大学学报(哲学社会科学版)》2020 年第 4 期。

② 参见王燕玲:《新型网络支付的刑事风险与刑法应对》,载《南京社会科学》2020 年第 12 期。

③ 参见陈兴良:《宽严相济刑事政策研究》,载《法学杂志》2006 年第 1 期。

④ 《习近平:走中国特色的毒品问题治理之路　坚决打赢新时代禁毒人民战争》,载中国共产党新闻网,http://jhsjk.people.cn/article/30084798,最后访问日期:2021 年 9 月 1 日。

⑤ 参见刘艳红:《Web 3.0 时代网络犯罪的代际特征及刑法应对》,载《环球法律评论》2020 年第 5 期。

透物理空间的现实背景下,毒品犯罪治理应当确立与网络时代相适应的基本理念。① 在认定网络毒品犯罪成立时应充分认识网络涉毒行为本身的便捷性特征,重视网络空间在网络涉毒犯罪中的“媒介”特性。② 对于网络涉毒行为涉嫌罪名的入罪判断应当持“升维”的立场。具体而言,在网络涉毒行为的认定中,对毒品数额、信息传播次数等内容的确定应当审慎,毒品相关司法解释中的规定是否可以完全指导网络涉毒行为认定的司法实践,需要进一步讨论。

其次,网络涉毒行为的毒品犯罪属性引发了“重刑治毒”刑事政策合理性的再思考。本书认为,一味强调“重刑治毒”与我国宽严相济基本刑事政策抵牾,对于网络涉毒犯罪的治理也无裨益。其一,过度依赖刑法无益于有效杜绝网络涉毒行为的发生。新的犯罪类型出现或传统犯罪在其他场域新生都会引发大众的普遍恐慌,类似“严打”的“重刑治毒”的刑事政策对于缓解这种恐慌可能只起到饮鸩止渴的作用,引发象征性立法的问题。在这一点上,德国为我们提供了前车之鉴,自 20 世纪 70 年代以来,德国刑法中关于毒品犯罪的象征性立法呈现增加趋势,与制定具有实效的刑法规范相比,这类立法往往更侧重于满足公众的诉求、安抚其情绪。③ 此时,刑法是否真的能够有效应对新的犯罪类型或防范风险已经变得不再重要。④ 其二,弱化毒品犯罪的社会治理效能。包括网络涉毒犯罪在内的毒品犯罪的治理、预防并不能单纯依赖刑法发挥作用。网络涉毒行为相较于传统毒品犯罪行为呈现出了新面貌,网络涉毒行为的防控体系构建也并非传统毒品犯罪因素和涉网因素的简单叠加,应当从网络视角探寻科学、全面的独立治理体系,以实现系统、有效、长效的防控。⑤ 故而,应积极寻求刑事治理和社会治理的有机结合,兼顾刑法与其他社会手段的关系,依靠社会政策实现犯罪治理的“治本”目标。⑥

在惩治网络涉毒行为中贯彻宽严相济刑事政策,应当做到:第一,审时度势,结合网络涉毒犯罪的发展规律、行为特点适时调节政策内容;第二,根据网络涉毒行

① 参见胡江:《毒品犯罪网络化的刑事治理》,载《西南政法大学学报》2020 年第 5 期。

② 参见刘艳红:《网络犯罪的刑法空间解释向度》,载《中国法学》2019 年第 6 期。

③ 参见王钢:《德国近五十年刑事立法述评》,载《政治与法律》2020 年第 3 期。

④ 参见劳东燕:《风险社会与功能主义的刑法立法观》,载《法学评论》2017 年第 6 期。

⑤ 莫洪宪、王肃之:《网络毒品滥用行为网络防控体系的多维建构》,载《政法论丛》2020 年第 1 期。

⑥ 参见王强军:《社会治理过度刑法化的隐忧》,载《当代法学》2019 年第 2 期。

为与毒品犯罪本身的关联性亲疏，严格控制“从严”的范围；第三，结合具体案情判断犯罪情节，对于设定入罪门槛的犯罪成立之认定应尤为谨慎。

第三节 网络涉毒行为刑法规制的路径抉择

科技发展总会将未知的、多变的情形带到现实世界中，囿于文字缺乏灵活性的“缺陷”，法律规则本身只能通过立法者的前瞻性应对彼时的问题和疑难，对未来世界的法律关系进行调整。[①] 故而，扩张现行刑法的路径逐渐引发刑法理论的关注，具体而言，扩张现行刑法规范主要有两种路径，第一，对现有刑法规范进行扩张解释；第二，新增立法对网络涉毒行为进行规制。以下分别对以刑法解释和多元立法模式的路径规制网络涉毒行为的观点进行分析。

一、司法解释模式之积极倡导

张明楷教授对刑法解释的必要性做出过经典的论述：“我不清楚立法者是否相信自己制定的法律具有完美的内在丰富性和充足的逻辑延展力，不需要外在的填补即可时时刻刻满足社会生活中林林总总的需求，但我确实不会相信这一点。任何个体和团体在起草法律时都不可能完全预见藏身于无尽多变的生活海洋而未曾冲上沙滩的各种现象。认为立法者能够通过成文法条对每个案件都预先作出完整、终局之决定的想法，已被证实是一种错觉、一丝幻想。法律的含义并非由文字固定，也不能由起草者锁定，而是需要在社会生活事实中不断发现。不管面对如何完美的法典，解释者都不会缄口不言、沉默不语，也不应言不由衷、遇与心违。为了使法律满足一个处在永久变动的社会的所有新的需要，解释者在面对崭新的生活事实时，总要不断地使法律的真实含义得以发现、得到阐扬。”[②] 从这一论述中可以解读出来，刑法的“生”源自刑事立法，而刑法的“活”则源自刑法解释。刑法解释是研究刑事立法的需要，也是司法实践运用刑法之必需步骤，同时

① 参见骆意中：《法理学如何应对自动驾驶的根本性挑战?》，载《华东政法大学学报》2020 年第 6 期。

② 张明楷：《刑法学》，法律出版社 2016 年版，第五版前言。

还具有检视立法有效性、前瞻性的作用。在网络违法犯罪兴起的大背景下,刑法作为社会规范的重要形式和保障社会、公民免受犯罪行为侵害的底线,能否在打击犯罪和保障人权的机能中保持最佳平衡,一定程度上也取决于刑法解释的立场和效果。本书赞同学者提出的刑法惩治网络犯罪的“一体化”思路,即主张刑法对网络犯罪的规制尽管需要考虑互联网的特殊性,但不应基于“双层社会”的观念将网络空间和物理空间人为割裂,因为,这样会导致刑法在惩治网络犯罪时不当地放大或缩小打击的范围。应当科学、合理地看待互联网空间和物理空间,以世界一体化认识为前提考察两者的关系和区别。在此基础上,刑法对网络犯罪的应对将会更加自如,能够通过刑法解释缩放刑法的“臂展”,起到更好地打击网络犯罪的效果。①

为了缓解刑法泛化带来的风险,有学者主张,刑法边界的划分实际上是不断排除的过程,但最终应当由司法完成这一划分。具体来说,刑法规制的行为首先必须符合法益保护原则,在这个基础上,其次还需认识到并非符合法益保护原则的所有行为都必须纳入刑法的边界之内,还需考虑最后的手段原则,也就是其他手段很难或者不能有效规制的行为,才须犯罪化;再次,刑法规制的行为需要符合程序法的规定,最后则要落脚于评估或司法认定。② 目前,我国司法实践也倾向于通过司法解释将网络涉毒行为的规制纳入当下刑法体系可以涵盖的范围。《武汉会议纪要》指出:“行为人利用信息网络贩卖毒品、在境内非法买卖用于制造毒品的原料或者配剂、传授制造毒品等犯罪的方法,构成贩卖毒品罪、非法买卖制毒物品罪、传授犯罪方法罪等犯罪的,依法定罪处罚。行为人开设网站、利用网络聊天室等组织他人共同吸毒,构成引诱、教唆、欺骗他人吸毒罪等犯罪的,依法定罪处罚。”同年,中共中央宣传部、最高人民法院、最高人民检察院、公安部等部门共同印发的《关于加强互联网禁毒工作的意见》中也明确:“对于利用互联网贩卖毒品,或者在境内非法买卖用于制造毒品的原料、配剂构成犯罪的,分别以贩卖毒品罪、非法买卖制毒物品罪定罪处罚;对于利用互联网发布、传播制造毒品等犯罪的方法、技术、工艺的,以传授犯罪方法罪定罪处罚,被传授者是否接受或者是否以此方法实施了制造毒品等犯罪不影响对本罪的认定;对于开设网站、利用网络通讯群组等形式

① 参见曲新久:《惩治网络犯罪的刑法思路》,载《人民检察》2020 年第 12 期。

② 参见杨春然:《刑法的边界研究》,中国人民公安大学出版社 2013 年版,“引言”第 12 页。

组织他人共同吸毒,构成引诱、教唆、欺骗他人吸毒罪等犯罪的,依法定罪处罚。”2016 年《毒品犯罪解释》第 14 条规定:“利用信息网络,设立用于实施传授制造毒品、非法生产制毒物品的方法,贩卖毒品,非法买卖制毒物品或者组织他人吸食、注射毒品等违法犯罪活动的网站、通讯群组,或者发布实施前述违法犯罪活动的信息,情节严重的,应当依照刑法第二百八十七条之一的规定,以非法利用信息网络罪定罪处罚。”

虽然上述司法解释的合理性、可操作性还需探讨,但是本书基本赞同在不突破罪刑法定原则的基础上通过扩大解释的方法将网络涉毒行为的规制纳入当下刑法规制的范围。其实,实践中最为常见的网络涉毒行为是流通类网络涉毒行为,即通过网络实施贩卖、运输毒品行为,这类行为具有明确的毒品犯罪指向,网络的工具属性极强。在这类型行为的法律适用中,传统的贩卖毒品行为没有出现明显的网络空间变异,对实践中定罪的影响不算太大,网络因素更多地影响着量刑。针对已经完成新增立法的情形,目前亟待讨论的是其司法适用问题。

二、刑事立法模式之谨慎选择

赞同积极刑法观的学者认为,网络犯罪的社会危害性飙升,已经成为我国首要严重的犯罪类型,对此,刑法增设了纯网络犯罪,其实已经明确地表明了刑法积极参与网络犯罪规制的立场和介入网络犯罪早期化的意图。[①] 同样,对于毒品犯罪、恐怖组织犯罪等风险和不确定性极高的犯罪,国家应当积极履行包括立法权在内的国家职能,以回应社会发展的要求,而非保持“不干涉”的消极态度。[②] 因为,现阶段我国社会的风险计算能力有限,无法确保行政机构或相关人士能够准确预测、掌握并告知消除风险的方法。[③] 故而,应当认识到,随着网络犯罪呈现的罪责要素与传统刑法规范的关系日益紧张,以现实物理空间为假设前提的传统犯罪构成要件要素的设置有时难以满足网络犯罪的治理需求,这就需要在合理扩大解释传统刑

① 参见悦洋、魏东:《网络平台犯罪的政策调适与刑法应对》,载《河南社会科学》2019 年第 5 期。

② 参见孟融:《政治国家如何回应新兴权利——一个理解新兴权利的“国家”视角》,载《河南大学学报(社会科学版)》2020 年第 4 期。

③ 参见悦洋、魏东:《网络平台犯罪的政策调适与刑法应对》,载《河南社会科学》2019 年第 5 期。

法理论的基础上，创新论证新的理论。①

基于以上立场可以认为，在毒品种类和涉毒行为不断翻新的当下，如果只简单地将涉毒行为看作是传统犯罪在互联网中的变形，即犯罪方法、手段的翻新和犯罪场域的扩张，而不对犯罪体系合理性、可用性进行检视，可能导致刑法的内部体系性冲突，不利于新形势下毒品犯罪的惩治。网络涉毒行为虽然不是典型的网络违法犯罪样态，但是利用互联网发表涉毒信息等行为可能构成网络犯罪。我国对网络犯罪的规定是基于两种法益侵害模式的，第一种是将利用计算机和网络技术等信息技术实施的其他网络犯罪按照传统的犯罪进行处理，第二种是将侵犯信息设施和信息资源安全的犯罪规制在侵犯多重法益的扰乱公共秩序类犯罪中。② 显然，理论和实践中对网络涉毒行为的规制还停留在第一种模式的认知范围，认为网络涉毒行为是传统的毒品犯罪在网络空间的实施，而忽略了网络涉毒行为可能会对网络秩序造成的法益侵害。因此，通过新增立法对网络涉毒行为进行规制才是理想的路径选择。

持这一基本立场的学者认为，网络涉毒行为的滋生为毒品犯罪带来的不仅是毒品滥用和危害后果难以预测的现实危害，由于网络环境的复杂，刑法中相应的专业概念用语应当有更精确的描述。此外，由于网络涉毒行为的参与主体较传统毒品犯罪更为复杂，参与主体之间的关系也较为模糊，所以需要对各主体之间的责任分配做更精细的考察，刑法可能需要通过设置更为细致的法定刑适应这一要求，例如，可能要兼顾禁制令、财产刑等刑罚措施的效用。这可能都将使得毒品犯罪的刑法规定内容臃肿，造成与其他部分规定的不协调，使刑法典的体系性折损。同时，网络涉毒行为势必会引发传统刑法规定解释的困境，也即，并非所有传统毒品犯罪的规定都能完美适用于网络涉毒行为的规制，其中比较突出的问题有，行为人主观方面因涉网因素的加入而呈现出不确定性的特征，《刑法》第 14 条中的“明知”是否可以为网络涉毒行为的共同犯罪成立提供理论依据。基于以上困境，学者主张，刑法本身无法容纳和解决以上所有困境，通过解释的方法也会导致毒品犯罪相关概

---

① 参见陈璐：《网络犯罪的多向维度与刑法应对》，载《西南民族大学学报（人文社会科学版）》2020 年第 5 期。

② 参见皮勇：《网络犯罪比较研究》，中国人民公安大学出版社 2005 年版，第 31 页。

念的内涵进一步扩张，丧失明确性，造成与其他刑法规则的体系性冲突。所以，应当考虑采取多元立法模式解决网络涉毒行为的规制难题，同时也为打击毒品犯罪提供充分、合理的依据。① 在德国，规制毒品犯罪的刑事、行政规范同时被规定于《麻醉药品法》中，为了维持毒品犯罪治理和毒品行政管制的步调一致，立法者对《麻醉药品法》的增减和修改都同时作用于刑法和行政法两个领域，相当于是采用附属刑法的形式对毒品犯罪进行单独规制。②

本书认为，学者对网络涉毒行为的刑法适用困境的分析有一定的合理性，但是多元立法模式在我国现阶段实施的可能性较低。因为我国毒品犯罪的刑法规制已经形成了完整体系，网络涉毒行为频现并不足以对刑法规定产生体系性撼动。此外，多元立法模式虽然具有易用性优点，但仍需考虑多元立法与《刑法》的衔接问题。如果考虑借鉴德国附属刑法的模式，将毒品犯罪的规制从刑法中独立出来，将会导致我国刑事立法的巨大变动，这也可能会造成刑法和行政法规之间的衔接、适应不畅问题更为凸显。不过，对于难以通过刑法解释进行规制的网络涉毒行为，可以考虑新增立法实现法益保护的周延。

① 参见胡江、陈熠：《刑事政策视野下毒品犯罪多元立法模式之提倡》，载《广西警察学院学报》2021 年第 1 期。

② 参见王钢：《德国近五十年刑事立法述评》，载《政治与法律》2020 年第 3 期。

第六章

网络涉毒行为刑法规制的具体展开

我国《刑法》对毒品犯罪的规定集中在第六章"走私、贩卖、运输、制造毒品罪"一节之中,共涉及 11 个罪名。目前的网络涉毒犯罪的刑法规制体系较为零散,不成体系,刑法的修改也未直接触及该领域。《刑法修正案(九)》增设非法利用信息网络罪,明确两种网络涉毒行为入刑,分别是设立用于传授犯罪方法等违法犯罪活动的网站、通讯群组的行为;以及发布有关制作或者销售毒品等违法犯罪信息的行为。这一新增罪名主要规制的对象可以概括为设立用于实施违法犯罪活动的网站、通讯群组的行为和发布违法犯罪信息的行为。尽管法条中以相关毒品犯罪行为为例,但是不难看出,该条文的适用不限于网络毒品犯罪。为了细化毒品犯罪的规定,司法机关先后出台的多部司法解释、工作意见中关于网络涉毒行为定罪处罚的规定也可以作为刑法规制的依据。

结合目前的刑法规制现状,本书认为,以毒品犯罪相关罪名对流通类涉毒行为进行规制不存在罪名选择的难题,只是在贩卖毒品罪的犯罪形态认定、共犯关系确定、贩卖毒品数量认定等法律适用方面需要进行更为细致的探讨。而吸食类和信息类网络涉毒行为是否应当完全依照《毒品犯罪解释》第 14 条进行规制,需要结合实践中的情况分析,将在下文中具体展开。

第一节　流通类网络涉毒行为的刑法规制

流通类网络涉毒行为主要包括利用网络贩卖、运输毒品的行为。这类行为的刑法规制难题主要集中于走私、贩卖、运输、制造毒品罪的司法适用,结合该类网络涉毒行为的实践困境,本书认为,可以从网络贩毒案件既遂、网络贩卖毒品的共同犯罪、网络贩卖毒品的数量认定三个方面完善网络贩毒的刑法规制。针对"互联网 + 寄递"贩运毒品案件,应当具体探讨利用不同第三方主体及为自吸跨境购买毒品行为的具体认定。

一、网络贩毒案件中"交付既遂说"的提倡

关于贩卖毒品罪既遂标准的争议实质是要考察在贩卖毒品罪的认定中,行为人的行为到达什么程度时,应当对其苛以刑法规定的全部刑事责任,不因犯罪未开始或未完结而降低行为的违法性、减轻行为人的刑事责任。本书认同以"交付既遂说"作为认定贩卖毒品罪既遂的标准,即认为以毒品实际交付给买方为既遂,而转移毒品后行为人是否获得了利益不影响贩卖毒品罪既遂的成立。[①] 交易是毒品流通的推动力量和终极目的,网络因素的出现使得"一手交钱,一手交货"的传统毒品交易规则发生变化,而在传统物理空间确认的犯罪形态判断标准在网络空间是否依然适用则需要结合网络涉毒行为的交易规则进行考量。网络毒品犯罪以网络贩毒行为为核心,无论在司法实践中还是在刑法理论上,都应当重点关注贩卖毒品罪在网络空间的犯罪形态认定问题。随着网络因素的介入,应当着眼于贩卖毒品罪的实质违法性探讨贩卖毒品罪的既遂标准,即考虑贩卖毒品罪对法益的侵害在贩卖毒品过程中何时开始显现。由于贩卖毒品罪属于过程行为犯,[②]因此实质违法性

---

① 参见盛美军主编:《毒品犯罪办案精要》,法律出版社 2014 年版,第 23 页。

② 刑法上的行为犯又可分为即成行为犯(举动犯)和过程行为犯(程度犯),成行为犯是指行为人一旦实施犯罪即告既遂,一般难以存在犯罪未遂的场合。过程行为犯通常需要有一个实施过程才告既遂,并非实行行为即告既遂。参见史卫忠:《行为犯研究》,中国方正出版社 2002 年版,第 140 页。

的探讨应以对贩毒行为的过程性特征考察为基础。

(一)“交付既遂说”的合理性分析

在物理空间,交付毒品之前可能存在买卖双方未达成合意的情形,如街头兜售毒品或在“毒趴”上随机寻找买家等,在此情形下,自然不会存在支付毒资和交付毒品的行为。从行为过程的角度考量,毒品仍处于贩卖毒品行为人的控制之下,行为人可以决定卖或不卖毒品,卖给谁毒品,此时,毒品的现实危害尚未有直接展现的可能(除非贩卖毒品的行为人也吸毒),法益侵害还处于未显现的状态。即使是在买卖双方当面达成交易合意的情形下,由于交付毒品可以在瞬间完成,交付的过程可以被看作一个“点”,在这个“点”之前,毒品在事实上尚未流入社会,难以对公众健康造成侵害。在这个“点”之后,贩卖毒品行为的法益侵害性随时可能实现,因此,这个交付行为的“点”即为贩卖毒品行为法益侵害开始显现的开端,宜将交付行为出现认定为犯罪既遂。

有学者批判交付既遂说“实际上将贩卖毒品罪视为结果犯,其缺陷是显而易见的”,①对此本书并不认同。需要明确的是,贩卖毒品罪的犯罪结果是什么,是否赞同交付既遂说就一定要以承认贩卖毒品罪是结果犯为前提。在刑法中,结果是指行为对客体造成的客观影响,在行为犯和不以结果发生为构成要件的犯罪未完成形态等情况下,都不存在犯罪结果。② 那么,如果将贩卖毒品罪视为结果犯,其犯罪结果也应当是毒品贩卖行为的完成,购毒人买到毒品,而并非贩卖毒品行为人交付毒品,不应当把交付毒品视为本罪的结果。所以,根据行为理论,本书主张贩卖毒品是过程行为犯,那么应当认为该罪的既遂并不要求有形的犯罪结果发生,其既遂判断应以行为的“堆积性”为标准。③ 具体而言,将贩卖毒品罪视为过程行为犯,其既遂形态的判断应当把握该过程行为的“完整行为”所达到的特定精神上或制度上的危害结果,也即“实然危害”的基本内容,④这也正是行为的“堆积性”所表达的内

---

① 梁彦军、何荣功:《贩卖毒品罪认定中的几个争议问题》,载《武汉大学学报(哲学社会科学版)》2013 年第 5 期。

② 参见陈兴良主编:《刑法总论精释》(第 3 版),人民法院出版社 2016 年版,第 194 页。

③ 参见张建、俞小海:《贩卖毒品罪未遂标准的正本清源》,载《法学》2011 年第 3 期。

④ 参见魏东:《毒品犯罪的解释性疑难问题》,载《政法论丛》2017 年第 2 期。

涵。“堆积性”需要外在的某个标志行为显示“实然危害”的到来。对于贩卖毒品行为来说,不能认为通过行为量或时间的不断堆积就一定会产生“交付”行为。例如,买卖双方已就某笔毒品交易订立了长达一年时间的契约,但一直未交付,在这相对漫长的时间中,尽管表面上双方的行为一直处于“堆积”的状态,可唯有交付这一所谓“实然危害”出现时,行为的堆积才真正地实现了“质变”,毒品交易才被实质性推动,故而过程行为犯的实行行为通常需要有一个实施过程才告既遂。具体到贩卖毒品罪,这一个实施过程应当以交付作为“堆积”完成的标志行为。交付既遂说实际上是对毒品因交易而转移的强调,认为无论买卖双方是否针对毒品达成交易或是否收取毒资都不是判断既遂的关键。基于此,以贩卖毒品为目的的“进货”行为也不能视为贩卖毒品的实行行为,在有充分证据证明的场合可以认定为贩卖毒品的预备行为。本书认为,所谓毒品的实际交付存在一个隐含的事实前提,即买卖双方已就毒品交易行为达成约定,并预计将会按照约定交付毒品、支付价款。这一标准符合毒品交易的过程性特征。按照交付既遂说,如果贩卖毒品的行为人在被抓获时持有未交付毒品,该部分毒品的数量不能认定为既遂,应依据行为人主观故意的内容认定其成立贩卖毒品罪的未遂或非法持有毒品罪。按照这种判断思路,发生在物理空间的贩卖毒品罪采交付既遂说更为合理,因为只有完成了毒品的实际转移,才是法益侵害的开始。由于目前在我国的司法实践中,有模糊贩卖毒品罪犯罪形态认定标准的倾向,往往将毒品犯罪的未完成形态作为毒品犯罪既遂处理,使毒品犯罪的处罚在实质上被提前。① 为了克服该标准在实践中认定贩卖毒品既遂证据不足的弊端,侦查机关现行的做法是待交付毒品完成后再行抓捕,防止轻纵犯罪嫌疑人。

本书发现,在借助网络贩毒的案件中,毒品的交付过程显然被“拉长”了。因为,网络贩毒通常是先支付购买毒品的价款,再进行交付,从时间、空间上考量,交付行为不再是物理空间中的一个“点”,而成为跨越了网络和物理空间的一条“线”。应当思考的是,交付行为无论是由贩毒行为还是网络行为引发的,都是“线”前端的“点”,尽管网络涉毒行为线上线下相结合的行为特征拉开了贩卖和交付的时空距离,但是交付总是存在的“点”。从这个角度看,本书认为“交付既遂说”在网络场域

① 参见李邦友:《惩处毒品犯罪的“宽”与“严”》,载《华中科技大学学报(社会科学版)》2006 年第 6 期。

依旧有适用的空间。

(二)交付既遂说的实质:毒品脱离卖家控制

根据笔者的观点,是否实施了网络贩卖毒品行为应历经牟利性和流通性的双重判断,而在实践中,先付款再交货的交易规则使牟利性的存在不言自明,而流通特征的判断则应结合网络贩毒行为的特点进行详述。纵观贩卖毒品罪既遂标准的诸多学说,学者焦点争锋,总体可以概括为以毒品交易的时间线为纵轴,讨论到达哪一时点时应当认定为刑法上的既遂。本书以"开始出卖毒品"为原点,考察在网络贩卖毒品场合贩卖毒品罪的既遂。首先,以开始出卖毒品作为贩卖毒品罪既遂的标准显然不具合理性。因为贩卖毒品罪不是举动犯,不能认为一着手就告既遂。而在网络贩毒案件中,"开始出卖"的判断亦非常模糊,通过网络沟通买卖细节是否应当算作开始出卖,这一问题在不同案件中的回答难以一致。这一标准除了缺乏普适性外,在实践中也难以被证明。网络贩毒多用暗语沟通、交易,由于暗语所指不明,如果不配合实际的交易动作,难以判断交易是否真正成立。开始出卖的下一个节点是"实施贩毒行为",有学者主张,只要实施了贩毒行为,就应当视为犯罪既遂。[①] 这一标准也不适用网络贩毒案件中贩卖毒品罪既遂的判断。因为"实施贩毒行为"标准内涵不清,实施贩毒看似在开始出卖行为的基础上向前迈了一步,然这一标准实质上仍是将贩卖毒品罪视为举动犯,在网络贩毒案件中仍会面临证据缺失的尴尬,难以为司法实践所用。"贩出毒品"标准是否适用呢?本书认为,在贩卖毒品的语境下,贩出毒品倾向于表达买卖双方就毒品交易达成合意,但是无论从民法规则还是社会一般认识角度理解,贩出、卖出所蕴含的都是"钱货两清"的意思,两者之间相距甚远,在实践中难以把握。具体到网络贩毒案件中,贩出毒品的标志只能是支付毒品价款,表示毒品"卖出去"了,但实际上毒品本身并没有进行流通,仍然处在贩毒者的控制中,贩毒者能够反悔、退款。实际上,这种情况也时常发生,如果上线缺乏"货源",进行网络销售的下线只能退回货款。将这样的情形认定为贩卖毒品罪的既遂显然缺乏科学性和可操作性。在达成毒品交易合意后,"进入交易环节"似乎对交易毒品进程产生了实质性推动,但是本书认为,不宜在网络贩毒

---

① 参见欧阳涛、陈泽宪主编:《毒品犯罪及对策》,群众出版社 1992 年版,第 52 页。

案件中适用这一标准判断贩卖毒品罪的既遂。这是因为,在“互联网 + 寄递”贩毒案件中,何时进入交易环节是难以判断的,特别是在一次向多个买家寄递多个毒品包裹的情形下,是否进入交易环节的判断可能会因为物流寄递的事务性因素对既遂认定产生不应有的影响。

笔者主张,在网络贩毒案件中,“交付既遂说”仍是比较合理而可行的既遂判断标准。相较于物理空间交付毒品,网络贩毒行为人无论采取哪种方式交付毒品,一旦交付行为完成,实际上就会造成更加严重的法益侵害危险。传统犯罪的行为模式可以概括为“一对一”的关系,即一个(或连续的一系列)犯罪行为对应一个受害者,在这种传统犯罪模式中,排除认识错误因素,一般来讲,受害者是行为人计划内的“某个”或“某些”人,而在利用网络实施传统犯罪的场合,预备与未遂或者既遂不再是“一对一”的线性的递进关系,而是“一对多”的关系。[①] 这就意味着,网络因素使得犯罪行为可能面临更多且不确定的风险。具体到网络贩卖毒品行为的判断,交付行为和特定购买毒品的购毒者在接收毒品之间拉开了时间、空间上的距离,这增加了毒品流入社会的风险,对公众健康法益造成侵害。比如,采取人货分离的方法交付毒品,毒品被无关人员捡拾或邮寄丢件,都将造成毒品流入不确定领域,可能引发其他违法犯罪。基于这一逻辑,应当将贩毒人造成的风险归咎于毒品脱离其控制,发生了流通的事实。质言之,采用交付既遂说的核心其实就是要判断网络贩毒的流通性特征。在实践中,是否发生了毒品的流通,可以借助“毒品脱离卖家控制”这一实质标准进行判断。具体而言,在线上支付、线下当面交易毒品的情形,只有当毒品实际交付给购毒者时,这部分毒品才脱离卖家的控制,可以认定为贩卖毒品罪既遂。对于先付款后通过藏匿方式交货的情形,贩毒人将毒品放置藏匿地点的行为导致毒品脱离了卖家控制,此时应当认为贩卖毒品罪已告既遂,而不论购毒者是否实际取得毒品。对于“互联网 + 寄递”贩卖毒品的案件,应当认为贩毒者将毒品交与寄递方之时,毒品就已经脱离了卖家的控制,而无须寄递方发货或实际运输,故在这种情形下,交与寄递方成立贩卖毒品罪的既遂。

---

① 参见陈兴良:《网络犯罪的刑法应对》,载《中国法律评论》2020 年第 1 期。

二、网络贩卖毒品的共同犯罪认定

网络贩卖毒品的共同犯罪成立,首先应当遵循共同犯罪的一般理论,也即,在客观上实施了共同犯罪行为且行为人在主观上应具有共同犯罪故意。其中,共同犯罪行为指各行为人所实施的行为均指向同一犯罪,相互联系,相互配合,形成了统一的犯罪活动整体。共同的犯罪故意是指各犯罪人认识到其共同犯罪行为和行为会发生的危害结果,并希望或者放任这种结果发生的心理态度。[①] 判断网络空间贩卖毒品罪是否成立,需要对贩卖毒品的共同犯罪行为和共同犯罪故意进行逐一认定。

(一)网络贩卖毒品共同犯罪行为的认定

在网络共同犯罪中,应当着重从正犯行为的主导力度和共同行为的联动密度两方面对行为人实施的共同行为进行判断。我国刑法理论认为,共同犯罪人一般包括正犯和共犯,广义上的共犯包括共同正犯、教唆犯与帮助犯,狭义上的共犯与正犯概念相对应,指教唆犯与帮助犯。[②] 在网络涉毒案件的共同犯罪认定中,本书在广义上探讨共同犯罪问题。具言之,贩卖毒品行为性质最为恶劣,同时也是诸多其他网络涉毒行为的实施目的,通常实施网络贩卖毒品的行为人在共同犯罪中扮演正犯角色。正犯与共犯的概念区分一定程度上证明了其在共同犯罪中影响力的大小和地位的主次,在网络涉毒案件中,应当如何判断正犯的主导力度是共同犯罪行为判断绕不开的问题。此外,共同犯罪行为的联动密度是判断网络环境中实施共同行为的重要因素。这一判断可以从共同犯罪行为的外观角度揭示行为间的互动性及相关性。

1. 正犯行为的主导力度的判断

在网络涉毒案件中,贩卖毒品行为人的主导力度可以结合其在共同犯罪中发挥的支配、控制和组织作用进行判断。具体而言,正犯必须具有主导犯罪发生或发展的意思,从客观角度看,正犯的行为对共同犯罪也必须具有支配性。[③] 这种支配

---

① 参见高巍:《贩卖毒品罪研究》,中国人民公安大学出版社 2007 年版,第 195 页。

② 参见陈兴良:《本体刑法学》,商务印书馆 2001 年版,第 516 页。

③ 参见张红艳:《论德日刑法的犯罪支配理论与共谋共同正犯》,载《河北法学》2011 年第 9 期。

可以理解为在共同犯罪中由于正犯的身份或职能或其他强势因素形成对其他行为人的支配,这种支配有时还伴随着职能上的管理,比如,对共同贩卖毒品下线人员的纪律约束和工作分配。在行为人联系并非十分紧密的网络涉毒案件中,正犯也可能实施组织类行为,为不法活动的聚集提供场所、平台,进而从中牟利。应当承认的是,在网络共同犯罪中,正犯的行为在犯罪中的危害主导地位已经受到了挑战。[①] 也即,网络犯罪中的正犯并不一定完全控制共犯的行为或整个共同犯罪的进度,但是其主导力度体现在对共同犯罪发展方向的引导或把控。一般来说,正犯具有隐蔽性特征,其犯罪行为不易被完全侦知,可以结合行为人主观方面的联络要素对其行为的主导力度进行判断。

2. 共同犯罪行为联动密度的判断

共同犯罪行为的联动是网络共同犯罪行为最明显的外观特征,它也昭示着行为人的共同犯意。本书认为,可以着重从行为目的角度判断共犯行为间的联动密度。行为目的的判断是"为什么"的判断。物理空间的行为目的需要通过谈判、商议才可达成,各行为主体之间通常具有基本的了解和信任。但是在网络空间,数个行为主体可以为达成一个共同的行为目的作出"贡献",即使行为主体之间互相匿名、身份不明,只要为追求同一个利益目标,即有可能共同实施犯罪。应当注意的是,行为目的的判断难点其实并不是行为人身份的确定,而是目的所指向的范围大小。在进行行为目的判断时,应当先确定共同行为人之间是否具有一个范围较大的共同目的,比如,通过贩毒牟利或通过杀人泄愤等。这种目的可以是一种危害结果,也可以是一种危险状态。在此基础上,还应进一步判断共同行为人是否具有共同的、刑法规定的目的。比如,在一起网络涉毒案件中,加入贩毒微信群组作为"下线"的人和他们的"上线"对共同贩卖毒品牟利这一利益目标有相同的追求,尽管前者实施的是收取价款、发货的典型贩毒行为,后者实施的是分配工作、统筹毒品调度的非典型贩毒行为,这也不影响其共同犯罪行为的认定。

在行为目的不明朗的案件中,行为方式的判断可以被视为行为目的判断的有效补充,行为方式是"怎么做"的判断,也是回归行为客观可观测性特征的判断。由

---

① 参见米铁男:《共犯理论在计算机网络犯罪中的困境及其解决方案》,载《暨南学报(哲学社会科学版)》2013 年第 10 期。

于网络空间的行为类型复杂、多变，当共同行为目的难以通过外在行为析出时，可以利用网络犯罪的常习性特点判断共同犯罪行为之间是否具有交叉、反复的情形。如果通过行为方式判断认为行为人可能实施了共同犯罪行为，则可再以目的判断检验行为方式判断的合理性。

3. 基于以上观点的案例分析

依据本书中关于正犯行为的主导力度和共同行为联动密度判断的观点，我们可以重新审视前述提到的李某、易某网络贩卖毒品案。首先，贩毒人李某对贩卖毒品行为具有较强的主导力度，运毒人易某即使实施了运输毒品和帮助收款的行为，也难以认定为贩卖毒品的帮助行为。这是因为，第一，易某的“获利”不源于贩卖毒品行为，而是源于运输行为。通常来说，单纯运输毒品的行为并不具有不可替代性，吸毒者即使没有运输毒品行为，也完全可以从毒品贩卖者的其他手下处取得运到的毒品，甚至可以由贩毒人直接交付。尽管易某通过帮助运毒的行为获得了李某给予的免费食宿和毒品，但是这种长期持续的双方关系更接近雇佣关系，不能据此认定易某从特定的某次或某几次的贩毒交易中牟利。第二，易某对毒品未实行“转让”动作，“转让”的前提是对毒品的实际控制，因为运输毒品的行为人不具有按照自己的意思转移毒品的能力和意愿。其一，在运输毒品的场合，贩卖人并没有脱离对毒品的控制，只是将毒品暂时转让给运输人占有，此时运输人对毒品有表面上的控制权，但对毒品没有处分权，其只是依照贩卖人的意思、行使贩卖人的意志。[①]其二，尽管运输行为人事实上占有毒品，但他实际上不会因为手上价值仅百元的毒品动摇与贩毒者之间的雇佣关系，因为运输毒品的行为人通常处于雇佣管理的劣势，其依靠运输毒品维持基本生存。其三，从立法目的上考量，运输行为实际上并没有“加功”贩卖行为的危害性，也即，并不是运输行为导致毒品进入社会的流通之中，切断运输者的运输行为可能只能作暂时之用。

其次，从行为目的的角度观察，李某、易某的行为联动密度不高。李某、易某的行为联动是由贩卖、运输毒品行为本身的程序连贯性决定的，而非贩卖毒品共同行为内部联动所引发的。正如前文之分析，李某、易某的行为目的虽然都可表现为牟利，但运输毒品行为可以独立成罪，李某是从贩卖毒品的行为中获利，易某是从运

---

① 参见高艳东:《贩卖毒品罪基本理论问题探析》，载《云南警官学院学报》2004 年第 1 期。

输毒品行为中获利，两人的行为目的、行为性质皆有不同。

综上所述，在这一案件中难以认定李某和易某实施了贩卖毒品的共同犯罪行为。在实际认定中，正是考虑到贩卖毒品罪具有证据短缺的司法认定障碍，司法实践才将法定刑较轻、证明标准相对低的运输毒品罪作为贩卖毒品罪的“兜底”，补足因证据不足无法认定的贩卖毒品行为。[①] 可见，对实行了符合运输毒品罪构成要件的行为人“升格”为贩卖毒品罪的共犯是实践的通常做法，将其认定为运输毒品罪反而成了“退而求其次”的司法习惯。这种做法可以起到严厉惩治毒品犯罪的效果，但不符合罪刑法定的刑法基本原则。相较于传统物理空间的贩运毒品，网络贩运毒品行为的贩卖和运输行为之间的紧密关系呈相对松散的“环扣状”，在网络空间充分利用电子证据，对实施贩毒的具体人员、毒品种类、价格和交货方式等情况反而较易查证。贩运毒品的“环扣状”行为特征使微信、QQ 聊天记录等电子证据起到追踪、定位实施贩卖毒品罪行为人的作用。电子证据“白纸黑字”地证明行为人贩卖毒品的详细情况，一定程度上克服了“由供到证”即依赖口供、证据不稳定的司法实践难题。因此，在网络贩运毒品案件中，不能机械地将与贩卖毒品相关的运输毒品等行为一律认定为贩卖毒品罪的共同犯罪行为，行为人是否实施了共同犯罪行为应当结合罪名设置和行为目的进行严谨判断。

（二）网络贩卖毒品共同犯罪故意的认定

对网络贩卖毒品的共同犯罪故意探讨应当从三个方面展开。第一，从认识因素的角度判断，“明知”的认定在网络空间中应该比物理空间更为严格。物理空间的认识因素判断有时面临难题，因为行为人可以通过否认犯罪对象，主张自己对毒品或毒赃没有认识。同时，由于毒品犯罪是无被害人犯罪，所以在物理空间内，行为人的认识因素还面临证据少、证人少、难以佐证的实践现实。但相对来说，网络贩毒行为人对于自己利用网络平台、空间贩卖毒品的行为总是有认识的。具体到上述案件中，或许“下线”对主营毒品种类、毒品含量、毒品来源等具体信息不甚知晓，但是对贩毒行为的本质都有明确的认识。在这一过程中，或许“下线”承担的是消极色彩较为强烈的“传话筒”任务，仅以提成牟利，或许“下线”负责积极推销，促

---

① 参见包涵：《运输毒品罪的立法扩张与司法限制》，载《中国刑事法杂志》2021 年第 1 期。

成交易完成。即使在扮演最消极角色的情况下,“下线”也无须通过求证、检查的方式逐单落实其贩卖的物品是毒品,因此,行为人一旦认识到了参与网络贩毒,即使参与过程中的主观恶性降低,却仍然实行网络贩毒行为的,应当认定其行为具有刑事可罚性。此外,在认定网络贩毒故意内容方面,本书结合前述李某、易某网络贩毒的案件进行讨论。故意内容的判断直接影响到对行为的定性,即定罪环节。本书认为,易某没有贩卖毒品的故意,只有运输毒品的故意。从认识因素上考量,易某明知李某贩卖的是毒品,而为其运输毒品;从意志因素考量,其积极追求运输毒品的危害结果发生。故而,易某的故意内容为运输毒品的故意。从本质上看,运输毒品确实具备贩卖毒品帮助犯的性质,李、易二人应当认定为共同犯罪。但是我国《刑法》将“运输毒品”独立出来与走私、贩卖、制造毒品并列,并作为一个选择性罪名,按照严格的罪刑法定立场,本案这类单纯帮助他人运输毒品的行为应当构成运输毒品罪,而非贩卖毒品罪(的帮助犯)。[①]

第二,从意志因素的角度判断,行为人对自己网络贩卖毒品的行为应持希望态度。如前所述,“下线”通过网络实施毒品犯罪实际上可能对订单的细节不尽知晓,对自己参与实施的贩卖毒品行为可能造成的法益侵害危险难以准确评估。但在网络空间之内,一般不存在放任意志的可能性,质言之,网络毒品犯罪难以成立间接故意。在前述案例中,“下线”曾经表示过不想再替“上线”贩毒,想离开被上线控制的住所,可在现实中,“下线”其实很难完全脱离“上线”的控制,这不仅因为“上线”会对其进行心理和物理强制,还因为许多被利用的“下线”本身也是吸毒成瘾者,有以贩养吸的需求。在这种现实背景下,共犯的脱离和胁从犯一般难以认定,如果“下线”主观上虽不想继续进行贩毒活动,持“反正我跑不了,那还不如卖点钱”的心理,不积极追求卖出毒品、赚钱的结果,但仍由于无法脱离“上线”的控制在来订单时协助“上线”贩毒,可以认定其主观上希望贩卖毒品的结果发生,属于直接故意,从而认定贩卖毒品罪的成立。

第三,联络要素的判断在网络空间可以适当放宽。结合网络毒品犯罪日益猖獗的现状,物理空间中某些模糊而复杂的主观方面其实在虚拟空间内被具化和明晰,彰显出行为人更明确的犯罪意思和意志,更具谴责性。在某些案件中,行

---

① 参见赵秉志、肖中华:《论运输毒品罪和非法持有毒品罪之立法旨趣与隐患》,载《法学》2000 年第 2 期。

为人可能仅认识到或“曾怀疑”行为对象“有可能是”某种违禁品或有害品，就认定行为人存在“明知”，从而认定故意。如前分析，毒品犯罪搭载网络平台一方面使得行为人难以推辞“明知”的认定，网络贩毒发生在一定的网络群组内时，行为人很难辩解对自己实施的网络涉毒行为绝不知情；另一方面，意志因素上的放任和积极追求在网络空间内其实极易证明，其中，网络贩毒行为会留下推销、介绍毒品、吸毒用具的文字、图片等记录，通过网络下单寄递毒品会留下下单信息、运单、物流信息等记录。由于我国一贯坚持从严打击毒品犯罪的基本立场，这致使毒品犯罪主观故意的认定呈现出标准松懈的司法实践现实，即有概括的故意即可认定为毒品犯罪。从刑事政策的角度考量，对于网络毒品犯罪的打击也更应当持积极的立场防范威胁，适当放宽联络要素的判断也可以降低共同故意的认定难度。

三、网络贩运毒品数量的认定

毒品犯罪属于性质恶劣、法定刑较高的严重刑事犯罪，涉案毒品数量直接体现了行为人对公众健康法益的侵害程度，同时也是行为人主观恶性的反映，应准确理解毒品数量反映出的犯罪法益侵害性，进而合理定罪量刑。[①] 我国奉行“零容忍”的禁毒政策，且长期执行从严打击毒品犯罪的刑事政策，在毒品犯罪的审判过程中也逐渐形成了从严从重的司法惯性，故而在法律规定出现不周之处时，司法实践倾向于拔高认定毒品数量，以确定行为人承担更为严苛的刑事责任。网络因素的加入使毒品犯罪的数量认定产生了新问题，由于支付毒资与交付毒品的时间间隔变长，导致实践中出现“已销未支付”等特殊情形，应当细化探讨网络贩运毒品数量的认定情况。

（一）未查获毒品或“已销未支付”的毒品数量认定

司法实践通常不会对行为类型不同的涉案毒品数量加以区分，而是本着查处必尽的目的没收行为人携带的所有毒品。此外，有实践观点还主张，只要其他证据

① 参见胡江、陈熠：《毒品数量对毒品犯罪认定意义的理性思考》，载《警学研究》2020 年第 1 期。

充分，即使毒品未被查获，也应计入涉案毒品数量。① 可见，对于持有、窝藏的毒品数量在证据难以证明性质的情况下，司法实践也更倾向于将其认定为贩卖毒品数量，对于处在运输状态的毒品，无法证明具有贩卖故意的，才认定为运输毒品罪，可见，将涉案毒品数量认定为贩卖毒品数量是实践中的惯常做法。本书认为，物理空间的贩卖毒品案件中出现未缴获毒品、毒赃或毒品、毒赃已灭失的情况时，通常只能依靠行为人的供述认定毒品数量。由于毒品犯罪案件情况复杂，而贩毒行为又具有常业性，故而，实践中将抓获毒贩持有和窝藏的毒品认定为贩卖毒品的数量有一定的合理性，这种做法符合司法实践的需要，也使从严治毒政策得以落地。

但是，在网络贩毒案件的毒品数量认定时，应结合网络达成交易的毒品数量，而不能完全按照司法实践中的惯常做法将能够查处的毒品数量悉数认定为贩卖毒品的数量。结合网络贩毒案件的具体情形，应从以下两个方面从严把握未查获毒品或“已销未支付”毒品数量的认定：第一，贩卖毒品行为人已将贩卖的毒品放置在约定位置或已邮寄，此时，贩卖人手中已无可查获的毒品。按照本书“交付既遂说”的标准判断，这种情形下行为人贩卖毒品的数量应当按照交付毒品的数量进行计算。第二，贩卖毒品行为人为贩卖毒品而从其“上家”处进货，还未收到毒品，此时案发。因为本书认为贩卖毒品的行为不包含为了贩卖而买入的行为，故而为贩卖而进货的行为应当认定为贩卖毒品罪的预备行为，在没有查获毒品的场合，不应当将其行为认定为犯罪。对于毒品数量的认定，本书认为，已经完成交付的毒品，自然应当计入贩卖毒品既遂的毒品数量之中，已经支付价款但未交付的毒品数量不应当计入贩卖毒品的数量中，但是犯罪未告既遂不意味着行为本身不会导致刑法应当评价的危险，因此，可以在量刑上考虑这部分毒品数量。

（二）网络“代理”贩卖毒品数量认定

网络“代理”与“上线”构成贩卖毒品罪的共同犯罪，其中，“上线”对整个毒品的交易过程进行主导、收益和把控，“代理”则属于从犯。在实践中，将网络贩毒“代理”贩卖毒品的数量计入“上线”的贩卖毒品数量之中较为合理。从实际情况看，网上贩卖毒品案件在客观上也确实多由“上线”主导，比如，一般“上线”会安排“下

① 黄文忠、郭小亮：《毒品犯罪中毒品数量计算的疑难问题探析》，载《四川警察学院学报》2018 年第 6 期。

线”统一居住在处所,便于发号施令和管理。通过通讯群组贩卖毒品的,“上线”会安排“下线”加入群组并告知毒品的成本价,由“下线”发布销售毒品的广告并负责和买家沟通毒品交易数量、价格及收货信息,在手机上形成备忘录。最后由“上家”按“下家”与买家达成的实际交易情况和备忘录上的信息联系其货源发货、送货,“下线”收钱后留下提成,其他的钱转账给“上线”。[①] 在确认“上线”承担责任的毒品范围时应当相对降低证明标准,只要能证明毒品来源、归属的,就应认定主犯的毒品犯罪数量。[②] 有多个“下线”的贩卖毒品行为人,其贩卖毒品数量应当是所有“下线”贩卖毒品数量的总和。司法实践也持此观点。例如,在吴某菁、何某龄走私、贩卖、运输、制造毒品案中,“上线”吴某菁通过网络贩卖大麻类毒品,并安排、指使“下线”何某龄、徐某行帮助其贩卖大麻类毒品。法院在审判时根据“上线”吴某菁和“下线”何某龄、徐某行的供述以及“下线”发布的销售大麻广告、大麻叶图片截图、上下线关于毒品交易的聊天记录、三被告人手机内存储的毒品交易信息备忘录、支付宝转账毒资截图等证据证实,所有“下线”售出的毒品数量都经“上线”吴某菁之手并安排发货。据此,法院认定“上线”吴某菁贩卖大麻的数量为“下线”何某龄、徐某行贩卖大麻的数量及其个人贩卖大麻的数量总和。[③]

(三)网络贩毒与非法持有、窝藏毒品的数量辨明

《武汉会议纪要》规定,“贩毒人员被抓获后,对于从其住所、车辆等处查获的毒品,一般均应当认定为其贩卖的毒品”。本书认为,这一规定采用较为严格的标准认定贩卖毒品行为人被抓获后又搜获其他毒品的数量,实际上是一种法律拟制,即以行为人实施了贩毒行为为基础事实对行为人住所、车辆等处查获的毒品进行性质推定。为了中和过于严厉的规定,《武汉会议纪要》同时阐明了“确有证据证明查获的毒品并非贩毒人员用于贩卖,其行为另构成非法持有毒品罪、窝藏毒品等其他犯罪的,依法定罪处罚”。《武汉会议纪要》的规定显然是站在从严惩处毒品犯罪的基本立场,用司法实践指导的方法规避物理空间内交易毒品数量认定存在的证据

① 详见湖北省黄石市西塞山区人民法院刑事判决书,(2017)鄂0203刑初40号。

② 参见黄文忠、郭小亮:《毒品犯罪中毒品数量计算的疑难问题探析》,载《四川警察学院学报》2018年第6期。

③ 详见湖北省黄石市西塞山区人民法院刑事判决书,(2017)鄂0203刑初40号。

欠缺难题。在实践中,为了规避这一难题,侦查人员通常会等在毒品交易完成之后再行“收网”。[①]

结合前述李某出售麻古案和况某出售冰毒案进行分析,本书认为,李某出售麻古案是司法实践中的常见情形,法院的判罚都倾向于将与案发交易无关的其他毒品数量计算在贩卖毒品数量之中。有学者就此主张,推定行为人住所、车内等处查获的毒品为贩卖毒品的数量需要满足两个条件:第一,推定的依据是被告人实施了或正在实施有确实、充分证据证明的贩卖毒品的行为;第二,可以通过合理怀疑排除行为人辩解意见的真实性与合理性。[②] 这两个条件对司法实践有一定的指导意义,但是,在网络贩毒的场合,第二个条件恐会失效。在李某出售麻古案和况某出售冰毒案等类似案件中,贩毒人员在交货时身上携带的毒品数量一般很小,仅通过行为人“用以自吸”等自我辩解无法对这部分毒品的去向进行推定。此前就有学者主张,应当取消《武汉会议纪要》有关贩卖毒品数量的推定,在无法查清行为人住处及车辆中的毒品是用于贩卖还是吸食或其他目的的情况下,直接按照非法持有毒品罪或窝藏毒品罪追究刑事责任。[③] 笔者认为,在网络贩卖毒品案件中亦应如此把握,一是因为网络贩卖毒品案件中的转账等电子证据具有明确性,可以据此判断出贩卖毒品的数量,二是因为在行为人交付毒品之后,贩卖毒品罪即告既遂,之后行为人又通过其他方式买入、持有或窝藏毒品的行为已经与之前的贩卖毒品行为无关,不宜与贩卖行为数量混同评价。另外,处在网络供应链后端的贩卖毒品行为人往往与“上家”处于单线联系的状态,但是处在供应链前端的贩毒者往往在多条交织的毒品供应链中发挥着枢纽的作用,这样的贩卖毒品行为人,对其贩卖和持有的毒品数量很难仅依据某一条供应链查处的事实进行判断,因此,完全适用《武汉会议纪要》的规定对行为人持有的毒品进行认定很可能会混淆贩卖、持有和窝藏毒品的数量,不利于准确定罪量刑。本书认为,在能够充分证明毒品交易数量的网络贩毒案件中,应结合“交付既遂说”判断贩卖毒品罪的既遂,进而认定贩卖毒品的数量,不适宜将持有、窝藏毒品行为拔高认定为贩卖行为并将这部分毒品数量计入贩

---

① 参见兰跃军、应建洪:《毒品犯罪侦查中的控制下交付》,载《犯罪研究》2016 年第 6 期。

② 参见周芹、石晓琼:《毒品犯罪若干法律适用问题探讨——以〈武汉会议纪要〉为视角》,载《湖北警官学院学报》2017 年第 2 期。

③ 参见曾粤兴、孙本雄:《当代中国毒品犯罪刑事政策的检讨与修正》,载《法治研究》2019 年第 2 期。

卖毒品的数量。基于此,本书认为,公安机关在李某家中查获的9.01克毒品不应认定为贩卖毒品的数量,而应认定为非法持有或窝藏毒品数量。在况某案中,被告人况某随身携带的0.28克毒品应认定为非法持有的数量而非贩卖毒品数量。

四、"互联网+寄递"贩运毒品行为的认定

"互联网+寄递"贩运毒品行为最突出的特征是参与主体的多样化,即除了毒品交易的双方,第三方主体也参与其中。第三方主体参与方式和参与程度的不同,会引发刑法的不同评价。按照寄递距离的远近,频现于司法实践的"互联网+寄递"贩运毒品案件的参与主体主要有"同城跑腿"服务提供者和智能快递柜服务提供者。根据2021年8月27日公安部、国家邮政局、国家禁毒办联合召开的"寄递渠道百日攻坚行动"的会议精神,为了防止"互联网+寄递"贩运毒品的犯罪情势扩张,应当压实寄递企业的主体责任,切实把寄递行业禁毒管理措施落到实处。[①] 故而,"互联网+寄递"贩运毒品行为认定问题应当着重围绕案件中第三方刑事归责问题的探讨展开,也即分别对利用"同城跑腿"服务运输毒品行为和利用智能快递柜接收毒品行为的认定进行详论。此外,对为自吸通过网络跨境购买毒品的行为如何定性,也是"互联网+寄递"类涉毒行为刑法规制需要探讨的重要问题。

(一)利用"同城跑腿"服务运输毒品行为的认定

通过对实践中出现的利用"同城跑腿"服务运输毒品案件分析,本书认为,实践中利用同城跑腿贩运毒品的行为可以总结为以下三类:第一,跑腿服务提供者及其公司对运毒事宜知情并帮助运毒;第二,跑腿服务提供者本人知情并帮助运毒;第三,贩卖毒品行为人利用不知情的跑腿服务者为其运输毒品。司法实践对以上三种行为的认定应当有所区别,区别的依据主要是对跑腿服务提供者主观明知的判断和跑腿服务公司的行为性质认定。

在实践中,第一种情形相对比较少见,2011年发生在浙江乐清的一起案件中,林某开设的跑腿公司本来经营合法的日常业务,因有顾客电话询问是否可以帮忙

---

① 参见《公安部国家邮政局国家禁毒办召开会议　部署"寄递渠道百日攻坚行动"》,载中国禁毒网,http://www.nncc626.com/2021-08/29/c_1211348744.htm,最后访问日期:2021年12月14日。

买毒品，后林某为利所动，决定在提供跑腿业务的同时夹带毒品进行贩卖，同时指挥公司员工谷某承担实际运毒工作。后为了更好地服务于吸毒者，林某花费3000元购买了一定量的K粉随时等候贩卖。[①] 在这类案件中，林某通过网络、电话接单跑腿业务，指使跑腿业务员贩卖、运输毒品，认定其行为构成贩卖毒品罪是没有疑问的。

第二种情形在实践中也不多见，因为跑腿服务提供者通常不会、也没权利进行开包检查，许多案件贩卖毒品行为人也会用其他日用品进行伪装掩护，跑腿服务者难以得之其中是否装有毒品。然而实践中确实存在利用自己跑腿服务者的身份进行贩运毒品的案件。[②] 和第一类案件类似，这类案件中的跑腿服务提供者的身份只是行为人贩卖和运输毒品的掩饰，跑腿员对贩卖毒品的事实具有主观故意，并不会为司法实践认定贩卖毒品罪带来困难。

第三种情形在司法实践中最为常见，贩毒行为人利用或欺骗跑腿服务提供者为其运毒，对该服务提供者能否认定为运输毒品罪？本书认为，同城跑腿服务提供者在这类涉毒案件中是"工具人"的角色，原则上对其运输毒品的行为不应进行刑法评价。比如，在廖某婷走私、贩卖、运输、制造毒品案中，行为人在短时间内多次利用同一家同城跑腿服务贩卖、运输毒品，但是法院未对跑腿员的主观故意进行审查和认定。[③] 不过，可以深入研究的是，常有固定跑腿公司的跑腿服务提供者为固定用户运送毒品，在这样的案件中，跑腿服务提供者的主观方面有时难以确定。2019年，郑州市警方破获一起利用UU同城跑腿进行贩毒的案件，一男子经常通过UU跑腿软件下单，该案中跑腿行为提供者称其已经为该房间的张某接送货品半年有余。本案经邻居举报案发，举报人称经常看到张某家中出入疑似吸毒人员。本书认为，跑腿服务提供者经常为张某送货，对张某以贩毒为业应该是不可能决然不知的，因为张某不仅自己吸毒，也经常容留其他吸毒人员在其住所吸毒，这一点邻居都有所察觉。由于包括UU跑腿在内的众包物流通常由专人直递，取消了分拣等

---

① 参见《跑腿公司"创收"带毒品》，载央视网，http://news.cntv.cn/20120214/114405.shtml，最后访问日期：2021年12月28日。

② 参见《未央法院公开宣判4起涉毒案件》，载凤凰网，http://sn.ifeng.com/a/20190625/7561670_0.shtml，最后访问日期：2021年12月11日。

③ 详见江西省南昌市西湖区人民法院刑事判决书，(2020)赣0103刑初991号。

环节，容易形成固定跑腿人员负责固定片区的局面，[①]张某住处内吸毒、分装毒品的包装纸等物品都放在明面，跑腿服务提供者对其配送内容易于察觉。从案件的实际情况考察，跑腿服务提供者应当存在知晓其运送的是毒品或夹带有毒品的可能性。

在这类案件中，应当首先考察同城跑腿运输毒品行为可否评价为运输毒品罪。对此，学界主张以距离为标准认定运输毒品。例如，有学者主张，“运输应限于较远距离或意图较远距离的运输，”[②]还有学者主张，同城跑腿类的短距离毒品运输行为不能被定性为“运输”，因为运输毒品罪中的“运输”有一定的距离要求，即运出地和接收地之间的距离不能过短，同一城市或同一城区内的一家到另一家，不宜以运输论。[③] 司法实践中也采这种立场，[④]最高人民法院在刑事审判指导案例第 835 号的裁判理由中表示，为防止不当扩大打击面，认定为运输毒品罪还是应当适当考虑运输距离和目的。本书认为，实践中这种以距离为标准认定是否定性为运输毒品行为的做法不妥。其实，应当从设置运输毒品罪的立法目的和运输毒品行为的实质方面理解“运输”的含义。《刑法》第 347 条既然将运输毒品行为与走私、贩卖、制造毒品行为并列，就应当依照刑法体系解释的基本原理对运输毒品的危害性进行考量，不应当一味将运输行为附属于贩卖行为之下进行讨论，低估运输毒品的独立可罚性。从交易环节看，运输行为推进了毒品靠近消费终端，发生一定距离的位移只是该行为的外在征表，因此，应当综合判断行为是否实质促进了毒品的流通，使吸毒者更容易获取毒品。[⑤]

可进一步引申的思考是，如果跑腿服务提供者实际实施了同城运输毒品的行为，但主观方面模糊，在实践中可以考虑结合行为人的供述和其他证据对跑腿服务提供者的主观方面进行综合判断。具体而言，可以参考《追诉标准（三）》中对走私、贩卖、运

---

① 参见彭幸：《我国众包物流的法律治理》，载《中国流通经济》2019 年第 4 期。

② 陈洪兵：《毒品犯罪定性基本问题研究》，载《检察日报》2020 年 12 月 29 日，第 3 版。

③ 参见李永升：《关于运输毒品罪若干问题研究》，载《贵州民族学院学报（哲学社会科学版）》2010 年第 3 期。

④ 详见山东省莱州市人民法院刑事判决书，(2017)鲁 0683 刑初 198 号；辽宁省瓦房店市人民法院刑事判决书，(2019)辽 0281 刑初 29 号。

⑤ 参见王钢：《运输毒品行为的限缩解释》，载《华东政法大学学报》2020 年第 1 期。

输毒品罪主观故意认定中“应当知道”的规定,从以下三个方面进行判断:其一,跑腿员是否从贩毒者处获取除派单费用以外的其他费用、酬劳;其二,是否帮助贩毒者采取了高度隐蔽的包装手法对运送的物品进行包装;其三,跑腿员与接货者之间的交接地点是否隐秘,是否有明显违背合法货物交易习惯的非惯常交接行为。

(二)利用智能快递柜接收毒品行为的认定

对利用智能快递柜接收毒品行为的认定,实践中有以下观点:第一,认为贩毒者是依照购毒者的要求运送毒品,因为贩毒者和购毒者存在运输毒品罪的故意,所以应当将接收毒品行为认定为运输毒品罪。第二,使用智能快递柜接收毒品的购毒者与贩毒者没有运输毒品的共同故意,运输行为只是贩卖毒品的交付过程,智能快递柜只是购毒者接收毒品的手段,在没有证据证明其具有实施其他毒品犯罪的故意时,仅在毒品数量较大时认定其行为构成非法持有毒品罪。① 本书赞同第二种观点。由于智能快递柜有隐秘、全天候、时效灵活的特点,取件人也可以支付一定的价款较长时间在快递柜中保存待取物品。取件人收到了取件通知但未提取柜中毒品的,应当如何认定其行为？本书认为,回答这个问题需要明晰的是放入快递柜还未取出的物品的状态是否可以评价为刑法上的“持有”状态。《追诉标准(三)》中规定,“非法持有”是指违反国家法律和国家主管部门的规定占有、携带、藏有或者以其他方式持有毒品。根据学者的概括,持有是一种控制、支配物品的状态,无须积极的作为。② 因此,持有是有别于作为和不作为这两种行为类型的第三类行为。③ 一般认为,暂由智能快递柜保存的物品宜认定为已进入取件人的控制范围,因为此时取件人可以随时取走柜中的物品,但是,快递柜内的空间并不属于取件人拥有绝对排他和控制权的私有空间,留在柜中未取的快件仍有可能被重新派件或原路退回,所以这种情形下是否达到了刑法上对“持有”的要求是需要探讨的问题。对于这一问题,本书认为,非法持有毒品罪中的“持有”无须行为人牢固地持有毒品,因为,此时毒品实际上已经由第三方控制,行为人实质上具备了对涉案毒品的排他控制和支配权。在实践中,当行为人接收的毒品满足《追诉标准(三)》中关于

① 参见李静然:《非法持有毒品罪的司法疑难问题探析》,载《法律适用》2014 年第 9 期。

② 参见陈洪兵:《毒品犯罪定性基本问题研究》,载《检察日报》2020 年 12 月 29 日,第 3 版。

③ 参见陈兴良主编:《刑法总论精释》(第 3 版),人民法院出版社 2016 年版,第 181 页。

非法持有毒品的数量要求的,可依照前述观点认定为非法持有毒品罪。这一观点在司法实践中也得到了支持。例如,在孙某涛非法持有毒品案中,法院认定装有毒品的包裹到达快递柜内即构成刑法上的“持有”,因此,被告人的行为构成非法持有毒品罪。[①]

另外,在使用智能快递柜接收毒品的案件中,对于代收者责任的认定也是需要讨论的一个问题。本书认为,如果代收者仅是帮助毒品接收者取走柜中的毒品,没有其他毒品犯罪的故意,应当结合实际代收的毒品数量判断是否可以和毒品接收者成立非法持有毒品罪的共犯。如果有证据证明代收者或接收者有贩卖毒品等其他的犯罪故意,应当认定其行为属于贩卖毒品罪的预备行为和非法持有毒品罪实行并罚,要注意区别代收者和毒品接收者的主观方面的差异,按照毒品代收者或接收者的具体行为进行定罪。[②] 对包裹内容物毫不知情,只是出于方便代收包裹的人,不应认定其行为构成犯罪。在实践中,亦做如此处理。比如,在杨某伟等非法持有毒品一案中,被告人多次利用智能快递柜收取毒品。由于徐某是快递柜周边食品店的工作人员,因此,行为人找徐某帮助他代取毒品。在这个案件中,徐某只是出于方便帮被告人代取快递柜中的物品,不认定其行为构成犯罪。[③]

第二节　吸食类网络涉毒行为的刑法规制

目前,各国已对打击毒品犯罪、实施戒毒治理工作和对吸毒者进行惩戒达成共识。[④] 围绕吸食毒品实施的网络组织吸毒、网络引诱吸毒行为应当如何规制是实践中争论较多的问题。纵观学者的观点,结合我国规制网络组织吸毒行为的司法实践,本书认为,容留他人吸毒罪和非法利用信息网络罪难以评价网络组织吸毒行为。由于网络涉毒行为具有双层法益侵害性,应当将侵害阻挡层法益的组织吸毒

① 详见天津市滨海新区人民法院刑事判决书,(2020)津0116刑初997号。

② 参见周芹、石晓琼:《毒品犯罪若干法律适用问题探讨——以〈武汉会议纪要〉为视角》,载《湖北警官学院学报》2017年第2期。

③ 详见北京市西城区人民法院刑事判决书,(2021)京0102刑初114号。

④ 参见张勇安主编:《国际禁毒研究报告(2021)》,社会科学文献出版社2021年版,第173页。

行为划入刑法的规制圈。虽然关于增设组织吸毒罪的讨论并非仅是由网络因素引发的学术讨论,但是增设组织吸毒罪确实能够更好地解决网络组织吸毒行为的评价问题。吸食类网络涉毒行为还包括网络空间引诱、教唆他人吸毒行为,该类行为的刑法规制应着重围绕该罪的入罪标准、犯罪形态等问题展开讨论。

一、网络组织吸毒行为评价不应适用现有罪名

针对学者关于网络组织吸毒行为的定性论争,本书认为,非罪说显然不符合实践中打击毒品犯罪的需要。但适用容留他人吸毒罪和非法利用信息网络罪评价网络组织吸毒行为亦不恰当。

(一)对适用容留他人吸毒罪的驳斥

适用容留他人吸毒罪评价组织吸毒行为需要扩大解释容留他人吸毒罪,也即,将该罪中的"场所"扩张解释至"网络平台""网络房间"等。然而,本书认为,用容留他人吸毒罪评价利用网络平台组织吸毒的行为不甚合理。

首先,适用容留他人吸毒罪将使"场所"的解释脱离立法原意,有违罪刑法定原则。诚如学者所言,解决网络吸毒行为认定的难题应坚持网络思维,应擅用刑法解释原理准确判断行为的性质,当传统刑法解释面临网络犯罪的冲击时,应当发掘刑法解释的"适应性"特质,运用具有普遍意义的解释方法以提高传统刑法与网络空间的适配度。[①] 然而,无论立足于何解释立场,欲采取何解释方法,都不能突破解释对象本身的语义涵射范围。在解释容留他人吸毒罪中的"容留"时,不仅应从刑法体系解释的角度考虑,还应当从容留他人吸毒罪的设立目的角度考察。本书认为,容留他人吸毒罪处罚的行为是对吸毒者的"容纳"和"收留"行为,一般外化表现为向吸毒者提供吸毒场所、毒品及促进吸毒感官的物品等,但其核心仍是前者。为吸毒者提供场所的效果使吸毒者可以在相对安定的环境中不被打扰、不受威胁地"享受"吸毒带来的快感。之所以不能认定网络虚拟房间属于刑法上的"场所",是因为参与网络吸毒的行为人或许并不需要来自网络空间的容留,在网络吸毒的情景中,吸毒者相约或被组织同时吸毒看似是众多吸毒者共处同一

---

① 参见刘艳红:《网络犯罪的刑法解释空间向度研究》,载《中国法学》2019年第6期。

“区域内”,但实际上,由于吸毒行为具有人身依附特征,吸毒者的行为决然无法通过和吸毒者身体的剥离而实现,因此,本质上无法摆脱对物理环境的依赖,这一点是网络空间无法代替物理空间的现实。在电脑或手机屏幕的背后,吸毒者的行为仍基本受自己意志的支配(尽管在吸毒之后可能会出现无法控制自由意志的情形),网络吸毒组织者主要起到的是组织、煽动、助威的作用。通常来说,发生于物理空间的容留行为因其具有隐蔽性而被吸毒人员选择,但网络吸毒视频平台或虚拟房间实质上并不隐蔽。在某些案件中,吸毒房间内的人员流动较快,在开启一轮吸毒之前组织者会通过 QQ 等通讯群组进行通知,所以实际的参与人员也不固定,部分吸毒平台会有数个虚拟房间,参与吸毒的人员通过随机分配的方式进入房间。① 此外,有学者认为,在判断容留他人吸毒罪中的“场所”时应当注意,公共场所一般不能成为本罪中的场所。② 依照此标准,网络空间不能完全排除公共性因素,故不应认定为容留他人吸毒罪的“场所”。综上所述,物理空间的隐蔽性在认定容留“场所”上发挥的功能并不完全适用于网络空间,所以,从刑法解释的角度看,网络空间难以归入容留他人吸毒罪中的“场所”,即容留他人吸毒罪不能涵射利用网络平台、虚拟房间组织吸毒的行为。

其次,实践中也无倾向将网络组织吸毒行为认定为容留他人吸毒罪。根据本书对容留他人吸毒案件判决书的检索,鲜有涉及网络因素的容留他人吸毒案件。一是因为网络组织吸毒案件尚属新型犯罪,确不多发。网络吸、贩毒案件本身具有串联性特点,一个网络吸毒群可能是另一个大群的 VIP 群,也有可能是某一个群在另一个平台中的重现,因此,以网络组织吸毒为案由的判决检索结果较少。二是判决书显示,成立容留他人吸毒罪的典型行为还是容留毒友并一同吸毒,即容留者本身也是吸毒者,通过容留若干毒友共同吸毒以达到刺激感官的目的。而网络组织吸毒行为的法益侵害一方面来自为吸毒人员提供网上吸毒“众乐乐”的平台,更严重的还源于对不特定公众健康形成侵害和威胁。在实践中,吸毒虚拟房间固定而不间断的存续,吸毒群的管理和经营非常有序,同时也有源源不断意欲加入的“新玩家”,参与网络吸毒的人员对这种吸毒形式非常买账,甚至有吸毒者 24 小时在

---

① 详见黑龙江省大箐山县人民法院刑事判决书,(2019)黑 0713 刑初 6 号。

② 参见张洪成、黄瑛琦:《毒品犯罪法律适用问题研究》,中国政法大学出版社 2013 年版,第 267 页。

线，睡觉时也不关闭视频摄像头。[①] 可以认为，组织者的开设虚拟房间行为的主观恶性并非完全通过为吸毒者提供一个安全的场所进行彰显，而是通过开设和经营房间达到留住吸毒者的目的，进一步实施吸、贩毒等违法犯罪行为，以牟取暴利。因此，其组织行为特性更为明显，仅以容留他人吸毒进行评价难以符合打击该类行为的要求。此外，2015 年，最高人民法院在出台《武汉会议纪要》时，多数意见认为虚拟空间不符合容留他人吸毒罪中的场所特征，不能认定为容留他人吸毒罪。[②]

（二）对适用非法利用信息网络罪的驳斥

本书认为，将网络组织吸毒行为以非法利用信息网络罪论处也存在不妥之处。

首先，网络组织吸毒行为不符合非法利用信息网络罪的构成要件。根据《刑法》第 287 条之一的规定，非法利用信息网络罪的实行行为可以概括为三种：一是设立用于违法犯罪活动的网站、通讯群组；二是发布违法犯罪信息；三是为实施违法犯罪发布信息。2015 年颁布的《毒品犯罪解释》为网络组织吸毒行为认定为非法利用信息网络罪提供了依据，但是需要明晰的是，网络组织吸毒行为是否属于设立用于违法犯罪活动的网站、通讯群组行为中的“违法犯罪活动”。关于这一问题，《非法利用信息网络罪解释》中限缩了“违法犯罪”行为的认定范围，其第 7 条规定，《刑法》第 287 条之一中规定的“违法犯罪”包括犯罪行为和属于刑法分则规定的行为类型但尚未构成犯罪的违法行为。这就意味着，按照文义解释将“违法犯罪行为”解释为违法行为和犯罪行为未得到司法解释的肯定。故而，设立用于其他法律、行政法规规定的，但未被刑法分则规定的违法行为，不应当构成非法利用信息网络罪。[③] 我国刑法未将组织吸毒行为作为犯罪处理，甚至在《治安管理处罚法》中，组织吸毒行为也未规定为涉毒违法行为的类型之一，按照现有的法律规定，这两种行为“无论如何都不可能演变或者上升为刑事违法”。[④] 所以，网络组织吸毒行

---

① 参见《警惕身边的“新毒品”：网络毒品的疯狂世界》，载 CCTV 节目官网，http://tv.cctv.com/2015/08/12/VIDE1439393575390226.shtml，最后访问日期：2021 年 12 月 27 日。

② 参见高贵君、马岩等：《〈全国法院毒品犯罪审判工作座谈会纪要〉的理解与适用》，载《人民司法·应用》2015 年第 13 期。

③ 参见周加海、喻海松：《〈关于办理非法利用信息网络、帮助信息网络犯罪活动等刑事案件适用法律若干问题的解释〉的理解与适用》，载《人民司法·应用》2019 年第 31 期。

④ 张明楷：《避免将行政违法认定为刑事犯罪：理念、方法与路径》，载《中国法学》2017 年第 4 期。

为不符合非法利用信息网络罪的构成要件。仍应注意的是,《刑法》第 287 条之一第 2 项规制了发布违法犯罪信息行为,其中所列举的销售毒品、枪支和淫秽物品等行为都属于犯罪行为,《非法利用信息网络罪解释》采用了限缩解释的立场,既保持了法条内部的体系性,又体现了非法利用信息网络罪认定的谨慎态度,其规定逻辑符合刑法保障自由和谦抑性的重要理念。如果采取扩张解释的立场,将"违法犯罪行为"解释为包括违法行为,那么《刑法》第 287 条之一的规定相当于承认不具有刑事可罚性的一般行政违法行为因附加了发布网络信息的行为直接被纳入刑事犯罪的范畴,这种立场显然不妥。另外,《非法利用信息网络罪解释》仅针对这一罪名,且发布在《毒品犯罪解释》之后,这一定程度上表现出司法机关对涉毒案件非法利用信息网络罪认定的态度有所转向。故而,在实践中,一味机械地适用《毒品犯罪解释》会导致网络组织吸毒行为定性出现偏差。更有学者直言,将网络服务提供者的网络涉毒行为以非法利用信息网络罪论处,有违刑法以实行行为作为定罪依据的传统。①

其次,适用非法利用信息网络罪处罚网络组织吸毒行为重点偏离、力度不够。有学者主张,因为架设视频吸毒平台或开设虚拟房间的组织者本身在实践中并非吸毒、贩毒等行为的参与者,从这个角度看,宜将网络组织吸毒行为视为网络犯罪而非毒品犯罪的一种行为形态,故而应适用网络犯罪的相关罪名进行规制。② 本书认为此观点缺乏事实依据。在实践中发生的网络组织吸毒案件中,组织网络吸毒的行为人以吸毒者或贩毒者居多,设立网络吸毒平台通常具有牟利的最终目的。所以,学者从犯罪学的角度主张将网络组织吸毒行为归入网络犯罪其实本身缺乏犯罪学的实证研究基础,因而得出的结论并不具有说服力。此外,网络组织吸毒行为的危害主要来源于行为人召集、吸引他人加入吸毒等组织行为,而非设立网站、通讯群组的行为。基于以上两点,本书认为,将网络组织吸毒行为以非法利用网络信息罪处理偏离了刑法打击毒品犯罪的重点,针对性不强。

最后,以非法利用网络信息罪评价网络组织吸毒行为缺乏实操性。其实,非法利用信息网络罪是具有兜底性质的刑法条文,对处置网络组织吸毒犯罪的针对性

---

① 参见郭思宇、李文君:《网络涉毒现象的司法认定——以〈刑法修正案(九)〉为视角》,载《广西警察学院学报》2017 年第 3 期。

② 参见王锐园:《开设网络聊天室组织他人吸毒如何定罪处罚》,载《中国禁毒报》2020 年 11 月 27 日,第 6 版。

不强,同时,对物理空间的组织吸毒行为也无法适用。通过对判处非法利用网络信息罪的判决书进行查询,本书发现,涉毒案件以本罪名判定的较少。本书在威科先行信息库以“非法利用网络信息罪”为案由,以毒品作为关键字,共搜索到32份刑事一审判决书,其中大部分案件都是发布介绍卖淫信息案,涉毒案件判决书仅有4份。[①] 其中,孙某光案、赵某龙案和王某案的实行行为均是利用信息网络发布有关销售涉毒等违禁物品、管制物品信息,仅有陈某阳案与网络组织吸毒行为相关。通过对判决书的研究,本书发现,网络组织吸毒行为与非法利用网络信息罪具有明显的不适配性。根据《刑法》第287条之一的规定,三种非法利用网络信息行为只有达到“情节严重”的才可以入罪。根据《非法利用信息网络罪解释》第10条的规定,设立用于实施违法犯罪活动的网站,数量需达到3个以上或者注册账号数累计达到2000以上,设立用于实施违法犯罪活动的通讯群组,数量需达到5个以上或者群组成员账号数累计达到1000以上的,才能满足“情节严重”的入罪门槛,这对于网络组织吸毒类案件来说有些过高。在某些重大的网络组织吸毒和以设立网络吸毒平台为业的案件中,组织人员和管理人员分工明确,组织者往往会设置多个规模大小不同的通讯群组,更易达到“情节严重”的入罪门槛,但是对那些为了满足自己吸毒刺激欲望而组织网络吸毒的案件,大部分无法入罪。因此,适用非法利用信息网络罪评价网络组织吸毒行为不利于犯罪的全面打击。有学者提出,在网络吸毒案件中,可以结合三个标准判断是否符合非法利用信息网络罪中的“情节严重”,第一,平台规模大;第二,波及区域广;第三,衍生毒品犯罪多。[②] 本书认为,这一判断思路可以为非法利用信息网络罪的适用提供方向性参考,但是过于笼统,缺乏可操作性,若用以指导司法实践,可能会形成自由裁量权过大的局面,不利于罪刑法定原则的实现。故而,适用非法利用信息网络罪评价网络组织吸毒行为的观点面临理论支撑和实践可操作性阙如之诘难。

---

① 分别是江苏省苏州市姑苏区人民法院刑事判决书,(2019)苏0508刑初1194号;黑龙江省伊春市南岔区人民法院刑事判决书,(2019)黑0713刑初6号;江苏省苏州市吴江区人民法院刑事判决书,(2019)苏0509刑初93号;江苏省滨海县人民法院刑事判决书,(2018)苏0922刑初10号。

② 参见罗娜、郭威:《网络吸毒案件争议问题研究》,载《中国检察官》2017年第24期。

二、增设组织吸毒罪的可行性探讨

在任何国家，违法犯罪活动的形式、对象、危害性都时常处于不断变化的态势，网络的出现和发展促使违法犯罪行为的内在异化和外在扩张，呈现边界延伸的必然趋势。尽管刑法的适用具有弹性，但是承认其对新型犯罪形式的规制乏力是完善网络环境下刑法适用之必须，也是保证刑法完成打击犯罪任务的必要。当然，组织吸毒的刑法规制缺憾并非完全因网络组织吸毒行为引起的，但这一立法缺项在评价网络组织吸毒行为时更加凸显了刑法的无力，为司法实践的法律适用、惩罚犯罪带来阻滞。基于现有法律和司法解释的规定以非法利用信息网络罪规制此类行为也有不恰当之处，故而，笔者更倾向于通过增设组织吸毒罪的路径解决包括网络组织吸毒行为认定在内的实践问题。①

（一）消费侧打击毒品犯罪的科学性参考

意大利犯罪社会学家菲利这样阐述犯罪饱和法则："因为犯罪是一种由三种因素决定的自然现象，所以它符合犯罪饱和法则……就像我们发现一定数量的水在一定的温度之下就溶解为一定数量的化学物质但并非原子的增减一样，在一定的自然和社会环境下，我们会发现一定数量的犯罪。"②显然，毒品犯罪也遵循以上法则。在一定的社会时期，毒品犯罪的严重程度取决于社会整体的毒品需求量。因此，缩减毒品的市场需求，即减少毒品滥用（吸毒）是有效防止毒品犯罪滋生的良策，除此之外，减少毒品滥用也是减轻毒品次生犯罪的必须手段。目前我国《刑法》基本实现了对毒品犯罪的"全链条"规制。长期以来，立法和实践都将贩卖毒品视为毒品犯罪中最严重的犯罪，在立法上配置了严厉的法定刑，在实践中亦确立了毒品犯罪从严治理的基本方针。然而，从法经济学的视角观察，单纯依赖由供给侧打击毒品犯罪有悖毒品供求规律，难以有效遏制毒品流动和减少毒品犯罪。因此，适当调试毒品犯罪治理的刑事政策，将国家治理毒品犯罪的重心前移至毒品消费环节或能从根本上抑制消费市场对毒品的需求，进而减少毒品犯罪。深入考察毒品的供求关系可以得出从毒品

---

① 参见姜昊昂、温清：《惩治网络"烟馆"的困境与出路》，载《尊重司法规律与刑事法律适用研究（下）——全国法院第27届学术讨论会获奖论文集（2016年）》，第991页。

② ［意］恩里科·菲利：《犯罪社会学》，郭建安译，中国人民大学出版社2004年版，第163页。

消费侧打击犯罪具有科学性的结论,能够为刑法规制吸食类毒品犯罪提供理论支撑。

毒品在我国属于禁止非法流通的违禁品,具有基本的商品和消费品属性,这就决定了其流通遵循商品供求特征和市场规律。根据供求定理,商品的价格在上升时,供给增加,需求减少,在供给等于需求时达到均衡点。根据商品的需求价格弹性理论,当一种商品的价格上升1%时,该商品的需求的减少量变动大于1%,可称这种情况为富有弹性的需求;如果该商品的需求的减少量变动小于1%,可称这种情况为缺乏弹性的需求。二者的主要区别在于,消费者对富有弹性的需求的价格敏感度高,对缺乏弹性的需求的价格敏感度低,即消费者面对商品的价格增长,相对于富有弹性的需求,他们愿意为缺乏弹性的需求付出更高的价格。毒品具有成瘾性,买方对毒品的需求显然应属于缺乏弹性的需求。目前,我国治理毒品违法犯罪行为的主要手段是打击制毒、贩毒者,对应在毒品的供求关系中,即改变毒品的供给曲线。如图6-1所示,假设一种极端情况:吸毒者的需求是完全无弹性的,即价格无论如何提高都不会降低任何需求量,图中为一条竖直线。初始状态为供需均衡点E_1,由需求曲线D和供给曲线S_1决定。通过打击贩毒行为,相同价格情况下,毒品供给量减少,供给曲线向左上方移动,即供给曲线由S_1变为S_2;均衡点变为E_2,即需求曲线D和供给曲线S_2的交点。新的均衡点与之前相比,价格更高,但是需求/供给量没有发生任何变化。在实际情况中,吸毒者对毒品的需求是缺乏弹性而非此例中的完全无弹性的理想状态,其对结果的影响为由改变供给曲线导致的均衡状态的变化中,需求/供给量的变化很小而不是完全为零。

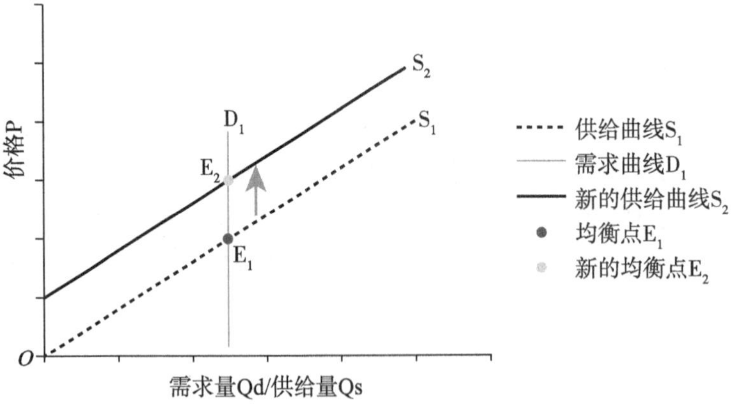

图6-1　改变毒品供给曲线的均衡状态变化

另一种做法是，通过减少吸毒者和潜在吸毒者接触毒品的机会和方法，改变需求曲线。如图6－2所示，初始状态与上一种情况相同，供需均衡点为E_1，由需求曲线D_1和供给曲线S_2决定。通过减少吸毒者和潜在吸毒者接触毒品的机会，吸毒者群体的需求量下降，导致需求曲线左移至D_2，与供给曲线S形成新的均衡点E_2。与之前的均衡点相比，新的均衡点的需求/供给量降低。

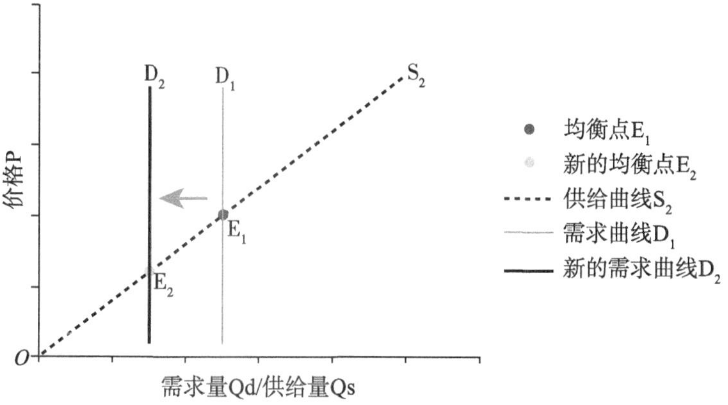

图6－2　改变毒品需求曲线的均衡状态变化

对比以上两种做法可知，通过减少供给的手段推高毒品价格，并不能使毒品的需求量显著降低，只能在短期内使市场达到供不应求的情况，而更高的毒品价格会刺激更多的制毒和贩毒者参与到市场中，以达到长期供求的新平衡。综上所述，由于吸毒者对毒品的需求缺乏弹性，所以抑制毒品供给端影响毒品交易量的方法事倍功半，而抑制毒品需求端的思路则会使毒品犯罪治理收效显著。

“中国200多年的禁毒史时刻警示我们，毒品经济是禁毒成败的最关键因素。”[①]因此，我们必须注重经济学分析原理在毒品市场分析中的重要作用，为科学禁毒、有效禁毒提供可靠依据，更好地指导刑事政策的制定与执行。根据以上经济学分析，刑法如果选择认可消费需求而持续严厉打击毒品的供给行为，实际是确立了毒品消费合法化的地位，合法化的需求成为吸纳毒品犯罪的动因，毒品消费行为就会成为促进非法毒品合法化的最佳方式。所以，执着于从供应端打击毒品犯罪

---

① 姚建龙主编：《禁毒刑法学》，中国人民公安大学出版社2016年版，“总序”第3页。

缺乏科学性。[①] 从毒品流动的现实情况考察，打击吸食类网络涉毒行为有利于从消费终端减少毒品流动的量和频率。吸毒行为是直接造成毒品需求量上升的原因，组织吸毒行为是对吸毒行为的刺激和引诱。在网络组织吸毒的场合，参与吸毒者可能会由于群聚效应更多次、更大量地吸食毒品，加重对毒品的依赖性，加速毒品对身体健康的侵蚀。从毒品交易的利益链观察，刑法全面打击毒品犯罪却对毒品消费行为网开一面，使毒品有洗脱非法、获得合法化存在的机会与方向，快速实现非法到合刑法化的转化，这不利于遏制毒品交易和毒品流通。组织吸毒行为是公然挑战国家对毒品进行管制和禁止流通的禁忌底线的行为，利用网络平台实施的组织吸毒危害性更强，亟须刑法严厉打击。[②]

（二）罪名的选择："聚众"还是"组织"

组织吸毒行为不同于聚众吸毒行为和容留他人吸毒行为，学者对这三种常见的行为类型的关系进行了讨论。持增设新罪名规制网络吸毒行为观点的学者在罪名的选择上出现了分歧，分歧点主要在罪名应当使用"聚众"还是"组织"。认为应当使用"聚众吸毒罪"的观点认为，鉴于网络吸毒的社会危害性，有必要将聚众吸毒行为入刑，以聚众吸毒罪代替容留他人吸毒罪，追究房主和其他积极参与者的刑事责任。[③] 认为应当使用"组织吸毒罪"的观点认为，使用"组织"可以避免探讨网络空间是否具有"聚众性"的争议。[④] 本书赞同新增的罪名应为"组织吸毒罪"而非"聚众吸毒罪"，但是将立法技术视为理论争议的规避工具显然不符合刑法违法性理论的基本原理。应该明确的是，不是需要通过新增刑法规范规制某种行为，而是哪种行为具备法益侵害性，我们才可以考虑通过新增罪名的方式对这种行为进行规制。本书主张从结合我国《刑法》对聚众类、组织类犯罪的规定探清"聚众"和"组

---

① 参见盛美军主编：《毒品犯罪办案精要》，法律出版社 2014 年版，第 200 页。

② 参见吴加明：《新形势下"组织吸毒"入罪之必要性》，载《上海法治报》2013 年 6 月 5 日，第 B06i 版。

③ 参见刘仁文、刘瑞平：《"网络吸毒"行为的刑法学分析》，载《中国检察官》2011 年第 12 期；陈恳：《以聚众吸毒罪取代容留他人吸毒罪的立法思考》，载《广西教育学院学报》2013 年第 3 期；王雪晴、关纯兴：《聚众吸毒"入刑"思考》，载《武汉公安干部学院学报》2019 年第 4 期。

④ 谭和平、吴加明：《网络背景下涉毒违法犯罪实务问题研究》，载《政治与法律》2013 年第 6 期。因为聚众淫乱罪在网络空间的认定在实践中引起了较大的争议，论者引此为证明如果新设聚众吸毒罪将可能引起类似的混乱和争议。

织”的含义内核,对“聚众”行为和“组织”行为的实质方面进行考察。

“聚众”和“组织”本来就是两种不同的行为。我国《刑法》第 97 条中与犯罪集团并行规定了聚众犯罪的概念,但是没有明确规定组织犯罪的概念,在刑法分则中,对 17 类组织行为作了入罪规定。[①] 总结我国《刑法》关于组织行为的规定,可以将组织犯的概念分为两类:一是将这一概念限制在犯罪集团这一特定范畴之内,特指对犯罪集团的成员产生支配和控制力量的行为,[②]如组织、领导、参加黑社会性质组织罪。在这类组织犯的概念下,实行行为的实施者是被组织人,而不是起到组织、策划、领导作用的组织者。学者归结,这类“组织犯是共同犯罪中建立犯罪团体、决定犯罪计划、指挥犯罪实行的人”。[③] 二是实行行为的实施者是组织者,被组织者与组织者之间不一定成立共同犯罪,如组织卖淫罪和组织考试作弊罪。本书认为,包括利用网络在内的组织吸毒行为可以被归类为第二种组织犯罪。

尽管组织犯罪和聚众犯罪的行为外化表现有重叠之处,即组织、策划和指挥行为,又都是共同犯罪之下的具体形态,但我国刑法对二者概念和使用是做明确区分的,其典型行为类型也有所不同。第一,组织行为是单一的实行行为,一经实施就可以构成犯罪的既遂,组织者再实施具体的相关犯罪,应以组织性犯罪和相关犯罪数罪并罚。例如,《刑法》第 294 条规定,实施黑社会性质组织犯罪又有其他犯罪行为的,依照数罪并罚的规定处罚。聚众犯罪是复合的实行行为,需要聚众活动的参与者实施了直接危害行为后,产生了符合构成要件的结果才告既遂。[④] 例如,《刑法》第 301 条和《关于公安机关管辖的刑事案件追诉标准的规定(一)》,组织、策划、指挥 3 人以上的、引诱未成年人参加聚众淫乱活动的,应当立案追溯。第二,与第一

---

① 分别是第一章危害国家安全罪第 103、104、105 条中的组织、策划、实施分裂国家,武装叛乱、暴乱,颠覆国家政权的行为;第二章危害公共安全罪第 120 条的组织、领导、参加恐怖组织的行为;第四章侵犯公民人身权利、民主权利罪第 234 条之一、第 262 条的组织出卖人体器官,组织残疾人、儿童乞讨,组织未成年人进行违反治安管理活动的行为;第六章妨害社会管理秩序罪第 284 条之一、290、294、300、315、317、318、333、358、364、365 条的组织考试作弊,组织、资助非法聚集,组织、领导、参加黑社会性质组织,组织、利用会道门、邪教组织、利用迷信致人重伤、死亡,破坏监管秩序,组织越狱,组织他人偷越国(边)境,非法组织卖血,组织卖淫,组织播放淫秽音像制品,组织淫秽表演的行为。

② 参见向朝阳、邹佳铭:《论组织犯及其刑事责任》,载《中国刑事法杂志》2006 年第 4 期。

③ 路军:《组织犯概念诸学说介评——从组织犯刑事立法出发的思考》,载《当代法学》2005 年第 3 期。

④ 参见刘德法:《聚众犯罪研究》,武汉大学 2009 年博士学位论文,第 24 页。

点相关的，组织者与被组织者通常不会以同一罪名论处，而是单独定罪，如组织、领导、参加黑社会性质组织罪的组织者一般认定为该罪，但组织成员按照其实际行为定罪；在聚众犯罪中，聚众者与被聚者通常可以认定相同的罪名，如聚众淫乱罪，被聚者参加聚众淫乱活动三次以上的也可入罪。第三，组织行为根据不同犯罪显示出不同的行为形态，比如，黑社会性质组织犯罪中的组织和组织卖淫罪中的组织显然内涵不同；对于聚众犯罪来说，通常行为的表现和内涵是一致的，一般指聚众行为人对被聚者进行的犯意倡导和纠集、召集行为。① 第四，从组织严密程度上考量，组织犯罪中被组织者本身在加入犯罪前已经具有违法犯罪的主观意愿，因此，组织行为的对象是这部分特定人员，一般组织者对被组织者形成一定的约束力；聚众犯罪通常具有临时性，严密程度较低，不具有计划缜密和分工明确的组织特点，因而聚众者对参与人员的控制力较弱，无法对聚众实行的后续行为的起始、具体进度等进行较高程度的管控。

考察网络组织吸毒行为，本书发现，组织吸毒的行为人往往对其架设的网络平台、虚拟房间具有高度的管控力。因为大部分用于吸毒的网络平台、虚拟房间的加入和退出都有严格的要求，组织者个人对每场吸毒活动的开始、结束都可以把控，组织者甚至对吸毒房间中的气氛掌握、交易毒品的秩序维护都能起到很大作用，符合组织行为的特征。此外，网络组织吸毒行为本身并不局限于纠集和召集的内涵，因为网络空间内的吸毒平台、虚拟房间不会自行生成，而是需要行为人积极搭建，在此之后再行纠集、召集吸毒的行为。在网络组织吸毒的场合，有时甚至不需要明显的纠集、召集吸毒的行为，已在平台或群组中的吸毒者可以通过自行加入的方式参与网络吸毒。再者，网络吸毒行为人在参与网络平台的吸毒行为前，通常已经具有非常明确的吸毒意愿，实际上，在一些 VIP 网络吸毒群组中，参与者只能是网络吸毒的“常客”。在这样的场景中，组织行为人所起到的作用就是平台的搭建作用，召集作用急剧弱化。在网络空间中的组织行为与其在物理空间的本质区别就在于该行为不再是通过调配、领导实施犯罪，而是为犯罪的发动提供契机。② 除此之外，本书也赞同这样的观点：定性聚众性网络犯罪的争议点正是因为该类行为与“聚众

① 参见刘德法：《聚众犯罪研究》，武汉大学 2009 年博士学位论文，第 25 页。

② 参见郑延谱：《网络背景下刑事立法的修正》，载《法学论坛》2012 年第 4 期。

性”不符，网络社会中实际上难以形成和传统社会相同的聚众效应。从实际操作层面看，网络空间聚众行为认定肯定受网络社会特点影响，物理空间的聚众行为具备参与实体可见的特征，而网络空间的聚众行为认定则面临着无法认定或难以证明的实际困难。① 因此，增设网络组织吸毒罪是规避网络空间聚众吸毒行为是否具有聚众性问题争议的一个出口，从立法技术上看又可以将物理空间的聚众吸毒和网络空间的组织吸毒行为进行统合，更具合理性。② 综上所述，本书认为，在规制网络组织吸毒行为时应以“组织吸毒”拟定罪名。

（三）组织吸毒罪在网络组织吸毒案件中的具体适用

依照本书的主张，在毒品犯罪中增设组织吸毒罪是规制网络组织吸毒行为的一条出路。如何表述本罪的罪状是适用本罪的前提。关于这一问题，有学者提出，组织（他人）吸毒罪应当表述为：“3 人以上进行群聚吸食、注射毒品的行为。”③本书认为，这一定义似乎未揭示出组织吸毒行为的本质，其对组织吸毒行为的描述还容易和聚众吸毒行为产生混淆。为避免这一混淆，加之《刑法》对毒品犯罪多采取简单罪状的规定方式，本书主张，对组织吸毒罪的罪状应当表述为：组织吸食、注射毒品的行为。具体应当如何在网络组织吸毒案件中适用该罪名，本书拟从以下三个方面进行讨论。

第一，本罪的行为主体。一般而言，组织吸毒罪的行为主体应当是网络组织吸毒行为的组织者。在网络组织吸毒案件中，组织者通常是最初开设或持续经营网络吸毒平台的人员，将这部分人员认定为组织者没有疑问。在部分涉案人员众多的大案、要案中，表面上的网络吸毒组织者背后还有提供毒品货源的“大佬”，这些人隐藏在网络吸毒房间之中，既非表面上的组织者，也非房间或群组的管理员。④

---

① 参见王肃之：《网络犯罪法益的公共化与刑法回应路径探析》，载《北京邮电大学学报（社会科学版）》2017 年第 2 期。

② 参见洪泉寿：《理念转变与规则调整：涉毒犯罪的网络异化及其刑法应对》，载《湖北警官学院学报》2019 年第 3 期。

③ 姜昊昂、温清：《惩治网络“烟馆”的困境与出路》，载《尊重司法规律与刑事法律适用研究（下）——全国法院第 27 届学术讨论会获奖论文集（2016）》，第 993 页。

④ 参见《警惕身边的“新毒品”：网络毒品的疯狂世界》，载 CCTV 节目官网，https://tv.cctv.com/2015/08/12/VIDE1439393575390226.shtml，最后访问日期：2021 年 9 月 1 日。

在这类案件中，毒品供货者是网络组织吸毒行为的渔利者，也是推动网络吸毒平台贩卖毒品的黑手，应当认定其处于组织者的地位。本罪中组织者的认定应当从是否对网络吸毒平台、虚拟房间具有实际控制力以及在组织吸毒行为中承担的作用大小方面进行判断，而不应仅观察行为人是否是群聚吸毒活动的发起者和召集者。

第二，本罪与相关犯罪的界分。有学者提出，由于组织吸毒罪具有群聚、容留的外观形态，且组织行为通常作为容留行为的先行为出现，故增设组织吸毒罪将面临如何解释与容留他人吸毒罪关系的难题。[①] 根据本书的观点，网络组织吸毒案件中并没有容留他人吸毒罪适用的空间。在物理空间内解决这两行为的界分问题，可以着重考察组织者的主动性要素，通常来说，容留行为人的主动性较弱，在现实中也多见于家人、情侣之间的容留。毒友之间相互容留的行为通常也是出于追求共同吸毒的便利和刺激，少见积极主动“邀请”容留其他吸毒人员的情形。在网络吸毒案件中，组织行为的主动性非常明确，且不能以不作为的方式实施，通常表现为在通讯群组中宣传、邀请等行为。根据《武汉会议纪要》的规定，行为人开设网站、利用网络聊天室等组织他人共同吸毒，构成引诱、教唆、欺骗他人吸毒等犯罪的，依法定罪处罚。由于网络组织吸毒案件中涉及吸毒、贩毒等多种违法犯罪行为，故而引诱、教唆等可能会成为拉拢行为人参加网络吸毒的手段行为，在认定组织吸毒行为时，应当结合行为的性质、实施频次和行为人的主观方面认定是否存在引诱、教唆、欺骗、强迫他人吸毒的行为，如有，宜与组织吸毒罪数罪并罚。[②]

第三，本罪的刑罚。组织吸毒罪属于组织犯，尽管各国对组织犯的刑法规制思路不同，对组织犯的行为定型也有出入，但对其采取的都是大抵相同的刑事政策，即刑罚的合理化与刑事法网的严密化。[③] 所以，对本罪的处罚，可以考虑重于容留他人吸毒罪，轻于强迫他人吸毒罪。参考组织卖淫罪的法定刑，可以考虑将本罪

---

① 参见莫洪宪、周天泓：《论开设网络“烟馆”聚众吸毒行为的定性》，载《云南大学学报（法学版）》2014 年第 6 期。

② 参见姜昊昂、温清：《惩治网络“烟馆”的困境与出路》，载《尊重司法规律与刑事法律适用研究（下）——全国法院第 27 届学术讨论会获奖论文集（2016）》，第 993 ~ 994 页。

③ 参见王昭振、赵微：《组织犯：诠释基础、类型与处罚》，载《河北法学》2008 年第 10 期。

的法定刑幅度设置在拘役到 7 年有期徒刑之间。[①] 在网络组织吸毒的场合，组织吸毒行为的受众更广，社会危害性更大，在适用本罪时可以考虑适用较高的量刑阶梯。

三、网络空间引诱、教唆、欺骗他人吸毒罪的适用

网络平台监管不力和网络打击毒品犯罪手段的欠缺导致网络吸毒行为发酵，互联网世界的 24 小时不间断运行导致涉毒音视频在网上传播速度极快，给网民尤其是未成年人的身心健康发展带来隐患，威胁社会和网络环境安全，破坏国家毒品犯罪治理大局。引诱、教唆、欺骗吸毒的行为为刑法所禁止，虽然这一罪名的适用率较低，但其依托网络空间呈现出新的形态。[②] 以网络空间为新的"试验场"，引诱、教唆吸毒行为不断扩大其危害性，应在刑法适用层面探讨这一行为的规制。

（一）网络空间中教唆和引诱行为界分

在引诱、教唆、欺骗他人吸毒罪中，教唆行为与引诱行为确实存在一定程度的重合，故而，在网络背景下对两种行为进行界分是准确定罪的前提。本书认为，教唆他人吸毒行为在外观上具有教唆行为的特点，但本罪中的"教唆"不同于《刑法》第 29 条"教唆他人犯罪的"中的"教唆"，也就是说，教唆他人吸毒罪中的教唆只具有教唆作为刑法定型行为的外观特质，但不具有刑法上"教唆犯"的评价意义。根据学者的理解，教唆他人吸毒罪中的"教唆"通常是指以劝说、请求、怂恿、示范等方法唆使他人吸毒的行为。[③] 根据教唆吸毒的现实情况总结，教唆行为和引诱行为在言语劝说这一方式上较为一致，但是教唆行为还可以通过具体的"推、让、递"等动作完成，可见，教唆行为侧重利用具体的语言或动作唆使他人吸毒，而不侧重于用金钱、物质等利益勾引他人吸毒。有学者认为此二行为的根本区别在于是否以"获

---

① 参见姜昊昂、温清：《惩治网络"烟馆"的困境与出路》，载《尊重司法规律与刑事法律适用研究（下）——全国法院第 27 届学术讨论会获奖论文集（2016）》，第 994 页。

② 根据对司法实践案件的研究，本书发现，在网络空间难以成立欺骗他人吸毒罪，故而本部分讨论的重点是网络空间中引诱和教唆他人吸毒行为，为保持罪名完整，本节仍以"引诱、教唆、欺骗他人吸毒罪"为标题。

③ 参见高铭暄、马克昌主编：《刑法学》（第 10 版），北京大学出版社、高等教育出版社 2022 年版，第 611 页。

得相应的精神或物质回报”为目的而实施。①

本书认为,以行为的目的为标准区分两种行为的实质有欠妥之处。这是因为,大部分引诱或教唆他人吸毒的行为人都具有“拉他下水”“一起玩”等目的,将这些主观目的概括为“精神回报”是略显牵强的。有些贩毒人员为了发展下线,谋取更多的物质利益,会诱惑他人吸毒,没有沾染过毒品的人对吸毒方法和吸毒工具的制作、使用固然是不甚了解的,行为人大有可能会教授、指导吸毒。那么,在这一过程中,显然“教唆”的行为外观更为明显,但是依照上文学者的观点,则应认定为引诱吸毒行为,这显然难以符合主客观相一致的原则。鉴于此,笔者认为,本罪在设定之时偏重对行为类型的外观描述,并未深究选择罪名下两种行为的关系和界分,司法实践中一是对该罪名适用较少,二是缺乏界分两种行为的统一标准。如在一判决中,被告人陈某邀请易某到酒店房间玩,陈某当着易某的面坐在房间沙发上通过烤吸的方式吸食麻古,并用言语、动作引诱、教唆易某吸食麻古,易某便学着陈某的样子通过烤吸的方式吸食了麻古。后法院认定陈某通过传授吸食毒品的方法,引诱、教唆易某吸食毒品,其行为构成引诱、教唆吸食毒品罪。② 在这一案件中被告人没有以获得精神、物质回报为目的实施行为,但其行为仍然可以被认定为引诱他人吸毒,故而这种以获得利益为两行为区分的标准实则只具有特征描述的特质而不具实践有效性。③

在网络背景下,“引诱”和“教唆”的界分更趋模糊,根据行为人主观目的对行为进行定性更难。本书认为,我国《刑法》第353条中的“引诱”和“教唆”行为其实是一般与特殊的关系,也即,教唆吸毒行为实际上可以理解为以教唆为手段,引诱他人吸毒的行为。此两种行为形态皆可表现为通过激将、诱导、劝说、请求、怂恿、示范等方式诱使他人吸毒,其主观目的无须特别限定。在网络空间,行为人实施引诱或教唆吸毒行为的载体只可能是语言和文字,无法像在物理空间中一样对行为人

---

① 参见蒋小燕:《析引诱、教唆、欺骗他人吸毒罪中的几个疑难问题》,载《国家检察官学院学报》2003年第2期。

② 详见湖北省枝江市人民法院刑事判决书,(2021)鄂0583刑初3号。

③ 因为实践中最为典型的引诱吸毒行为是“吸毒代拘留”,也即寻找他人吸毒后投案让他人为自己顶包,以逃避拘留的行为。行为人通过许诺好处费、薪金等方式诱使他人吸毒,这种行为一般被认定为引诱他人吸毒罪。详见浙江省宁海县人民法院刑事判决书,(2021)浙0226刑初9号。

实施“推、让”等具体动作,因此,实践中难以依据这一特点对二行为进行界分。物理空间内的引诱和教唆吸毒行为时常会伴随提供毒品、吸毒工具等行为,而在网络空间内,提供毒品或吸毒工具的行为通常不附随于引诱和教唆行为,提供行为如果出现,更可能附随于贩卖毒品行为。故而,在不改变立法规定的前提下区分此二行为,还是应当注重“教唆”他人中“教”的含义,即偏重对他人吸毒知识、吸毒动作、吸毒结果方面的认知塑造,而非侧重对他人吸毒意愿的改变。引诱、教唆吸毒罪在网络空间的成立可以分为两种情况:第一,针对加入吸毒平台、虚拟房间验证时和进入房间后诱使他人吸毒的行为应当认定为引诱吸毒;第二,针对在网络空间发布涉毒音视频,教授吸毒方法的行为应当认定为教唆吸毒。

(二)网络引诱、教唆吸毒罪的入罪标准

引诱、教唆、欺骗他人吸毒罪本就面临入罪条件不明的法律适用现状。《刑法》第353条和《治安管理处罚法》第73条同时对教唆、引诱、欺骗吸毒的行为作出了规定,《追诉标准(三)》第9条、第10条仅对引诱、教唆、欺骗他人吸毒罪和强迫他人吸毒罪的入罪标准作了概括性规定,行为人只要实施了引诱、教唆、欺骗他人吸毒的行为,就应当立案追诉,但司法实践仍面临行政违法和犯罪行为区分模糊的问题。因此,廓清引诱、教唆、欺骗他人吸毒罪的入罪标准对司法实践有着重要的指导作用。有论者结合《刑法》第13条但书的规定论证到,对本罪的出入罪把握需要综合审查行为的手段及后果等外在可感知内容,判断行为的社会危害性。另外,引诱、教唆、欺骗他人吸毒罪的社会危害性重于容留他人吸毒罪,因此,可以借鉴容留他人吸毒罪的入罪标准确立本罪的入罪条件。[①] 在此基础上还应考虑,行为人在网络空间实施的引诱他人吸毒行为具有非隐秘性和煽动性,可能造成更大范围的受众参与其中,且被引诱人是否吸毒更难以考证。结合网络涉毒行为的交互特质应当认为,网络引诱吸毒的“一对多”特性可能造成较物理空间更为严重的网络秩序与公众健康的双层法益侵害。所以,结合学者的观点,本书认为,在网络引诱吸毒的场合,本罪的入罪标准可以考虑适当放宽。放宽入罪标准具有净化网络环境,维护网络秩序的现实意义,具体而言,网络引诱吸毒的入罪标准可确定为:网络空间

---

① 参见宋广超:《引诱、教唆、欺骗他人吸毒入罪条件亟待明确》,载《检察日报》2019年9月8日,第3版。

引诱、教唆不特定对象吸毒的;利用网络平台、网络空间引诱他人吸毒,致使一人以上吸毒的;因实施网络涉毒违法犯罪行为受到刑事处罚,又教唆、引诱他人吸毒的。

(三)网络空间“情节严重”的规范性适用

《毒品犯罪解释》第11条第1款规定:引诱、教唆、欺骗他人吸毒罪中的“情节严重”指引诱、教唆、欺骗多人或者多次引诱、教唆、欺骗他人吸毒;对他人健康造成严重损害;导致他人实施其他犯罪行为;国家工作人员实施的行为。经过仔细研究会发现,这些判断“情节严重”的标准缺乏实用性,与网络空间引诱吸毒行为的认定也存在难以适配之处。其一,“多人多次”的标准在实践中不好把握,特别是在网络空间引诱他人吸毒的案件中。由于网络涉毒行为的频发性和隐蔽性,网络组织吸毒行为、网络引诱他人吸毒行为在案发前必然会存在多次发生的现象,同时,被引诱的对象是否多人难以判断,对发布涉毒音视频的行为,只能依照音视频的观看次数等指标间接认定是否成立了“多人多次”的严重情节。其二,“对他人身体健康造成严重损害”这一入罪标准不够明确。有学者将这一标准中的“严重损害”解释为造成吸毒者重伤以上的危害后果。① 结合网络引诱他人吸毒的行为特点,本书认为,这一标准只适用于针对具体的、特定的行为人实施的引诱吸毒行为。发生在物理空间内的“严重损害”表现为造成行为人因吸食毒品而严重损坏身体功能和死亡。② 在网络空间内,这一标准很难适用和证明,因为即使被引诱人因行为人的引诱行为吸毒并造成严重后果,也难以认定存在直接的因果关系。因为在参与网络吸毒的场合,吸毒意愿的产生和强化是多行为作用的结果。所以,应当将“严重损害”进行广义理解,同时,应认为导致多人实施吸毒的也符合本项标准并认定为“情节严重”。其三,“导致他人实施故意杀人、故意伤害、交通肇事等犯罪行为”这一入罪标准的外延不明。不可否认,标准中列明的三种犯罪行为是常伴生于吸毒行为的次生犯罪,尽管网络引诱吸毒也可引发和物理空间相同的次生犯罪,但该项标准没有明确的是,经引诱、教唆、欺骗而吸毒的行为人后续再实施诸如非法持有毒品

---

① 参见张洪江、周智勇、王力欣、李鹏:《人民法院审理毒品犯罪案件司法适用与定罪量刑》,中国法制出版社2020年版,第248页。

② 详见(2018)湘0406刑初66号判决书。

罪等毒品犯罪或网络空间内的聚众淫乱行为的,[①]是应该以事后的不可罚原理出罪,还是应当适用这一标准认定为本罪的“情节严重”。本书认为,在这种情形下,应从以下两方面考察后续行为:第一,后续行为是否属于吸毒后多发的次生犯罪类型;第二,后续行为是否属于严重犯罪。符合以上两个特征的,应当认定符合引诱、教唆、欺骗他人吸毒罪的“情节严重”。

(四)网络空间本罪既遂和未遂的探讨

关于引诱、教唆、欺骗他人吸毒罪何时既遂,学者持不同观点。有观点将引诱、教唆、欺骗他人吸毒罪视为结果犯,故而,只有出现了他人因受引诱、教唆、欺骗而吸食毒品的犯罪结果,本罪才既遂。[②] 有学者进一步阐释,“将本罪认定为行为犯是不现实的,可能会带来打击范围过大的弊病”。[③] 另有观点认为,引诱、教唆、欺骗他人吸毒罪为行为犯,只要实施了引诱、教唆、欺骗他人吸毒行为就构成既遂,如果他人未产生吸毒的意愿而实际未吸毒,那么可以作为量刑的酌定情节进行考虑。[④] 在网络吸毒案件中,行为人从实施引诱、教唆行为到他人吸食毒品的危害结果显现要经历更长的时间,这会为引诱、教唆他人吸毒罪的既遂判断带来障碍。本书的观点是,可以考虑借鉴认为本罪是行为犯的观点,便于网络空间本罪的适用,即引诱、教唆他人吸毒的行为一经实施,本罪即告既遂,他人是否增生吸毒意图,是否实际吸食毒品,不影响既遂形态的判断。[⑤] 加入吸毒平台、虚拟房间验证时的引诱行为和在吸毒房间中的引诱行为几乎没有未遂犯成立的余地,这种网络吸毒行为发生在限定的人群范围内,因此被引诱的人对吸毒行为几乎不会持抗拒心态,参与网络吸毒中的概率较大,所以在此情景下适用行为犯的规则认定既遂可以达到惩罚犯罪

---

① 网络空间具有虚拟性特征,但是多人在线共同实施裸聊行为的,如果侵犯了性行为非公开化的公共秩序,应判断其行为是否符合聚众淫乱罪的其他构成要件要素,在符合的情况下,也可以成立聚众淫乱罪。参见王琦:《聚众淫乱罪的保护法益及处罚限定》,载《刑法论丛》2017 年第 4 期。

② 参见杨鸿:《毒品犯罪研究》,广东人民出版社 2002 年版,第 236 页;魏东主编:《毒品犯罪与律师刑事辩护技巧》,法律出版社 2017 年版,第 50 页。

③ 姚建龙主编:《禁毒刑法学》,中国人民公安大学出版社 2016 年版,第 163 页。

④ 参见杨聚章、沈福忠主编:《刑法新增罪名研究》,河南人民出版社 1992 年版,第 165 页;徐宏、李春雷:《毒品犯罪研究》,知识产权出版社 2016 年版,第 259 页。

⑤ 参见蒋小燕:《析引诱、教唆、欺骗他人吸毒罪中的几个疑难问题》,载《国家检察官学院学报》2003 年第 2 期。

的目的。但是,由于网络具有群聚性,在引诱行为受众范围大、对象不确定的场合,每个受众的吸毒意愿、是否实际吸毒很难逐一确认,因此,本书主张可以根据行为对象和实施场域的不同,综合判断网络吸毒案件中本罪的既遂和未遂问题。在网络场域,对已经实施煽动性较强的引诱、教唆吸毒行为,大概率会引发他人吸毒的,应当认定为引诱、教唆他人吸毒罪的既遂。比如,在在线人数较多、互动活跃的直播间中通过表演吸毒的方式传授吸毒方法、教授制作吸毒工具的行为,具有引诱、教唆他人吸毒的性质,极易引发不吸毒的人滋生吸毒意愿,实施吸毒行为,在无法查明所有看客是否吸毒的实际情况下,仍应认定本罪的既遂。

(五)网络空间本罪的犯罪对象辨明

关于引诱、教唆、欺骗他人吸毒罪的犯罪对象,学者也有争论。早期学者的观点主张,对本罪的适用对象应当进行一定的限制,应充分考虑犯罪对象本身的认识和意志能力,即根据《刑法》第 353 条的规定,认定本罪的犯罪对象是没有吸食、注射毒品经历或虽有此经历但已彻底戒除的人。[①] 后又有观点主张,刑法在措辞上并未对引诱、教唆、欺骗他人吸毒罪中的“他人”作任何限制,因此该罪的犯罪对象包括一切人,无论对方是否达到法定年龄,是否具有责任能力,也包括已经戒毒的人员。[②] 针对引诱、教唆、欺骗他人吸毒罪的犯罪对象的争论,后一种观点更具合理性。本书认为,即使是对吸毒人员进行引诱、教唆、欺骗吸毒的行为,也应成立本罪。有观点主张,犯罪对象已经深陷毒瘾且并无戒毒的主观意识,则难以存在引诱、教唆、欺骗他人吸毒罪的适用空间。[③] 但是本书认为,已经成瘾的吸毒人员虽然对吸毒行为积极主动,但并不意味着他们必然会在可能的情况下吸食毒品。此外,还应考虑如果成瘾的吸毒人员只吸食一种毒品,行为人使用其他种类毒品对其进行引诱、教唆、欺骗的行为可能导致严重的法益侵害性,如果仅因引诱、教唆、欺骗他人吸毒罪中的“他人”不包括吸毒成瘾人员而认定这类行为不属于犯罪,显然不

---

① 参见周其华主编:《全国人大常委会修改和补充的犯罪》,中国检察出版社 1992 年版,第 275 页;赵长青主编:《中国毒品问题研究——禁毒斗争的理论与实践》,中国大百科全书出版社 1993 年版,第 327 页;张明楷:《刑法学》(第 2 版),法律出版社 2007 年版,第 837 页。

② 参见高铭暄、马克昌主编:《中国刑法解释(下卷)》,中国社会科学出版社 2005 年版,第 2473 页;张明楷:《刑法学》,法律出版社 2021 年版,第 1524 页。

③ 参见徐宏、李春雷:《毒品犯罪研究》,知识产权出版社 2016 年版,第 249~250 页。

恰当。

在网络空间中，对引诱、教唆、欺骗他人吸毒罪的适用对象应当不予限制。不仅因为在引诱、教唆、欺骗的对象是未成年人的场合，犯罪对象对毒品的认识和意志能力可以借助民事法律规则进行判断。更是因为，在网络空间实施的引诱他人吸毒行为具有对象身份难以辨别的特殊性，行为人逐一判断引诱、教唆对象身份及其认识、意志能力较为困难，加之未成年人在网络空间的活跃度较高，如果因此对本罪的适用对象进行限制，将难以符合打击网络空间引诱他人吸毒行为的要求。

第三节 信息类网络涉毒行为的刑法规制

美国社会学家戴维·波普诺曾论述过在互联网上建立关系网的优势，对比了求职者单纯依靠物理空间的社会网络和利用互联网求职的异同。他认为，互联网不仅可以显著扩大求职者本身的交友圈，而且可以高频地提供和更新劳动市场的有价值信息。[①] 这一例证模型可以解释网络行为对信息的需求。信息类网络涉毒行为是对网络秩序法益侵害程度最严重的一类网络涉毒行为，该类行为的实施对网络具有较强的依赖性，而实施信息类网络涉毒的行为人也正如戴维·波普诺所述的“求职者”，通过网络信息扩大毒友圈，对制造、贩卖、运输毒品相关的信息密切关注，借由信息传递意思表示进而实施毒品违法犯罪行为。具体而言，信息类网络涉毒行为根据发布信息内容的不同可以分为利用网络传授制毒技术的行为和利用网络发布贩卖、运输毒品信息的行为。

一、利用网络传授制毒技术行为的认定

行为人通过互联网发布制毒技术的行为在本质上是对信息网络的非法使用，对网络秩序法益造成了侵害，同时，该行为还可能催生制造毒品、贩卖毒品等侵害公众健康法益的毒品犯罪。在实践中，根据制毒信息发布的场域和受众范围的差

① 参见[美]戴维·波诺普：《社会学》，李强等译，中国人民大学出版社2007年版，第150页。

别,可以将利用网络传授制毒技术行为分为在开放空间中发布、传播制毒技术的行为和在固定范围内传授、交流制毒技术的行为。对在开放空间发布、传播制毒技术的行为,应当分别探讨利用网络平台发布制毒信息行为和发售承载制毒技术实体行为的认定问题。对在固定范围内传授、交流制毒技术的行为,应当探讨其成立何罪名的问题。

(一)在开放空间中发布、传播制毒技术行为的认定

1. 利用平台发布制毒信息行为的认定

利用平台发布制毒技术信息的行为具有多种样态,同时与专设制毒技术交流平台的行为具有程序上的关联性。所以,有学者主张,实施该类行为还可能同时构成传授犯罪方法罪,根据《刑法》第 287 条之一第 3 款的规定应当从一重处罚。[①] 本书认为,利用平台发布制毒技术相关信息的行为是否一定构成犯罪需要进一步细化讨论。首先,非法利用信息网络罪有情节严重的入罪标准,在单纯发布制毒技术信息的场合入罪门槛较高。[②] 其次,在网络空间发布制毒技术相关信息的行为具有传授犯罪方法罪的行为外观,且传授的对象不限于特定人或群体,也不特指少数人,有学者主张,向不特定多数人传授犯罪方法的行为具有更加严重的不利影响,应当较普通的传授犯罪方法行为从严惩治。[③] 由于我国《刑法》第 295 条未明确传授犯罪方法罪的入罪条件,且司法解释未对该罪进行细化规定,因此,应当认为只要实施了传授犯罪方法的行为,就触犯该罪。在同时成立非法利用信息网络罪和传授犯罪方法罪时,应当按照《毒品犯罪解释》第 14 条第 2 款的规定从一重处罚。

2. 发售承载制毒技术实体行为的认定

在探讨发售承载制毒技术实体行为的认定时,应该兼顾内容和形式这两个判

---

① 参见阴建峰、梁田:《网络涉毒犯罪司法适用问题探析》,载《刑法论丛》2020 年第 1 期。

② 2019 年最高人民法院、最高人民检察院出台的《关于办理非法利用信息网络、帮助信息网络犯罪活动等刑事案件适用法律若干问题的解释》第 10 条之(四)规定,发布有关违法犯罪的信息或者为实施违法犯罪活动发布信息,具有下列情形之一的,应当认定为《刑法》第 278 条之一第 1 款规定的"情节严重":1. 在网站上发布有关信息 100 条以上的;2. 向 2000 个以上用户账号发送有关信息的;3. 向群组成员数累计达到 3000 以上的通讯群组发送有关信息的;4. 利用关注人员账号数累计达到 3 万以上的社交网络传播有关信息的。

③ 参见刘志伟、左坚卫:《传授犯罪方法罪中若干问题探究》,载《河南省政法管理干部学院学报》2003 年第 2 期。

断要素，认识到承载制毒技术实体的内容是制毒信息，形式是出版物。国务院出台的《出版管理条例》(2020年修订)第2条规定，出版物是指报纸、期刊、图书、音像制品、电子出版物等。发售承载制毒技术的实体通常以书籍、光盘为主，行为人通过将制造毒品相关的实体物在网店中上架、销售，试图达到非法牟利和传播制毒技术的双重目的。上架、销售承载制毒技术实体的行为本身比单纯地利用互联网传播制毒信息行为多了实体侵害的一个面向。根据我国《出版管理条例》(2020年修订)第25条和第26条的规定，任何含有法律、行政法规和国家规定禁止内容和诱发未成年人模仿违反社会公德行为和违法犯罪行为内容的出版物应当认定为非法出版物，承载制毒技术信息的书籍和光盘等实体属于非法出版物。发售非法出版物直接导致违法犯罪信息的传播，严重危害社会秩序。我国《刑法》禁止发售非法出版物，分别规定了侵犯著作权罪，出版歧视、侮辱少数民族作品罪，非法经营罪等相关犯罪。

根据实践中的情况，发售承载制毒技术实体的行为可拆解为发布行为、销售行为和发出行为。其中，发布行为是行为人将制毒方法实体的内容、价格、购买方法、发货信息等发布在网络购物平台的行为；销售行为是核心行为，销售行为是发布行为的目的行为；发出行为是买家购买实体后，行为人通过快递、自取、电子版传输等方式转移实体的行为，发出行为是销售行为的后续行为。从刑法评价的角度看，销售行为具有相对独立性，故而存在销售行为时应当判断销售行为是否成立犯罪，如果成立犯罪，发布行为和发出行为应当与销售行为同时评价，适用想象竞合犯的处罚规则。在探讨发布行为和发货行为的关系时，应当判断这两行为之间的关系是否属于牵连关系。本书认同根据牵连关系判断类型说的观点，考察发布承载制毒技术实体的行为和发出行为可以发现，在这类案件的实施中，通常发布行为与发货行为之间具有手段和目的的关系，在实践中显现出手段与目的的牵连性。故而，在发布行为、销售行为和发出行为相继出现的场合，宜将发布行为与发出行为之间认定为牵连关系，按照处罚较重的行为定罪。

行为人在网购平台实施发售承载制毒技术实体的行为可能同时触犯非法利用信息网络罪、传授犯罪方法罪和非法经营罪三个罪名。根据以上分析，在定罪时可以分“两步走”，第一步应当先将发布行为和发出行为按照想象竞合犯进行处理，根据案件实际情形在非法利用信息网络罪和传授犯罪方法罪中从一重罪处断。由于

“从一重”处断原则可以适用于交差关系法条竞合和牵连犯等多行为处断一罪之处置,[①]可再基于第一步的认定结果与非法经营罪之间的牵连关系再进行“从一重”处罚。

(二)在固定范围内传授、交流制毒技术行为的认定

在固定范围内传授、交流制毒技术行为也是信息类网络涉毒行为常见的一种样态,该类行为主要表现为在微信、QQ 等通信群组中传授、交流制毒技术或通过电子邮件传授、交流制毒技术。通常而言,在固定范围内传授、交流制毒技术行为的受众对制毒技术和传授、交流制毒技术的行为有一定的认识和了解,部分传授者与被传授者之间甚至联系频繁或存在共同的不法利益关系。对这一行为如何定性存在探讨空间,本书主要围绕传授犯罪方法罪、制造毒品罪和非法利用信息网络罪是否成立展开探讨。

1. 传授犯罪方法罪成立之探讨

利用 QQ、微信、电子邮箱等即时通讯工具直接向特定个人、群体发送制毒技术、制毒方法图片和视频的行为通常被认定为传授犯罪方法罪,例如,行为人在 QQ 空间内发布制作毒品的图片和制作流程广告的行为,以及后续通过 QQ 邮箱发送制毒技术资料给购买者的行为被认定为传授犯罪方法罪。[②] 将在固定范围内传授、交流制毒技术的行为认定为传授犯罪方法罪存在以下三个关键点。

第一,“情节严重”的判断。我国《刑法》第 295 条规定了传授犯罪方法罪,根据该规定,传授犯罪方法罪是行为犯,行为人只要实施了传授犯罪方法的行为,无论被传授人是否实施相应的犯罪行为、是否成功制造出毒品皆不影响本罪的成立。但是,指导制作毒品的人数、实际造出毒品的数量直接影响量刑。在网络传授制毒技术案件中,也应适用这一“情节严重”的认定规则。在司法实践中应当注意的是,网络传授制毒方法案件的行为人在掌握了制毒技术后,多急于将技术变现,利用网络通讯群组可以迅速结识、扩大“业务范围”,接触到更多意欲学习制毒技术的人,通常会实施多次、向多人传授制毒技术的行为。同时,由于网络视频、语音电话可

---

① 参见王彦强:《“从一重处断”竞合条款的理解与适用——兼谈我国竞合(罪数)体系的构建》,载《比较法研究》2017 年第 6 期。

② 详见云南省昆明市官渡区人民法院刑事判决书,(2014)官刑二初字第 74 号。

以突破传授制毒技术的现场指导限制，制毒技术的学习者无须和教授者位于同一地域，所以查清传授人数、制造毒品数量也较为困难。基于以上现状，应当准确认定利用网络传授制毒技术案件中影响“情节严重”的重要因素，比如，行为人传授制毒技术的次数、种类、传授制毒技术的受众数量以及传授制毒技术所造成的结果。

第二，行为人的主观故意的判断。有观点认为，行为人主观上有无犯罪意图是判断传授犯罪方法罪是否成立的关键。[①] 要成立本罪，行为人的主观方面只能是故意。在网络传授制毒技术的案件中，通常行为人的主观故意比较明确，故意的判断几乎不存在疑问。但是，在张某走私、贩卖、运输、制造毒品、传授犯罪方法案中，辩护人辩解行为人某次传授制毒技术的行为是被胁迫实施的，应当认定为胁从犯，不应认定该次传授行为符合传授犯罪方法罪的犯罪构成。[②] 值得探讨的是，实施传授犯罪方法的行为人能否成立胁从犯？我国《刑法》第 28 条规定，胁从犯应当减轻或免除处罚，因此，本罪中胁从犯成立与否关涉犯罪成立与否和量刑轻重。行为人主观故意的判断对胁从犯的是否成立产生直接影响，解答这一问题应从认识要素和意志要素两方面判断。一般而言，在行为人被胁迫犯罪时，其虽然对犯罪行为具有明确的认识，但是意志要素较其他未受胁迫的行为人显然不同，期待其实施适法行为的可能性程度大幅降低。[③] 笔者认为，传授犯罪方法罪的胁从犯难以在网络空间成立。通常来说，网络传授制毒技术的行为是在 QQ 或微信空间谈拢、出售制毒配方，双方通过多次电话、视频沟通制毒细节，在这一过程中，传授犯罪方法的行为人对其行为性质有充分而明确的认识，被教授的制毒人还可能会由于配方不准、操作有误等原因无法制出毒品，为了改善技术和纠正失误，学习制毒人可能会邀请传授制毒技术行为人现场指导制毒。在这一流程中，行为人的认识因素和意志因素都与故意犯罪没有差别，行为人主动实施传授犯罪方法的行为，并希望犯罪结果发生，难以成立胁从犯。在学理上判断是否成立胁从犯，“被胁迫参与犯罪”的判断至关重要，以下两个要素对于构成“被胁迫”缺一不可，其一，受到恐吓或精神强制；其

---

① 参见黎宏：《刑法学各论》（第 2 版），法律出版社 2016 年版，第 386 页。

② 详见河南省滑县人民法院刑事判决书，（2019）豫 0526 刑初 871 号。

③ 参见阎二鹏：《胁从犯体系定位之困惑与出路——一个中国问题的思索》，载《中国社会科学院研究生院学报》2012 年第 2 期。

二,被逼迫地从事某种活动。[①] 在该案件和大部分网络传授制毒技术案件中,通过出售行为传授制毒方法的行为多以牟利为目的,行为人的主观方面为故意,在网络空间,行为人一般不会透露自己的真实姓名、电话,其在通讯群组中使用的账号也经常更换,从现实层面看,由于受到恐吓或精神强制而实施传授制毒技术行为也是难以想象的。

第三,传授内容的判断。传授内容的判断应着重于以下三个方面:其一,传授制毒技术是否真实、有效不影响本罪的成立。在一起网络传授制造假币案件中,行为人辩解其发送到通讯群组中增加假币手感的视频都是虚假的,视频里所用的产品都是泥巴做的道具,并不能实际用于制作假币。其发布视频的主要目的是吸引网友关注以销售化妆品牟利。法院认定其行为构成传授犯罪方法罪。[②] 相似地,在网络传授制毒技术的案件中,传授行为人声称其不会制作毒品,为了牟利在网络通讯群组中发布制毒广告招揽学员,且其指导他人制作毒品也多次失败,法院仍然应当认定成立本罪。这是因为,无论是制造假币还是制造毒品,作为关键性因素的技术本就存在不完备的特点,所以在类似案件中,行为人囿于技术生疏、设备缺陷可能都会导致制造毒品失败,这也正是技术需要传授和交流的原因之一。判断行为人关于制毒技术真实性和有效性的辩解,应当根据行为人的制毒史、吸毒史和教育背景综合判断,同时考证其是否身在网络涉毒通讯群组中和接发制毒相关消息的情况。从已发案件看,多数行为人关于传授内容的辩驳缺乏可信度。其二,传授易制毒物品的制造方法应认定为传授犯罪方法罪。传授易制毒物品制造方法的行为在实践中也较为常见,比如,行为人可以通过QQ、微信等软件向他人传授麻黄碱的制备技术。[③] 在有的案件中,辩护人主张,行为人传授易制毒物品的制造方法属于传授制造毒品行为的第一阶段,且制造麻黄素、氰基苯丙酮等易制毒物品不属于毒品成品,并未传授成套的制毒方法,对于这类行为不应当动用刑法进行处置,予以行政处罚即可。[④] 本书认为,我国《刑法》第350条规定了非法生产、买卖、运输制毒

---

① 参见刘明祥:《论胁从犯及其被胁迫的要素》,载《当代法学》2020年第4期。

② 详见广东省惠东县人民法院刑事判决书,(2020)粤13刑终69号。

③ 详见河北省高阳县人民法院刑事判决书,(2018)冀01刑终148号;河南省滑县人民法院刑事判决书,(2019)豫0526刑初871号。

④ 详见河南省滑县人民法院刑事判决书,(2019)豫0526刑初871号。

物品、走私制毒物品罪,生产麻黄碱的行为属于非法生产制毒物品行为,传授麻黄碱制作方法的应当认定为传授犯罪方法罪。即使制造物品性质的认定不影响本罪的成立,但如果行为人还实施了后续的制作行为,其行为认定不同则可能导致成立制造毒品罪或非法生产制毒物品罪。类似地,制毒相关化学试剂的用途和来源不影响本罪的成立。在有的案件中,被告人教授他人制作易制毒物品,并辩解在其住处扣押的固液混合物只是药品新康泰克,其房间内的化学试剂和化学材料只是用来做药的,并不是毒品或制毒物品。虽然新康泰克药中含有伪麻黄碱,但是其属于处方药而非违禁品,因此,其行为不应成立传授犯罪方法罪。① 本书认为,化学试剂的应有用途和实际用途在认定传授犯罪方法罪时不需考虑,应当结合行为人的客观行为和传授的实际内容判定其是否通过教授他人制作试剂以达到传授制造毒品技术的目的。其三,单纯发布产品的广告信息、使用方法和使用效果的信息不应构成本罪。在实践中有这样的案件,被告人为获取非法利益,通过微信、QQ 等通讯软件发布精神管制类药品、麻醉品以及"天使""欲仙"等自制药水可用于催情迷奸的文字、图片及视频广告信息,并对外出售上述产品,同时向他人发送上述产品用于迷奸的使用方法及适用效果等信息。法院认定其行为构成传授犯罪方法罪。② 本书认为,传授受众已经知晓的犯罪方法的,不能构成传授犯罪方法罪。具体到本案,只有被告人发送其自制麻醉、精神药品用于迷奸的行为可以构成传授犯罪方法罪,对于其为了出售产品发布广告信息和使用效果的行为,不应认定为该罪。

2. 制造毒品罪成立之探讨

通过对判决书的查阅,笔者发现,最为常见的成立制造毒品罪的情形是行为人本人在实施制造毒品行为的过程中,由于其本人也是"新手",所以需要通过和毒友交流的方式提高制毒的成功率。在这一过程中涉及不同种类毒品制备方法和制造技术的传授和交流。在实践中,也有行为人因其制造毒品的实行行为而非帮助行为被评价为制造毒品罪,其制造行为本身也是传授制毒技术行为的前序行为,应以制造毒品罪和传授犯罪方法罪数罪并罚。③ 该类行为的司法认定不存在疑问。

---

① 详见浙江省天台县人民法院刑事判决书,(2019)浙 1023 刑初 399 号。

② 详见山东省龙口市人民法院刑事判决书,(2020)鲁 0681 刑初 62 号。

③ 详见江西省上饶市信州区人民法院刑事判决书,(2020)赣 1102 刑初 90 号。

单纯因在固定范围内传授、交流制毒技术的行为获制造毒品罪的案件较少。制造毒品行为需要实际的毒品制剂、配剂和制毒设备，该实行行为只能发生在物理空间。在网络涉毒传授毒品制造技术的场合，行为人在网络空间或当面指导制毒技术的，可以认定为制造毒品罪的帮助犯。例如，被告人牛某、武某经预谋后准备制造毒品贩卖，二人用手机上网搜索制毒方面的资料，在发现有人上传了制造冰毒的信息后，便通过 QQ 与被告人张某取得联系，牛某和武某按照张某传授的方法，为制造毒品冰毒进行了相关准备，并约定由武某提供资金，牛某负责具体制毒。在本案中，法院没有采取辩护人的意见认定张某构成传授犯罪方法罪，而是认为其明知他人制造毒品而向其传授制毒方法、出售制毒物品，应以制造毒品罪的共犯论处。① 在基本案情相似的其他案件中，司法实践的处置路径却有不同。例如，被告人江某和熊某商议共同制造甲基苯丙胺，由江某准备原料麻黄碱和资金，熊某负责实际制造甲基苯丙胺。熊某通过即时通讯软件联系了被告人罗某，向其支付了 4000 元用于购买制造甲基苯丙胺的方法，罗某将制造甲基苯丙胺的技术和步骤发给熊某。针对这一案件，公诉机关起诉的罪名是制造毒品罪，但是法院认为公诉机关的起诉罪名有误，因为行为人以非法牟利为目的，故意向他人传授制毒方法，其行为应认定为传授犯罪方法罪。② 针对类似的案件，法院适用想象竞合犯从一重处罚的思路认定行为人构成制造毒品罪。例如，被告人胡某通过微信向他人传授制毒方法，在他人不能成功时，又亲临现场制造毒品进行示范。本案的一审法院认为，胡某在通过微信发送制毒方法行为完成后，传授犯罪方法罪已告既遂，被传授者实施的制造毒品行为属于传授犯罪方法罪情节特别严重的量刑要素，因此应当认定其行为触犯传授犯罪方法罪。二审法院认为，胡某现场指导制毒行为构成传授犯罪方法罪和制造毒品罪的想象竞合犯，从一重罪处罚，胡某通过微信向他人传授制造方法的行为也与他人构成制造毒品罪的预备共犯，由于制造毒品罪明显要重于传授犯罪方法罪，故对胡某应定制造毒品罪。③

通过对比以上判决，笔者认为，法院对在固定范围内传授、交流制毒技术的行

---

① 详见辽宁省营口市老边区人民法院刑事判决书，(2018)辽 08 刑终 89 号。

② 详见福建省福州市晋安区人民法院刑事判决书，(2016)闽 07 刑初 31 号。

③ 详见浙江省高级人民法院刑事判决书，(2016)浙刑终 550 号。

为认定较为混乱有两个方面的原因。在认定中应对这两个方面依次判断,第一,每个案件中被告人的行为其实都不尽相同。针对此,本书主张,对被告人行为的定性应当重点判断其是否为制毒行为人特定的制毒活动提供了实质性帮助。对于“线上传授、线下指导”“传授方法,售卖用品”的行为,应当认定为制造毒品罪的共犯。第二,在非实质参与制造毒品行为的案件中,传授制毒技术行为人和制毒行为人之间的共同故意在网络场域较难判断。对此,有学者从传授双方的共同认识、共同意志和意思联络三个方面判断其是否存在制造毒品的共同犯意。[①] 本书赞同这一观点。首先,借助网络在固定范围内传授、交流制毒技术的双方对制造毒品都具有较为明确的认识。正如某传授制毒方法的行为人所述,他本人并不需要通过明示的方法向对方核实是否要学习制毒技术,凡是从网上搜索相关信息、加入通讯群组中寻找“师傅”想学制毒的人主观意愿都十分明确。[②] 质言之,学习制毒的行为人之所以可以找到“师傅”,也是因为“师傅”在通讯群组中发布了广告或其他相关信息。其次,制造毒品的共同意志可以结合行为人的主观目的进行判断,在固定范围内传授、交流制毒技术的案件中,大部分行为人都是以牟利为目的出售制毒技术,对制造毒品行为最多具有放任的意志,难以认定传授双方对制造毒品行为具有共同意志。最后,对意思联络的判断应当明确的难点是传授行为人是否具有制造毒品的犯意。因为在该类案件中,行为双方的联络是始终存在的,如果传授人只具有传授制毒技术的故意,其一般不会参与到具体的制毒活动中,只是对制毒技术和相关问题进行讲解、解答,不会亲临现场和行为人一起制作毒品,或者为其提供制毒必需的制剂、器材,同时,也不会要求行为人在制出毒品后与其“分成”,而是一次性收取“学费”。

3. 非法利用信息网络罪成立之探讨

《非法利用信息网络罪解释》第 9 条规定,提供信息的链接、截屏、二维码等指引访问服务的,属于非法利用信息网络罪中的“发布信息”行为。有学者指出,为增强利用网络在固定范围内传授、交流制毒技术行为的隐蔽性,行为人会利用以上非

---

① 参见阴建峰、梁田:《网络涉毒犯罪司法适用问题探析》,载《刑法论丛》2020 年第 1 卷,第 311 ~ 313 页。

② 详见河北省高阳市人民法院刑事判决书,(2018)冀 01 刑终 148 号。

典型的“发布信息”模式结合云盘等虚拟储存空间实现制毒技术的传授、交流。[①] 对此类行为，应当依据现行法律规定，直接认定为非法利用信息网络罪。但通过对该类案件的检索，本书尚未找到以非法利用信息网络罪进行判决的案例，这是因为：第一，该罪有“情节严重”的入罪门槛，大部分案件难以入罪；第二，《毒品犯罪解释》第14条规定了本罪与毒品犯罪、传授犯罪方法罪产生竞合时应依照处罚较重的规定定罪处罚，压缩了本罪的适用空间。

结合以上对传授犯罪方法罪、制造毒品罪及非法利用信息网络罪能否成立的分析，本书认为，如果行为人在固定范围内故意实施传授或与正在制毒的人交流制毒技术的行为，其行为将同时可能触犯传授犯罪方法罪和制造毒品罪，达到“情节严重”入罪门槛的，还构成非法利用信息网络罪。在信息类网络涉毒行为中，发布网络制毒信息行为与制造毒品行为、传授制毒技术行为具有经常伴生性，且《毒品犯罪解释》第14条的规定对三个罪名的竞合问题予以明确，这就意味着在司法实践中，发布网络制毒信息行为通常被视为实施制造毒品犯罪和传授犯罪方法犯罪的手段行为。根据牵连关系判断类型说的观点，当此三个罪名形成竞合时应当适用牵连犯“从一重”的处断原则，认定行为人构成较重的罪名。

二、利用网络平台发布贩卖、运输毒品信息行为的认定

从实践层面考察，贩卖、运输毒品行为对网络信息的需求主要体现在两个层面：第一，贩卖、运输毒品行为人之间需要以网络信息为载体进行分工和沟通。网络贩卖、运输毒品的行为呈现专业化和规模化的发展模式，为首的贩毒行为人可以在互联网空间自由使用“黑话”“暗语”对其他参与网络涉毒行为人员发号施令。第二，也是更为重要的一点，贩卖、运输毒品的行为人需要通过网络信息“卖货”和“招工”。对于贩毒者来说，毒品求购信息在网络平台和网络涉毒通讯群组中的传播使网络空间显得“遍地商机”，为毒品提供更多销路。在网络空间发布运输毒品的“招工信息”配合人体藏毒更是当下跨国运毒的新趋势。

网络信息与毒品犯罪紧密的贴合已成事实，且网络空间传播涉毒信息具有传

---

① 参见阴建峰、梁田：《网络涉毒犯罪司法适用问题探析》，载《刑法论丛》2020年第1卷，第310页。

播速度快、影响范围大的特点，与传统的信息传播方式造成的危害后果不可同日而语，所以应擅用刑法加以规制。① 在2015年《刑法修正案(九)》增设非法利用信息网络罪之前，就有论者主张，对比传播虚假恐怖信息罪、传播虚假证券交易信息和传播淫秽物品罪，传播涉毒信息显然更具危害性，在网络空间实施的传播涉毒信息行为尤甚。故而应增设传播涉毒信息罪规制这一行为。② 新增的非法利用信息网络罪似乎明确了信息类网络涉毒行为的刑法规制，但是，其合理性、实用性在理论和实践中均遭受质疑。本书认为，应当以非法利用信息网络罪的准确理解和适用为前提，进而明确利用网络发布贩运毒品信息行为的处罚规则。

(一)非法利用信息网络罪的理解和适用

在规制利用网络平台发布贩卖、运输毒品信息行为时，非法利用信息网络罪中的“设立”之具体内涵和“情节严重”的适用在实践中形成难题。例如，在梁某元设立吸毒平台的案件中，梁某元不是平台的“创始人”，最初只是普通的参加者，后通过与技术员联系重新架设平台。其行为实质上是从他人处接手平台，确实不属于典型的设立平台行为。本书认为，判断是否属于“设立用于实施违法犯罪活动的网站和通讯群组”行为，应当从行为的实质层面结合行为的目的考察“设立”的含义，不能仅机械地判断平台是否经历了管理主体的变更或“从无到有”的变化。同时，应当实质区分平台、通讯群组的设立者和管理者，对使平台、通讯群组功能发生实质变更的管理者应认定其设立者身份。故而，行为人通过“接手”“受让”“托管”的形式使平台和通讯群组的性质、作用、影响发生了实质性改变的，应当认定为其实施了“设立平台和通讯群组”的行为。③

构成非法利用信息网络罪，需要具备情节严重的要素。④ 而《非法利用信息网络罪解释》第10条关于非法利用信息网络罪的“情节严重”的规定存在指导力不足的情况。在判决梁某元设立吸毒平台案时，法院并没有结合《非法利用信息网络罪

① 参见吴加明：《新形势下“组织吸毒”入罪之必要性》，载《上海法治报》2013年6月5日，第B06版。

② 参见谭和平、吴加明：《网络背景下涉毒违法犯罪实务问题研究》，载《政治与法律》2013年第6期。

③ 参见陈柏新：《非法利用信息网络罪的司法适用》，载《上海法学研究》(集刊)2020年第23卷，第57页。

④ 参见高铭暄、马克昌主编：《刑法学》(第10版)，北京大学出版社、高等教育出版社2022年版，第542页。

解释》第10条的规定对“情节严重”的认定过程进行详细的说理,而本案中设立的通讯群组数量、群组成员等详细信息也无从详知,可以明确的是,被告人梁某力只设立了一个网络平台用于吸毒、贩毒。本书认为,《非法利用信息网络罪解释》第10条对“情节严重”的判断仅以设立网站数量、注册账号数量、发布信息数量、受众人数、违法所得等数额作为标准过于单一,缺乏综合性。在实践中,法院的做法反而较为灵活,避免了司法解释标准单一的缺陷。法院认为,对本案构成非法利用信息网络罪情节是否严重的判断,不能仅根据发布信息的数量、扩散范围、获取非法利益的数额进行,还应综合发布信息的具体内容及其造成的社会影响等综合判断。[①] 此外,还应注意,由于群组成员账号数也是认定“情节严重”的情形之一,为准确定罪量刑,在判决中应当明确涉案的计算机群组成员账号数量。例如,在陈某阳非法利用信息网络案件中,被告人在江苏镇江服务器出租公司租了一台服务器,自己架设了一个网名叫“迪士尼”的视频吸毒平台,其在自己建立的QQ吸毒群中发布消息称想一起视频吸毒的来这个平台,并发布了平台安装包,玩家下载安装就可进入平台。行为人为保持平台新鲜感和躲避公安机关的打击,多次更换平台名称。法院在认定群组成员账号数时认为,2017年5~11月该平台内共有会员账号1538个,去除重复实有账号1379个;2017年12月至2018年10月该平台内共有会员账号534个,去除重复实有账号258个。[②] 应当说,这种实践做法是值得提倡的,为了准确认定行为人实施的非法利用信息网络行为的法益侵害严重性,无须考虑是否有人实际使用账号或者使用该账号接收信息,但在计算群组成员账号数时应当去除重复账号。

(二)利用网络发布贩运毒品信息行为的处罚规则

《毒品犯罪解释》第14条规定,发布实施传授制造毒品、非法生产制毒物品方法、贩卖毒品、非法买卖制毒物品或组织他人吸食、注射毒品等违法犯罪活动信息的,情节严重者应当以非法利用信息网络罪定罪处罚。发布信息行为同时构成贩卖毒品罪、非法买卖制毒物品罪和传授犯罪方法罪等犯罪的,应当依照处罚较重的规定处罚。本书认为,对该条的理解,应当重点判断“同时”,本书认同非法利用信

---

① 详见浙江省绍兴市中级人民法院刑事判决书,(2019)浙06刑终633号。

② 详见黑龙江省大箐山县人民法院刑事判决书,(2019)黑0713刑初6号。

息网络行为具有独立处罚必要性的立场，故而已经被实行化的预备行为应当有认定为实行行为的空间，亦即，设立平台和发布信息行为本身可以被视为贩卖、运输毒品罪行为的"着手实行"。利用网络平台发布贩卖、运输毒品信息的行为不仅能成立贩卖、运输毒品行为的预备，还可能成立未遂、既遂。[①] 本书认为，设立平台和发布贩卖、运输毒品信息行为达到情节严重的应当构成非法利用信息网络罪，同时构成贩卖、运输毒品罪预备或未遂的，应当按照《刑法》第 287 条之一第 3 款的规定，"依照处罚较重的规定定罪处罚"。在这种情况下，判决书中对非法利用信息网络罪成立也应进行说理和论证，需要根据案件的实际情况综合判断行为人的行为是否达到"情节严重"。如果发布行为本身未达到情节严重的入罪标准，但实施了贩卖、运输毒品的行为，则只构成贩卖或运输毒品罪。如果行为人实施了《刑法》第 287 条之一规定的行为，达到情节严重的就应当认定为本罪，行为人后续又实施的超出设立平台、发布信息犯罪预备范畴的贩卖、运输毒品行为，则不能理解为《刑法》第 287 条之一第 3 款中的"同时构成其他犯罪"，故而，应当以非法利用信息网络罪与贩卖或运输毒品罪进行数罪并罚。[②]

---

① 参见陈洪兵：《非法利用信息网络罪"活"而不"泛"的解释论思考》，载《青海社会科学》2021 年第 1 期。

② 参见陈洪兵：《非法利用信息网络罪"活"而不"泛"的解释论思考》，载《青海社会科学》2021 年第 1 期。

结 语

随着网络交易毒品的日益频繁,各类网络涉毒行为也随之在网络空间滋生,成为晚近毒品违法犯罪的发展动向之一。比如,利用网络结合线下物流贩卖、运输新型毒品、在网络空间组织、参与吸食毒品和引诱吸食毒品行为与利用互联网平台发布各类涉毒信息等行为,均呈现与传统毒品犯罪不尽相同的行为方式。由于网络涉毒行为并非刑法上的定型行为,目前国内多数研究仍是停留在对该类行为的基本认识层面,研究内容以网络涉毒行为的成因、形态与治理等问题为主。本书尝试从刑法规制角度深化对网络涉毒行为相关问题的研究。

网络涉毒行为的界定应以毒品概念明确为前提。考察毒品概念的流变能够发现,我国刑法中毒品的概念确认了成瘾性和违法性两个特征,其中,认定毒品时应着重判断其违法性特征。以此为基础,网络涉毒行为可被定义为:违反规制涉毒行为法律法规,利用互联网信息技术,实行以走私、贩卖、运输、制造毒品行为为核心的违法犯罪行为。该犯罪行为主要包括网络贩卖毒品、网络传授制造毒品、非法生产制毒物品的方法、组织他人吸食、注射毒品和设立涉毒网站、通讯群组或发布毒品犯罪活动信息等行为。网络涉毒行为在外观上具有线上线下相结合的基本构造、意思联络松散的环扣状特征和多类网络涉毒行为混杂出现的特征。同时,互联网的交互性亦在网络涉毒行为中体现出交互特质。

考察网络涉毒行为的实践困境可以归纳出,流通类网络涉毒行为的刑法规制主要面临《刑法》第 347 条走私、贩卖、运输、制造毒品罪在网络空间的适用难题;刑法规制吸食类网络涉毒行为的实践困境主要集中在组织吸毒和在网络空间引诱他人吸毒行为的定性问题;而信息类网络涉毒行为项下两种行为的认定难题与非法利用信息网络罪的适用紧密相关。刑法在规制网络涉毒行为时之所以面临上述困境,应从三个方面检讨肇因:第一,网络涉毒行为的法益侵害不明。具体而言,网络因素变更了传统涉毒行为方式,致使其侵害的法益发生变化,引发了罪名适用混乱的现实困境。同时,网络因素对犯罪行为的法益侵害程度产生深刻影响,致使网络涉毒行为的法益侵害结果呈现不确定性。第二,网络因素造成行为人主观故意证明繁难,体现在行为人犯意表露不明显、网络因素对"明知"认定形成遮蔽以及共同犯罪犯意联络松散。第三,网络涉毒行为交织形成犯罪竞合。从规范层面考量,网络涉毒行为具有类型化不足的特点,易引发刑法适用不明问题。从罪名适用层面考量,网络涉毒行为涉及毒品犯罪和网络犯罪的竞合问题,尤其在信息类网络涉毒行为的刑法规制中,非法利用信息网络犯罪易与毒品犯罪形成竞合。

探寻网络涉毒行为的刑法规制路径,应对我国刑法规制网络涉毒行为的相关刑法理论立场进行述明。首先,应对网络涉毒行为的法益侵害进行理论确证。毒品犯罪的保护法益为公众健康法益;而网络涉毒行为涉及的非法利用信息网络罪所保护之法益具有双层性特征。不同类型网络涉毒行为的法益侵害程度不同,故应遵循不同的刑法规制路径。其次,应对网络涉毒行为人主观故意的认定进行理论阐述。第一,网络涉毒案件中行为人认识要素应着眼于其对网络涉毒行为本身、行为结果、行为与结果相联系的认识以及违法性认识两个方面进行判断。第二,对意志要素的判断,应当承认在吸食类和信息类网络涉毒案件中,行为人可能持间接故意。网络涉毒共同犯罪的认定难点更集中于共同犯罪故意的认定,其中又以意志要素和联络要素的认定为重心。最后,为解决网络涉毒行为涉及毒品犯罪和非法利用信息网络罪的竞合问题,应在理论层面厘清网络涉毒案件中涉及的罪数形态问题。

网络涉毒行为刑法规制之具体展开应当坚守罪刑法定原则和宽严相济原则。具言之,在流通类网络涉毒案件中应当坚持适用"交付既遂说"判断贩卖毒品罪的既遂。对于网络贩卖毒品的共同犯罪认定,应结合正犯行为的主导力度、共同犯罪行为的联动密度认定行为人的共同犯罪行为;在共同犯罪故意的认定上,"明知"的认定在网络空间中应该比物理空间更为严格，且行为人对网络贩卖毒品的行为应持希望态度，但联络要素在网络空间中的判断可以适当放宽。对网络贩卖、运输毒品案件中的毒品数量认定，应当准确理解毒品数量所反映的法益侵害，对未查获毒品或“已销未支付”的毒品数量、网络“代理”的贩卖毒品数量等合理认定。在“互联网＋寄递”贩卖、运输毒品的案件中，应当结合行为人的主观方面及寄递服务提供者的具体参与行为进行定性。在吸食类网络涉毒行为的刑法规制中，容留他人吸毒罪和非法利用信息网络罪难以评价网络组织吸毒行为，因此，可增设组织吸毒罪以解决包括网络组织吸毒行为在内的刑法规制难题。针对在网络空间引诱、教唆他人吸毒行为的刑法规制问题，应详尽探讨网络空间引诱、教唆、欺骗他人吸毒罪的适用。为解决信息类网络涉毒行为的刑法规制难题，需明晰非法利用信息网络罪与制造毒品罪、传授犯罪方法罪的适用，在此三罪名形成竞合时应适用“从一重”的处罚原则。

针对网络涉毒行为的研究和刑法规制探讨有利于明确网络毒品犯罪的基本范畴，同时亦有助于深化思考网络犯罪的基设性问题。然而，由于个人能力有限，本书尚存不足，观点难免有偏颇、论证难免有不周。本书的研究深度与广度仍具拓展空间，尤其是在网络涉毒行为涉及的理论问题挖掘、理论对实践的指导等方面仍需提升进步。在研究方法上，经济学分析方法等跨学科研究方法的运用还不够熟练自如。在研究视角上，本书对其他法律规制网络涉毒行为相关情况的考察存在不足。日后本研究定会持续深入，以期弥补上述不足。

参考文献

一、专著类

1. 陈兴良:《本体刑法学》(第3版),中国人民大学出版社2017年版。

2. 陈兴良主编:《中国案例指导制度研究》,北京大学出版社2014年版。

3. 戴长林主编:《网络犯罪司法实务研究及相关司法解释理解与适用》,人民法院出版社2014年版。

4. 高铭暄、马克昌主编:《刑法学》(第10版),北京大学出版社、高等教育出版社2022年版。

5. 高英东:《美国社会的犯罪与犯罪治理》,中国社会科学出版社2017年版。

6. 古承宗:《刑法的象征化与规制理性》,台北,元照出版有限公司2017年版。

7. 何荣功:《自由秩序与自由刑法理论》,北京大学出版社2013年版。

8. 敬力嘉:《信息网络犯罪规制的预防转向与限度》,社会科学文献出版社2019年版。

9. 劳东燕:《风险社会中的刑法:社会转型与刑法理论的变迁》,北京大学出版社2015年版。

10. 黎宏:《日本刑法精义》(第2版),法律出版社2008年版。

11. 李光旭主编:《毒品犯罪案件证据分析与指引》,人民出版社 2019 年版。

12. 李培林、李强、马戎主编:《社会学与中国社会》,社会科学文献出版社 2008 年版。

13. 李世清:《毒品犯罪刑罚问题研究》,中国检察出版社 2011 年版。

14. 梁根林:《刑事法网:扩张与限缩》,法律出版社 2005 年版。

15. 廖斌主编:《毒品违法犯罪防治研究》,中国政法大学出版社 2016 年版。

16. 蔺剑:《毒品犯罪的定罪与量刑》,人民法院出版社 2000 年版。

17. 刘建宏主编:《新禁毒全书》,人民出版社 2014 年版。

18. 刘品新主编:《妨害社会管理秩序犯罪案件证据实务》,广东人民出版社 2003 年版。

19. 刘仁文主编:《网络时代的刑法面孔》,社会科学文献出版社 2017 年版。

20. 刘士心:《刑法中的行为理论研究》,人民出版社 2012 年版。

21. 刘婷:《云南边疆民族地区毒品犯罪现状——原因与对策》,中国社会科学出版社 2016 年版。

22. 刘宪权主编:《刑法学专题理论研究》(第 2 版),上海人民出版社 2012 年版。

23. 梅传强、胡江、赵亮编著:《走私、贩卖、运输、制造毒品罪立案追诉标准与司法认定实务》,中国人民公安大学出版社 2010 年版。

24. 莫关耀、曲晓光主编:《禁毒社会工作》,中国人民公安大学出版社、群众出版社 2017 年版。

25. 欧阳国亮编著:《毒品犯罪隐语词典》,中国人民公安大学出版社 2018 年版。

26. 皮勇:《网络犯罪比较研究》,中国人民公安大学出版社 2005 年版。

27. 齐文远、杨柳:《网络犯罪问题研究》,中国法制出版社 2019 年版。

28. 任彦君:《犯罪的网络异化与治理研究》,中国政法大学出版社 2017 年版。

29. 盛美军主编:《毒品犯罪办案精要》,法律出版社 2014 年版。

30. 王肃之:《网络犯罪原理》,人民法院出版社 2019 年版。

31. 王作富、郦毓贝主编:《毒品犯罪司法适用》,法律出版社 2005 年版。

32. 谢望原编:《网络犯罪与安全(2019)》,知识产权出版社 2020 年版。

33. 熊海燕:《毒品犯罪研究综述与评价》,知识产权出版社 2019 年版。

34. 徐宏、李春雷:《毒品犯罪研究》,知识产权出版社 2016 年版。

35. 杨鸿:《毒品犯罪研究》,广东人民出版社 2002 年版。

36. 杨荣刚:《毒品犯罪研究》,云南人民出版社 2017 年版。

37. 杨正鸣主编:《网络犯罪研究》,上海交通大学出版社 2004 年版。

38. 姚建龙主编:《禁毒刑法学》,中国人民公安大学出版社 2016 年版。

39. 应培礼主编:《犯罪学通论》,法律出版社 2016 年版。

40. 于冲:《网络刑法的体系构建》,中国法制出版社 2016 年版。

41. 喻海松:《网络犯罪二十讲》,法律出版社 2018 年版。

42. 张洪成、黄瑛琦:《毒品犯罪法律适用问题研究》,中国政法大学出版社 2013 年版。

43. 张洪成:《毒品犯罪刑事政策之反思与修正》,中国政法大学出版社 2017 年版。

44. 张洪江、周智勇等:《人民法院审理毒品犯罪案件司法适用与定罪量刑》,法制出版社 2020 年版。

45. 张明楷:《刑法学》,法律出版社 2021 年版。

46. 张巍:《涉网络犯罪相关行为刑法规制研究》,法律出版社 2015 年版。

47. 赵秉志、赵国强主编:《赃款赃物跨境移交、私营贿赂及毒品犯罪研究》,社会科学文献出版社 2012 年版。

48. 赵秉志等主编:《毒品犯罪疑难问题司法对策》,吉林人民出版社 2000 年版。

49. 郑蜀饶:《毒品犯罪的法律适用》,人民法院出版社 2001 年版。

50. 郑毅:《网络犯罪及相关问题研究》,武汉大学出版社 2014 年版。

51. 周冬:《互联网重塑大国发展之路——基于微观数据的实证研究》,经济管理出版社 2017 年版。

52. 最高人民检察院法律政策研究室编:《网络犯罪指导性案例实务指引》,中国检察出版社 2018 年版。

二、连续出版物中的析出文章

1. 包涵:《规范视野下毒品定义要素的批判与重构》,载《公安学研究》2019 年第 3 期。

2. 包涵:《运输毒品罪的立法扩张与司法限制》,载《中国刑事法杂志》2021 年第 1 期。

3. 蔡仙:《我国预备犯处罚范围之限制》,载《刑法论丛》2018 年第 2 期。

4. 车浩:《刑事立法的法教义学反思——基于〈刑法修正案(九)〉的分析》,载《法学》2015 年第 10 期。

5. 陈航、屈佳:《非法利用信息网络行为的刑法介入》,载《社科纵横》2020 年第 9 期。

6. 陈洪兵:《非法利用信息网络罪“活”而不“泛”的解释论思考》,载《青海社会科学》2021 年第 1 期。

7. 陈洪兵:《双层社会背景下的刑法解释》,载《法学论坛》2019 年第 2 期。

8. 陈恳:《以聚众吸毒罪取代容留他人吸毒罪的立法思考》,载《广西教育学院学报》2013 年第 3 期。

9. 陈璐:《网络犯罪的多向维度与刑法应对》,载《西南民族大学学报(人文社会科学版)》2020 年第 5 期。

10. 陈伟:《对我国毒品犯罪刑罚适用问题的反思》,载《理论探索》2017 年第 2 期。

11. 陈兴良:《风险刑法理论的法教义学批判》,载《中外法学》2014 年第 1 期。

12. 陈兴良:《网络犯罪的类型及其司法认定》,载《法治研究》2021 年第 3 期。

13. 陈兴良:《网络犯罪的刑法应对》,载《中国法律评论》2020 年第 1 期。

14. 陈志军:《非法利用信息网络罪研究》,载《公安学研究》2018 年第 5 期。

15. 陈子平:《论共犯之独立性与从属性》,载《刑事法评论》2007 年第 2 期。

16. 董玉庭、黄大威:《吸毒刑事立法政策研究》,载《贵州民族大学学报(哲学社会科学版)》2015 年第 6 期。

17. 杜磊:《网络犯罪的特征与刑法规制路径》,载《河北法学》2017 年第 7 期。

18. 冯建华:《中国网络秩序观念的生成逻辑与意涵演变》,载《南京社会科学》

2020 年第 11 期。

19. 高巍:《贩卖毒品罪的本质》,载《云南大学学报(法学版)》2007 年第 1 期。

20. 郭瑞霞、董倩雯:《对快递运输毒品的调查与思考——基于 G 省 Z 市的实证分析》,载《山东警察学院学报》2015 年第 6 期。

21. 郭烁:《认罪认罚背景下屈从型自愿的防范——以确立供述失权规则为例》,载《法商研究》2020 年第 6 期。

22. 郭思宇、李文君:《网络涉毒现象的司法认定——以〈刑法行政案(九)〉为视角》,载《广西警察学院学报》2017 年第 3 期。

23. 洪泉寿:《理念转变与规则调整:涉毒犯罪的网络异化及其刑法应对》,载《湖北警官学院学报》2019 年第 3 期。

24. 胡江、陈熠:《毒品数量对毒品犯罪认定意义的理性思考》,载《警学研究》2020 年第 1 期。

25. 胡江、陈熠:《刑事政策视野下毒品犯罪多元立法模式之提倡》,载《广西警察学院学报》2021 年第 1 期。

26. 胡江:《毒品犯罪网络化的刑事治理》,载《西南政法大学学报》2020 年第 5 期。

27. 胡青:《第三方支付平台在涉毒案件中的问题探析》,载《广西民族师范学院学报》2020 年第 2 期。

28. 黄瑛琦、张洪成:《毒品犯罪的罪数形态问题研究》,载《山东社会科学》2011 年第 4 期。

29. 蒋小燕:《析引诱、教唆、欺骗他人吸毒罪中的几个疑难问题》,载《国家检察官学院学报》2003 年第 2 期。

30. 靳高风、郭一霖、李昂霖:《疫情防控背景下中国犯罪形势变化与趋势——2019—2020 年中国犯罪形势分析与预测》,载《中国人民公安大学学报(社会科学版)》2020 年第 3 期。

31. 劳东燕:《风险社会与功能主义的刑法立法观》,载《法学评论》2017 年第 6 期。

32. 劳东燕:《刑事政策刑法化的宪法意涵》,载《中国法律评论》2019 年第 1 期。

33. 黎宏:《共同犯罪行为共同说的合理性及其应用》,载《法学》2012 年第

11 期。

34. 李静然:《非法持有毒品罪的司法疑难问题探析》,载《法律适用》2014 年第 9 期。

35. 李立丰、项艳:《论容留他人吸毒罪的法教义学展开——以实质解释为视角》,载《理论月刊》2020 年第 6 期。

36. 李立众:《贩卖毒品罪中"买入毒品即既遂说"之反思》,载《华东政法大学学报》2020 年第 1 期。

37. 李莉、熊俊:《"互联网 +"背景下快递涉毒违法犯罪行为数据预警研究——以实名制快递数据为切入点》,载《江西警察学院学报》2020 年第 1 期。

38. 李伟、焦志超:《网络、物流寄递涉毒犯罪的特点及打防对策》,载《江西警察学院学报》2015 年第 2 期。

39. 李文君、聂鹏:《基于主体身份考量和行为关系解析的"以贩养吸"问题研究》,载《中国人民公安大学学报(社会科学版)》2013 年第 4 期。

40. 李希慧、董文辉:《论走私、贩卖、运输、制造毒品罪的立法完善》,载《时代法学》2011 年第 3 期。

41. 李晓明:《再论我国刑法的"三元立法模式"》,载《政法论丛》2020 年第 3 期。

42. 李永升、胡胜:《现行刑法体系下吸毒行为入罪路径探究》,载《湖南警察学院学报》2016 年第 6 期。

43. 李云鹏:《互联网涉毒犯罪研究》,载《政法学刊》2015 年第 5 期。

44. 李运才:《论毒品犯罪的死刑立法控制——以走私、贩卖、运输、制造毒品罪的罪名调整为切入点》,载《贵州师范大学学报(社会科学版)》2010 年第 6 期。

45. 利子平:《我国毒品犯罪刑事立法的反思——以类型化思维为视角》,载《南昌大学学报(人文社会科学版)》2014 年第 5 期。

46. 梁根林:《传统犯罪网络化:归责障碍、刑法应对与教义限缩》,载《法学》2017 年第 2 期。

47. 梁彦军、何荣功:《贩卖毒品罪认定中的几个争议问题》,载《武汉大学学报(哲学社会科学版)》2013 年第 5 期。

48. 林华:《网络谣言治理法律体系的完善进路》,载《行政法学研究》2021 年第

4 期。

49. 林亚刚:《运输毒品罪的若干问题研究》,载《法学评论》2011 年第 3 期。

50. 刘明祥:《论胁从犯及其被胁迫的要素》,载《当代法学》2020 年第 4 期。

51. 刘仁文、刘瑞平:《“网络吸毒”行为的刑法学分析》,载《中国检察官》2011 年第 12 期。

52. 刘霜、陈佳玉:《论网络空间刑事理念面临的挑战、应对与重塑》,载《河南社会科学》2020 年第 8 期。

53. 刘思慧、邓临新:《互联网背景下同城跑腿方式贩毒典型案例分析研究》,载《云南警官学院学报》2020 年第 4 期。

54. 刘艳红:《Web 3.0 时代网络犯罪的代际特征及刑法应对》,载《环球法律评论》2020 年第 5 期。

55. 刘艳红:《网络犯罪的刑法解释空间向度研究》,载《社会科学文摘》2020 年第 2 期。

56. 刘艳红:《网络犯罪的刑法解释空间向度研究》,载《中国法学》2019 年第 6 期。

57. 卢建平、姜瀛:《治理现代化视野下刑事政策重述》,载《社会科学战线》2015 年第 9 期。

58. 罗世龙:《网络帮助行为的刑事责任归责路径选择》,载《甘肃政法学院学报》2018 年第 4 期。

59. 马荣春、兖光辉:《刑法类型化的规范功能与刑法价值功能》,载《时代法学》2020 年第 3 期。

60. 梅传强、王心一:《物流运毒犯罪的肇因检视与治理之策》,载《广西警察学院学报》2021 年第 1 期。

61. 梅传强、张嘉艺:《论毒品犯罪的共犯认定思路》,载《西南政法大学学报》2019 年第 3 期。

62. 梅传强、张喆锐:《论贩卖毒品罪既遂标准的模糊化认定》,载《河北大学学报(哲学社会科学版)》2019 年第 3 期。

63. 米铁男:《共犯理论在计算机网络犯罪中的困境及其解决方案》,载《暨南学报(哲学社会科学版)》2013 年第 10 期。

64. 米铁男:《网络犯罪的形式评价问题研究》,载《东方法学》2017 年第 5 期。

65. 明乐齐:《网络贩毒的趋势及打击对策》,载《云南警官学院学报》2018 年第 5 期。

66. 莫洪宪、王肃之:《网络毒品滥用行为网络防控体系的多维建构》,载《政法论丛》2020 年第 1 期。

67. 莫洪宪、周天泓:《论开设网络“烟馆”聚众吸毒行为的定性》,载《云南大学学报(法学版)》2014 年第 6 期。

68. 莫洪宪:《毒品犯罪的挑战与刑法的回应》,载《政治与法律》2012 年第 10 期。

69. 齐文远、魏汉涛:《毒品犯罪治理的困境与出路》,载《河南大学学报(社会科学版)》2018 年第 1 期。

70. 钱叶六:《共犯与正犯关系论》,载《中外法学》2013 年第 4 期。

71. 石魏:《贩卖、运输毒品罪疑难问题解析》,载《上海政法学院学报(法治论丛)》2013 年第 3 期。

72. 孙道萃:《网络时代的中国刑法发展研究:回顾与展望》,载《华南师范大学学报(社会科学版)》2021 年第 1 期。

73. 谭和平、吴加明:《网络背景下涉毒违法犯罪实务问题研究》,载《政治与法律》2013 年第 6 期。

74. 王钢:《运输毒品行为的限缩解释》,载《华东政法大学学报》2020 年第 1 期。

75. 王琦:《聚众淫乱罪的保护法益及处罚限定》,载《刑法论丛》2017 年第 4 期。

76. 王肃之:《网络犯罪法益的公共化与刑法回应路径探析》,载《北京邮电大学学报(社会科学版)》2017 年第 2 期。

77. 王肃之:《我国网络犯罪规范模式的理论形塑——基于信息中心与数据中心的范式比较》,载《政治与法律》2019 年第 11 期。

78. 王雪晴、关纯兴:《聚众吸毒“入刑”思考》,载《武汉公安干部学院学报》2019 年第 4 期。

79. 王彦强:《“从一重处断”竞合条款的理解与适用——兼谈我国竞合(罪数)体系的构建》,载《比较法研究》2017 年第 6 期。

80. 王玉梅、翟海峰:《行为组的概念及其对新型毒品研究的启示》,载《中国药物依赖性杂志》2018 年第 6 期。

81. 王昭武:《共犯最小从属性说之再提倡——兼论帮助信息网络犯罪活动罪的性质》,载《政法论坛》2021 年第 2 期。

82. 王昭振、赵微:《组织犯:诠释基础、类型与处罚》,载《河北法学》2008 年第 10 期。

83. 吴平:《类罪名否定论》,载《法治研究》2013 年第 1 期。

84. 谢玲:《暗网犯罪刑事治理研究》,载《学术论坛》2020 年第 5 期。

85. 徐汉明:《我国网络法治的经验与启示》,载《中国法学》2018 年第 3 期。

86. 徐浩:《利用网络进行毒品犯罪案件中的电子证据研究》,载《犯罪研究》2012 年第 3 期。

87. 阎二鹏:《共犯本质论之我见——兼议行为共同说之提倡》,载《中国刑事法杂志》2010 年第 1 期。

88. 杨兴培:《中国刑法领域"法益理论"的深度思考及商榷》,载《法学》2015 年第 9 期。

89. 叶良芳:《科技发展、治理挑战与刑法变革》,载《法律科学(西北政法大学学报)》2018 年第 1 期。

90. 阴建峰、梁田:《网络涉毒犯罪司法适用问题探析》,载《刑法论丛》2020 年第 1 期。

91. 尹志强、马俊驥:《网络平台经营者"应当知道"要件之重新检视》,载《华东政法大学学报》2020 年第 6 期。

92. 元道渊:《毒品犯罪及禁毒立法问题研究》,载大连海事大学 2005 年硕士学位论文。

93. 悦洋、魏东:《网络平台犯罪的政策调适与刑法应对》,载《河南社会科学》2019 年第 5 期。

94. 詹红星:《社会危害性理论功能论》,载《刑法论丛》2019 年第 1 期。

95. 张楚:《网络空间聚合型犯罪研究》,载《法治论坛》2018 年第 2 期。

96. 张红艳:《论德日刑法的犯罪支配理论与共谋共同正犯》,载《河北法学》2011 年第 9 期。

97. 张建、俞小海:《贩卖毒品罪未遂标准的正本清源》,载《法学》2011 年第

3 期。

98. 张明楷:《“风险社会”若干刑法理论问题反思》,载《法商研究》2011 年第 5 期。

99. 张明楷:《避免将行政违法认定为刑事犯罪:理念、方法与路径》,载《中国法学》2017 年第 4 期。

100. 张明楷:《代购毒品行为的刑法学分析》,载《华东政法大学学报》2020 年第 1 期。

101. 张明楷:《共犯的本质——“共同”的含义》,载《政治与法律》2017 年第 4 期。

102. 张明楷:《网络时代的刑事立法》,载《法律科学(西北政法大学学报)》2017 年第 3 期。

103. 张明楷:《刑事立法的发展方向》,载《中国法学》2006 年第 4 期。

104. 张小虎:《论牵连犯的典型界标》,载《中国刑事法杂志》2013 年第 5 期。

105. 张旭:《中国刑法学研究:现状梳理、问题分析与发展前瞻》,载《当代法学》2020 年第 6 期。

106. 张智辉:《试论网络犯罪的立法完善》,载《北京联合大学学报(人文社会科学版)》2015 年第 2 期。

107. 赵秉志、肖中华:《论运输毒品罪和非法持有毒品罪之立法旨趣与隐患》,载《法学》2000 年第 2 期。

108. 赵伟、包涵:《网络零包贩毒案件侦防对策》,载《云南警官学院学报》2021 年第 2 期。

109. 郑延谱:《网络背景下刑事立法的修正》,载《法学论坛》2012 年第 4 期。

110. 周芹、石晓琼:《毒品犯罪若干法律适用问题探讨——以〈武汉会议纪要〉为视角》,载《湖北警官学院学报》2017 年第 2 期。

三、学位论文类

1. 李世清:《毒品犯罪的刑罚问题研究》,吉林大学 2007 年博士学位论文。

2. 刘德法:《聚众犯罪研究》,武汉大学 2009 年博士学位论文。

3. 张楚:《网络空间共同犯罪的基本构造及展开》,西南政法大学 2018 年博士学位论文。

4. 张汝铮:《毒品犯罪认定研究》,大连海事大学2020年博士学位论文。

四、译著

1. [美]阿尔文·托夫勒:《未来的冲击》,黄明坚译,中信出版社2018年版。

2. [美]埃德加·博登海默:《法理学、法哲学与法律方法》,邓正来译,中国政法大学出版社2017年版。

3. [法]达尼埃尔·马丁、弗雷德里克-保罗·马丁:《网络犯罪威胁、风险与反击》,卢建平译,中国大百科全书出版社2002年版。

4. [美]戴维·波普诺:《社会学》,李强等译,中国人民大学出版社2007年版。

5. [美]道格拉斯·胡萨克:《过罪化及刑法的限制》,姜敏译,中国法制出版社2015年版。

6. [德]迪尔克·克斯勒:《马克斯·韦伯的生平、著述及影响》,郭锋译,法律出社2000年版。

7. [美]杰奎琳·默里·布鲁克斯:《经济问题与政策》(第5版),孙瑾、周世民译,中国人民大学出版社2014年版。

8. [英]罗伊·波特、米库拉什·泰希主编:《历史上的药物与毒品》,鲁虎等译,商务印书馆2004年版。

9. [德]马克斯·韦伯:《社会科学方法论》,韩水法、莫茜译,中央编译出版社1999年版。

10. [美]尼尔·波兹曼:《娱乐至死》,章艳译,中信出版社2015年版。

11. [法]蒲吉兰:《犯罪致富——毒品走私、洗钱与冷战后的金融危机》,李玉平、苏启运译,社会科学文献出版社2002年版。

12. [美]罗纳德·J. 博格、小马文·D. 弗瑞、帕特里克亚·瑟尔斯:《犯罪学导论——犯罪、司法与社会》(第2版),刘仁文、颜九红、张晓艳译,清华大学出版社2009年版。

13. [日]松原芳博:《刑法总论重要问题》,王昭武译,中国政法大学出版社2014年版。

14. [英]汤姆·温莱特:《黑金世界:破解毒贩集团的运营术》,黄嘉天译,中国民主法制出版社 2020 年版。

15. [德]乌尔里希·齐白:《全球风险社会与信息社会中的刑法》,周遵友、江溯等译,法律出版社 2012 年版。

后　记

本书的出版基于我博士期间的研究成果，在吉林大学学习的10年是我最珍藏的时光。感谢如同母亲的母校，教会我成长，也保护我的天真；赐予我沉稳的学术积淀，也托举我翱翔在更高远的天空。

我的学术研究成果和学术品格养成要归功于我的恩师李海滢教授。老师是我见过最认真的人，她对待学术和工作一丝不苟的态度令我敬仰。老师指导学术研究一贯要求严格，她在准确掌控研究的大方向之余，亦能对学术规范、论文遣词造句、标点使用等细节问题全面把握。面对学生呈交的论文，老师总能对选题、框架和写作进行细致而深入的指导。在我博士论文撰写和修改阶段，老师面对20万字的电子稿件，从头到尾精读，留下数百处审阅批注，为我的论文修改提供具体建议。老师呕心沥血的付出是我科研路上的最强助力。科研艰辛，但老师对我的指导从未有一丝厌倦或懈怠，当我的研究遭遇瓶颈、停滞不前时，老师总能找准症结，为我指明问题解决的路径，每次聆听老师的教诲都使我茅塞顿开、醍醐灌顶。老师不仅为我指路，更为我开路，并护送我走好每一段路。在校期间，老师数次不遗余力推荐和支持我出境访学、留学，使我有机会"睁开眼"和"走出去"。在留学美国期间，我曾有幸与老师共度一段短暂求学时光，每次出行，老师都对我关怀备至，老师的关心和陪伴使异乡求学的我倍感家的温情。我独自在美国时，老师也经常跟我打一小时以上的越洋电话，指导我的学术研究、关怀我的异国生活。科研路上幸得有恩师的提点和垂爱，这才使并不优秀的我敢于披荆斩棘，化解一路之上的艰难险阻。

我的硕士导师张旭教授对我有知遇之恩，感谢张老师一直以来对我的关心和照顾。在硕士研究阶段，张老师的耐心引导使我对刑法学理论研究产生兴趣，她的悉心教诲使我养成了良好的学术习惯。在博士研究期间又遇疫情，老师多次关心我，通过微信鼓励我要坚持不懈，给我信心的同时更是为我博士论文的逻辑架构、标题拟定、写作角度提供了诸多修改意见。认识张老师的10年来，老师犹如自家长辈，给了我无私的指点和关爱。

在吉林大学法学院完成本硕博学习，我还要感谢刑法教研部的徐岱教授、王充教授、李立丰教授、郑军男教授、陈劲阳教授、王勇教授、李蓁通副教授、王军明副教授、王弘宁副教授、王若思副教授以及中国政法大学的王志远教授的传道授业。各位老师学风严谨、为人亲和，引领我走进刑法学的大门。尤其要感谢王勇教授引荐我到威廉与玛丽学院法学院访学；感谢郑军男教授允许我参加读书会学习，这都使我受益匪浅。同时，感谢我博士论文答辩组专家阴建峰教授、张磊教授、王充教授、李立丰教授和郑军男教授对我论文的提问和指点，他们的宝贵意见为我进一步精进研究指明了方向。正是各位大师的不吝赐教、指点迷津，才使我有机缘畅游在刑法的世界。

感谢同门的兄弟姐妹，他们对我的科研和生活都提供了莫大的帮助。感谢同门各位同学对本书修改、校对的倾力付出，特别感谢薛明雨和王延峰同学，是他们的帮助使我的论文得以精进。科研路上，我有幸与各位同门共度欢乐时光，正是他们对我的偏爱和照顾使我在遭遇困阻时亦能甘之如饴。

我能专心科研，要感谢我的父母、公婆。感谢父亲教会我做一个勇敢的女孩，用智慧化解难题，用坚韧战胜困境。感谢母亲对我的悉心照料，也在我每个关键的人生节点为我分析利弊。感谢公父无条件地支持我钻研学术、选择自己喜爱的职业。感谢婆母的照顾和迁就，为家庭和子女作出的奉献和牺牲。感谢我的丈夫郭伯文，让我拥有踏实的幸福。

感谢工作单位的各位领导及同事对我的帮助与关怀，使我能在安心工作之余潜心完成本书的撰写和修改，为我提供持续研究的动力。

2023年12月28日